ESSAI HISTORIQUE

sur

L'ORGANISATION

JUDICIAIRE

DE L'IMPRIMERIE DE CRAPELET
RUE DE VAUGIRARD, 9

ESSAI HISTORIQUE

SUR

L'ORGANISATION

JUDICIAIRE

ET

L'ADMINISTRATION DE LA JUSTICE

DEPUIS HUGUES CAPET JUSQU'A LOUIS XII

PAR J. M. PARDESSUS

MEMBRE DE L'INSTITUT (ACADÉMIE DES INSCRIPTIONS)

PARIS

AUGUSTE DURAND, LIBRAIRE

5, RUE DES GRÈS

1851

K
80
.P18

62290

AVERTISSEMENT.

Chargé par l'Académie des Inscriptions et Belles-Lettres de continuer la collection des Ordonnances des rois de France de la troisième race, j'ai publié le tome XXI, qui embrasse tout le règne de Louis XII, terme assigné par l'Académie à cette collection. A l'exemple des savants qui m'ont précédé dans la composition de ce grand recueil, et qui ont traité dans des discours préliminaires plusieurs points intéressants de l'ancienne législation française, j'ai composé un travail sur l'histoire de l'organisation judiciaire et de l'administration de la justice en France depuis Hugues Capet jusqu'à Louis XII. Ce travail, lu à l'Académie pendant le cours des années 1846, 1847 et 1848, sert de préface au tome XXI de la Collection des Ordonnances. En le réimprimant aujourd'hui pour l'utilité des personnes studieuses, je n'y ai introduit aucun changement notable; je me suis borné à corriger quelques fautes de style, de dates ou de citations, qui s'étaient glissées dans la première impression.

Septembre 1851.

TABLE

DES DIVISIONS DE CET ESSAI.

Objet et plan de l'ouvrage.................. Page 1

PREMIÈRE PARTIE.

Des juridictions royales.................. 17

TITRE PREMIER.

Des juridictions royales souveraines.............. 20

CHAPITRE PREMIER.

De la cour primitive du roi...................... 20

CHAPITRE DEUXIÈME.

Des juridictions souveraines sorties de la cour primitive du roi.................................... 133

- Section Ire. — Du conseil ou grand conseil........ 142
- Section II. — Du parlement.................. 155
- Section III. — De la chambre ou cour des comptes.. 210
- Section IV. — De la chambre du trésor........... 224
- Section V. — Des généraux, depuis chambre et cour des monnaies............................ 230
- Section VI. — De la chambre ou cour des aides..... 235

TITRE DEUXIÈME.

Des juridictions royales non souveraines........... 241

CHAPITRE PREMIER.

Des juridictions royales non souveraines de première classe..................................... 242

Section Iʳᵉ. — Des grands bailliages............ Page 243
Section II. — Des grandes sénéchaussées.......... 257
Section III. — De l'amirauté.................... 260
Section IV. — Du grand maître des eaux et forêts... 267

CHAPITRE DEUXIÈME.

Des juridictions royales non souveraines de seconde classe................................... 272

Section Iʳᵉ. — Juridictions qui réunissaient des attributions administratives et judiciaires.......... 272

Art. 1ᵉʳ. — Juridictions connues sous le nom d'élections.................................. 273
Art. 2. — Juridictions des amirautés............. 274
Art. 3. — Juridictions des maîtres particuliers des eaux et forêts................................ 277
Art. 4. — Juridictions des hôtels des monnaies.... 278

Section II. — Juridictions dont les attributions étaient purement judiciaires........................ 279

DEUXIÈME PARTIE.

DES JURIDICTIONS SEIGNEURIALES................ 299

TROISIÈME PARTIE.

DES JURIDICTIONS MUNICIPALES................ 334

QUATRIÈME PARTIE.

DES JURIDICTIONS ECCLÉSIASTIQUES............. 363

FIN DE LA TABLE.

ESSAI HISTORIQUE

SUR

L'ORGANISATION JUDICIAIRE

ET

L'ADMINISTRATION DE LA JUSTICE

DEPUIS HUGUES CAPET JUSQU'A LOUIS XII.

INTRODUCTION.

OBJET ET PLAN DE L'OUVRAGE.

Les savants qui m'ont précédé dans la rédaction du recueil des Ordonnances des rois de la troisième race, ont placé en tête de presque tous les volumes des discours étendus sur des matières qui avaient été l'objet de la législation. Depuis longtemps on en désirait un sur l'organisation judiciaire et l'administration de la justice.

De Bréquigny, dans la préface du tome XIII, (p. LXII et suiv.), s'est borné à un court exposé, pour me servir de ses propres expressions, « de ce qui « se passa sous le règne de Charles VII par rapport « aux créations, suppressions, translations et ré- « tablissements des cours souveraines. » On sait, en effet, quels désordres avaient amenés dans cette partie les lois faites pendant la démence de Charles VI et l'usurpation anglaise. La préface du tome XIV (p. xxi et suiv.), contient aussi quelques détails sur des ordonnances de Charles VII des 28 octobre 1446 (XIII, 471), avril 1453 (XIV, 284), et sur d'autres moins importantes, qui introduisirent dans l'administration de la justice des réformes dont l'expérience et surtout les malheurs du temps avaient fait sentir la nécessité.

Mais le silence absolu gardé par ce savant sur les lois concernant l'ordre judiciaire, qui appartiennent aux règnes antérieurs, démontre qu'il n'entendait pas faire à cet égard un travail complet, tel qu'il l'avait si bien exécuté relativement aux communes (préface du tome XI), et aux bourgeoisies (préface du tome XII). Il pensa peut-être, et avec raison, qu'il était convenable d'attendre que la collection eût atteint le terme qui lui avait été assigné lorsqu'elle fut commencée, c'est-à-dire la fin du règne de Louis XII.

Malheureusement pour la science, au moment où de Bréquigny mettait au jour le tome XIV, qui finit avec le règne de Charles VII, la loi du 1er décembre 1790 frappait de suspension l'entreprise qu'il avait si habilement dirigée pendant plus de vingt ans. La suspension subsistait encore lorsqu'il mourut, en 1795[1]. C'est en 1804 seulement que

---

[1] On trouve une notice sur sa vie dans le tome L (p. 749) des anciens Mémoires de l'Académie des inscriptions.

la troisième classe de l'Institut national (aujourd'hui l'Académie des inscriptions et belles-lettres) a été chargée de la reprendre, et le tome XV, commençant au règne de Louis XI, n'a paru qu'en 1811.

Je me trouve aujourd'hui placé dans une situation favorable pour parler de l'organisation judiciaire. Le tome XXI et dernier de la collection est terminé, et, dans le fait, c'est sous le règne de Louis XII et de son prédécesseur Charles VIII que furent publiées les grandes ordonnances, par lesquelles cette organisation a été portée à un état qui s'est maintenu, sans modifications très-sensibles, jusqu'à la révolution de 1789.

J'aurais désiré, et personne ne doutera de la sincérité de mes regrets, que le travail auquel j'ai l'intention de me livrer eût pu être exécuté par l'illustre académicien qui a rédigé les tomes XV à XX. Il appartenait à M. de Pastoret, à la fois magistrat éminent et écrivain distingué, de donner ce complément à un ouvrage qu'il s'était tant efforcé d'enrichir du fruit de ses patientes et laborieuses recherches[1].

Pour faire bien comprendre le but que je me propose, et pour éviter qu'on me reproche de n'avoir pas fait ce que précisément je n'ai pas eu l'intention de faire, je m'empresse de déclarer qu'il n'entre point dans mon plan de me livrer à

---

[1] Son éloge a été prononcé par M. Walckenaër, secrétaire perpétuel, dans la séance publique du 30 juillet 1847.

des discussions théoriques. Je me bornerai à exposer, avec autant de méthode et de clarté qu'il me sera possible, ce que les documents nous apprennent sur les institutions judiciaires de la France pendant l'espace de temps qu'embrasse la collection des Ordonnances.

Cependant je n'ai pas le projet de me restreindre à une sèche nomenclature ou à une courte analyse de ces documents. La plupart supposent la création, par des actes dont les textes ne nous sont pas parvenus, ou l'introduction, par des usages très-anciens, des institutions qu'ils constatent, qu'ils modifient, qu'ils perfectionnent. Je serai donc obligé quelquefois de faire des excursions dans le domaine de l'histoire et de la jurisprudence, et même de me livrer à des raisonnements d'analogie pour faire connaître ce qu'étaient ou ce qu'avaient été certaines institutions avant l'époque où le législateur s'en est occupé; même de rechercher les événements ou les causes insensibles qui les avaient produites ou qui les ont modifiées. Toute mon attention, dans ce cas, consistera à me défendre de conjectures hasardées, à ne rien avancer que l'état de la société ne rende vraisemblable, ou dont la tradition ne se trouve dans des monuments postérieurs.

Les lois contenues dans la collection des Ordonnances, qui concernent l'administration de la justice, constatent l'existence de deux classes de juridictions, savoir : les juridictions laïques et les juridictions ecclésiastiques. Ces dernières, dont les attributions s'affaiblirent de plus en plus, n'ont donné lieu qu'à un très-petit nombre de lois, dont je me réserve de parler à la fin de ce travail. Les juridictions laïques, qui en seront l'objet principal et en quelque sorte exclusif, se divisent en juridictions royales, seigneuriales, municipales. L'accroissement de la puissance des rois, qui date principalement du règne de Philippe Auguste, la tendance des esprits vers l'unité et l'établissement d'un pouvoir central agrandirent considérablement les premières, et préparèrent l'anéantissement des autres, qui cependant n'ont été abolies définitivement que par la révolution de 1789.

Il ne peut y avoir de difficulté sur ce qu'on doit entendre par justices municipales; et ce qui serait susceptible de controverse relativement à leur origine sera éclairci dans la troisième partie, que je me propose de leur consacrer. Mais quelques observations sont nécessaires pour arriver à une définition exacte des justices royales et des justices seigneuriales, ainsi que pour prévenir quelques méprises possibles sur leur origine et leurs caractères distinctifs. La première de ces dénominations désigne la juridiction que le roi exerçait lui-même ou par ses délégués, qui rendaient la justice en son nom; la seconde, la juridiction que des particuliers, qu'on appelait *seigneurs justiciers*, avaient sur un certain arrondissement territorial, comme propriétaires de cette portion de la souveraineté, et qu'ils exercèrent d'abord par eux-mêmes, puis par leurs délégués.

Dans l'état actuel de nos institutions publiques, on éprouve quelque peine à comprendre la définition de cette seconde espèce de juridictions, parce qu'il paraît contraire aux vrais principes d'admettre que l'un des plus importants attributs de la souveraineté puisse être morcelé pour former des propriétés privées. Mais, dans le fait, cet état de choses ayant existé pendant tout le temps qu'embrasse la collection des Ordonnances, il n'y aurait aucun moyen de comprendre la plupart des documents qu'elle contient, si on n'en connaissait pas la cause. Je vais donc essayer de l'expliquer brièvement.

La révolution qui, en 987, plaça la couronne sur la tête de Hugues Capet, chef de la troisième race, n'opéra point, comme l'avait fait en 752 l'élévation de Pepin à la place de Childéric III, dernier roi de la race mérovingienne, un simple changement dans la personne royale, sans influence sur la constitution politique de l'État. Elle mit au rang des faits accomplis de profondes modifications, qui s'étaient insensiblement introduites dans les institutions publiques sous les derniers successeurs de Charlemagne.

Pour ne parler que de ce qui concerne l'administration de la justice, on sait que dès les premiers temps de la monarchie franque il existait auprès du roi un tribunal suprême, connu dans les documents sous le nom de *placitum palatii*. Un petit nombre de jugements rendus dans ce plaid, et quelques formules qui ont été conservées, nous apprennent que ce tribunal, présidé par le roi, était composé du comte du palais, d'évêques, de ducs, de comtes, de chambellans, de sénéchaux et d'autres officiers de la maison royale, de référendaires, de personnages désignés sous les titres génériques de *optimates*, *illustres*, *fideles*. Comme le nombre, les noms, les qualités de ces personnages ne sont point uniformes dans les documents, on en doit conclure que ce tribunal n'était pas constitué d'une manière permanente; que le roi, chaque fois qu'il le jugeait à propos, y appelait les personnes qu'il lui plaisait de désigner, mais en les prenant exclusivement parmi celles que leurs dignités civiles ou ecclésiastiques, leurs offices dans sa maison ou le serment de l'antrustionat, mettaient au rang de ses fidèles. C'était devant ce plaid qu'on portait les affaires dont les textes formels de quelques lois attribuaient le jugement au monarque; les contestations qui survenaient entre les personnes attachées au service habituel et domestique de son palais; les procès qui intéressaient les comtes et les autres délégués qui le représentaient dans les diverses parties du territoire, ainsi que les réclamations contre leurs actes; les causes des établissements publics, ecclésiastiques ou laïques, et des personnes privées que le roi avait sous sa garde; enfin diverses autres affaires contentieuses qu'il serait trop long d'énumérer, notamment celles du fisc.

Quelque élevée qu'elle fût dans l'ordre politique, puisqu'elle était présidée par le roi lui-même ou par le maire du palais, quelque étendue qu'eussent ses attributions, cette juridiction du plaid du palais n'était cependant qu'exceptionnelle. La véritable juridiction commune et ordinaire, à laquelle étaient soumis les hommes libres et à l'exercice de laquelle ces mêmes hommes concouraient, était celle des plaids locaux, appelés *mâls*, où, sous la présidence des grafions ou comtes délégués par le roi, les jugements étaient rendus par la délibération des hommes libres, appelés *rachimbourgs* et plus tard *scabins*. Cette juridiction, constatée par les plus anciens textes des lois Salique et Ripuaire, se rattachait aux usages que les Francs observaient dans la Germanie, avant leur établissement sur le sol des Gaules. Mais elle éprouva successivement de nombreuses restrictions, à mesure que les rois accordèrent à leurs fidèles ou à des établissements ecclésiastiques le droit de rendre la justice dans l'étendue des domaines qu'ils leur donnaient, et quelquefois même de ceux que ces fidèles ou ces établissements possédaient à d'autres titres. Par l'effet de ces concessions, qu'on appelait *immunités*, les domaines et les hommes qui y étaient établis ne dépendaient plus de la juridiction commune; les concessionnaires y rendaient la justice ou par eux-mêmes ou par des préposés, les rois ne se réservant sur eux qu'une surveillance exercée par leurs officiers, et le ressort du plaid royal.

Dans la suite, les imprudentes concessions que Charles le Chauve eut la faiblesse de faire, en rendant les bénéfices et les offices inamovibles et presque héréditaires, préparèrent l'anéantissement du pouvoir royal. Les ducs, les comtes, ne craignant plus d'être privés de leurs offices, les exerçaient avec la même indépendance que s'ils eussent été souverains dans leurs arrondissements. Ils prétendirent en jouir de la même manière que les bénéficiers jouissaient de leurs concessions; et de même que ceux-ci percevaient les cens ou les autres redevances dues par les cultivateurs des biens compris dans leurs bénéfices, de même les hauts fonctionnaires dont je parle s'emparèrent non-seulement du produit des domaines fiscaux, mais encore des péages et des autres revenus publics, qu'ils n'auraient jamais dû percevoir qu'au nom du roi et à la charge de lui en rendre compte.

Cette assimilation leur servit à s'approprier le pouvoir judiciaire sur les habitants de leurs arrondissements, pouvoir qui ne leur avait été confié que par simple délégation. Ils prétendirent qu'il leur appartenait dans l'étendue de ces arrondissements, comme aux immunistes dans l'étendue de leurs concessions, à la seule condition du ressort au plaid du palais. Mais ils n'épargnaient aucun moyen de ruse ou de violence pour prévenir ces recours : si quelqu'un avait le courage de leur annoncer qu'il existait un pouvoir supérieur, ils ne répondaient point aux intimations; et la royauté, sans forces actives, n'avait aucun moyen de les y contraindre. En effet, par un dernier abus qui complétait et garantissait en quelque sorte tous les autres, le service militaire, qu'en vertu de leur délégation ces administrateurs locaux avaient le droit d'exiger au nom du roi, par ses ordres et pour son intérêt, ou pour le maintien de la paix publique, ils l'exigeaient en leur nom, pour leurs intérêts privés et presque toujours contre le monarque, pour résister à ses ordres et soutenir leur rébellion.

La même insubordination existait parmi les concessionnaires de bénéfices, qui jouissaient du droit de rendre la justice. Ils résistaient à la surveillance des agents du roi, lorsqu'ils en avaient la force, ou se plaçaient sous leur protection pour se les rendre favorables, et par tous les moyens possibles ils éludaient les recours contre leurs jugements, qu'on aurait pu porter au plaid du palais.

Ainsi tous, d'une manière immédiate ou médiate, s'isolaient de la royauté. Le monarque n'était plus considéré comme la source des pouvoirs, comme le suprême réformateur des torts dont ses délégués ou ses concessionnaires pouvaient se rendre coupables. Il ne faisait plus de lois; il ne rendait plus de jugements. Où aurait-il pu réunir autour de sa personne les grands, avec le concours desquels nous savons qu'avaient encore été rédigés les derniers capitulaires? Ces grands s'étaient affranchis de toutes relations avec lui, et donnaient, de leur propre autorité, des lois aux habitants de leurs arrondissements. Où aurait-il tenu ce plaid du palais, qui avait autrefois jeté tant d'éclat? A peine trois villes étaient dans sa dépendance immédiate : il y était en quelque sorte emprisonné.

Cependant, s'il est vrai qu'en fait le titre de roi n'était plus qu'un vain mot, la royauté subsistait; les lois de l'État constataient ses droits, tels que nous les fait connaître, vers la fin du ixe siècle, Hincmar, archevêque de Reims, dans sa célèbre lettre adressée, en 882, aux grands du royaume[1]. Le dernier historien de cette triste époque, Richer, dont l'ouvrage ne nous est connu que depuis quelques années, atteste même que sous les derniers règnes de la seconde race les droits de la royauté paraissaient quelquefois respectés, et il en donne des exemples. Rainier, que Charles le Simple avait fait duc de Lorraine, étant décédé en 916, son fils sollicita et obtint du roi l'investiture de ce titre, *ei paternum honorem liberalissime accommodat*[2]. En 940, Louis, dit d'*Outre-Mer*, confirma à Guillaume Ier, fils de Rollon, le duché de Normandie, que Charles le Simple avait conféré à ce dernier[3], et accorda une semblable confirmation, en 943, à Richard, fils de Guillaume[4]. A la mort du duc d'Aquitaine, que Richer qualifie *dux Gothorum*, Raymond, fils de ce duc, et divers seigneurs

---

[1] *Rerum Gallicarum et Francicarum Script.*, t. IX, p. 263.
[2] Richer, *Historiarum* lib. I, cap. xxxiv.
[3] *Ibid.*, lib. II, cap. xx.
[4] *Ibid.*, lib. II, cap. xxxiv.

vinrent trouver, en 944, le même Louis d'Outre-Mer : *Apud quos de provinciarum cura pertractans, ut illorum omnia sui juris viderentur, ab eis provincias recepit. Nec distulit earum administrationem eis credere. Commisit itaque ac suo dono illos principari constituit*[1]. Enfin le roi Lothaire reçut, en 961, le serment des deux fils de Hugues le Grand[2].

Sans doute les investitures, les actes qui constataient le titre précaire de la possession et son caractère de délégation n'étaient pas aussi libres, aussi bénévoles que l'historien semble le dire ; toutefois on ne croyait pas pouvoir s'en dispenser. Ainsi les droits du roi n'étaient pas encore abolis ; il les avait virtuellement, quoiqu'il fût souvent dans l'impossibilité de les faire valoir contre ceux qui les auraient contestés. S'il est vrai qu'il ne lui restât plus de domaines, tout ce que les bénéficiers possédaient à titre de bénéfice lui était réversible dans les cas de résolution prévus par les lois ou par les titres de concession ; cas hypothétiques, j'en conviens, parce qu'il fallait être fort pour en profiter, mais cependant possibles. Pour ne parler que de la lutte entre Hugues Capet et Charles de Lorraine, le dernier des carlovingiens, si celui-ci eût profité de ses premiers succès, le duc de France, trahi par la fortune, n'eût été qu'un rebelle ; la confiscation eût frappé ses immenses domaines ;

---

[1] Richer, *Historiarum* lib. II, cap. xxxix.
[2] *Ibid.*, lib. III, cap. xiii.

en recouvrant de grandes richesses, le roi aurait retrouvé les moyens d'exercer son autorité et de la faire respecter, et ce grand exemple eût ramené les autres seigneurs à leur devoir. La révolution de 987 fit disparaître ces faibles chances de restauration pour la royauté carlovingienne.

Je serais mal compris si on supposait que par ces mots, *révolution de* 987, j'entends désigner un moment précis, où la forme du gouvernement, telle que Charlemagne l'avait organisée, fut tout à coup remplacée par celle que manifestent les premiers règnes de la troisième race. « Il faut bien, dit M. Guizot, dater les révolutions du jour où elles éclatent : c'est la seule époque précise qu'on puisse leur assigner ; mais ce n'est pas celle où elles s'opèrent. Les secousses, qu'on appelle des révolutions, sont bien moins le symptôme de ce qui commence que la déclaration de ce qui s'est passé[1]. » En effet, depuis le règne de Charles le Chauve, on pourrait presque dire depuis celui de Louis le Débonnaire, l'autorité royale était usurpée de toutes parts, et de jour en jour la souveraineté fractionnée passait dans les mains des particuliers. Mais tout cela n'était encore qu'à l'état de fait ; ce fut seulement après que le dernier des carlovingiens eut été détrôné et Hugues Capet investi de la couronne, que cet état de choses prit le caractère de droit, fut légalisé, autant qu'il était possible, par l'assentiment

---

[1] *Essais sur l'Histoire de France*, Ier Essai.

du nouveau roi, et bien plus encore par le temps. Tel est le motif qui m'a porté à employer les mots, *révolution de* 987, dont j'aurai souvent à faire usage.

Lorsque, par le fait de cette révolution, Hugues Capet monta sur le trône, la France se trouvait divisée entre un grand nombre de seigneurs, dont il est important de faire bien connaître le caractère, parce que les distinctions qui en résultent ont eu longtemps une influence très-marquée sur l'exercice des pouvoirs publics en général, et sur l'administration de la justice en particulier.

La première classe, la moins nombreuse sans doute, mais la plus considérable en puissance, se composait de grands, qui ayant reçu des rois carlovingiens, indépendamment de vastes domaines en bénéfices que l'on commençait à appeler *fiefs*, la délégation de surveiller et d'administrer des arrondissements plus ou moins étendus, réalisèrent les projets d'indépendance qu'ils nourrissaient depuis longtemps, et les firent accepter par le nouveau roi. Comme j'aurai à parler souvent de cette première classe, j'emploierai, pour définir sans périphrases leur situation au moment de la révolution, la dénomination de *seigneurs indépendants*; non qu'ils le fussent primitivement et en droit, mais parce qu'en fait la révolution consacra cette indépendance, et que d'ailleurs aucun lien antérieur ne les avait rendus vassaux de Hugues Capet.

La seconde classe, infiniment plus nombreuse et plus variée, se composait de deux espèces de seigneurs : les uns étaient déjà vassaux des seigneurs indépendants dont je viens de parler, qui leur avaient sous-concédé des bénéfices ; les autres tenaient sans doute directement les leurs des rois carlovingiens, mais les lois ou les titres de concession les ayant placés sous l'autorité et la surveillance des seigneurs de la première classe, ceux-ci, en s'emparant des droits régaliens, les forcèrent à se reconnaître leurs vassaux.

Un des principaux effets de la révolution ayant été d'attribuer aux seigneurs la puissance judiciaire, on peut dire qu'il n'existait plus alors que des justices seigneuriales ; et même on est conduit à n'admettre, sous ce rapport, aucune distinction entre la juridiction que le nouveau roi possédait dans ses domaines et celle que les autres seigneurs avaient dans l'étendue de leurs seigneuries. En effet, les droits de Hugues Capet sur le duché de France n'étaient pas d'une autre nature. Comme eux, il s'était attribué la souveraineté dans les pays dont les rois lui avaient confié simplement l'administration ; et la révolution de 987 avait sanctionné le même état de choses pour lui que pour les autres. Ainsi, dans la réalité, les tribunaux que Hugues Capet avait déjà institués, ou que dans la suite il pourrait instituer dans ses domaines, n'étaient que des juridictions seigneuriales. Mais comme au titre de duc de France, qu'il portait, avant 987, il avait réuni celui de roi, une sorte de confusion, qui s'explique facilement, conduisit à donner la qualification de *royales* à ces juridictions.

Néanmoins le nouveau roi n'eut-il pas aussi, en vertu du droit de la royauté dont il fut investi, une juridiction d'un genre tout à fait différent? Je ne tarderai pas à examiner cette question.

Je dois, pour compléter ces observations préliminaires, ajouter qu'à cette époque, où chacun de ceux qui jusqu'alors n'avaient exercé qu'une autorité déléguée par les monarques, s'en déclarait propriétaire et l'incorporait à ses domaines, quelques villes furent assez fortes ou assez heureuses pour échapper à la dépendance seigneuriale, et pour s'attribuer le droit d'exercer sur elles-mêmes le pouvoir judiciaire par des magistrats de leur choix; dans la suite un grand nombre d'autres villes obtinrent les mêmes droits; c'est ce qu'on appela *justices municipales*.

Il est maintenant facile de comprendre le plan et la division de cet Essai. Il sera partagé en quatre parties : la première, consacrée aux juridictions royales; la seconde, aux juridictions seigneuriales; la troisième, aux juridictions municipales; dans la quatrième et dernière, je donnerai quelques notions sommaires sur la juridiction ecclésiastique dans ses rapports avec l'autorité civile.

PREMIÈRE PARTIE.

DES JURIDICTIONS ROYALES.

Avant d'entrer en matière, je crois devoir présenter une observation qui ne se rattache pas seulement à l'exercice du pouvoir judiciaire dans les juridictions royales, mais qui s'applique aussi à ce que j'aurai à dire dans la seconde partie sur les juridictions seigneuriales.

D'après l'état de la société à cette époque, l'action judiciaire pouvait s'exercer sur deux classes de personnes libres (car la juridiction sur les serfs tient à un autre ordre d'idées). La constitution et les formes des tribunaux, par qui les procès de ces deux classes de justiciables devaient être jugés, n'étaient pas les mêmes. La première classe était composée des possesseurs de fiefs : on les appelait *nobles*, et en effet ce titre ne fut très-longtemps donné qu'à ceux qui possédaient des fiefs. La seconde classe était celle des hommes non nobles, qui cependant n'étaient pas serfs. Ils ne possédaient pas de fiefs ; ils n'avaient pas les prérogatives attachées à cette possession, mais ils jouissaient de la liberté civile et du droit de propriété ; les uns établis dans des villes, où ils exerçaient des industries plus ou moins protégées, plus ou moins actives ; les autres fixés dans les campagnes, où ils cultivaient leurs biens-fonds, la plupart (car le nombre des propriétés allodiales avait singulièrement diminué) avec la charge de cens ou d'autres redevances envers des seigneurs : on les désigne dans les documents par les noms de *bourgeois, roturiers*[1].

Dans les domaines du roi, les seuls dont je m'occupe en ce moment, la cour féodale connaissait de toutes les contestations qui concernaient les nobles. Des tribunaux tenus par des délégués statuaient sur les contestations qui concernaient les bourgeois et

---

[1] Le mot *bourgeois* doit être entendu ici sans aucune allusion aux bourgeoisies royales, dont la formation en France et les développements appartiennent aux dernières années du xiiie et au xive siècle. Mais il est question de personnes libres, non nobles, dans une charte royale de 1057 (I, 1), par laquelle Henri Ier abolit des perceptions onéreuses dans la ville d'Orléans ; dans d'autres chartes de 1118 et 1128 (I, 3 et 5), qui autorisent les serfs de deux établissements ecclésiastiques à ester en jugement, à servir de témoins et à combattre contre des personnes franches, *liberos homines*; dans des priviléges accordés en 1134 (I, 6) aux habitants de Paris ; dans des lettres de 1197 (I, 22) en faveur des habitants de Bourges. Les expressions *liberi homines, burgenses*, sont écrites dans une multitude de chartes royales ou seigneuriales du xiiie siècle ; ce qui justifie ce qu'a dit Brussel (*Nouvel examen de l'usage des fiefs*, p. 400), que le mot *bourgeoisie* ne se rencontre dans aucune ordonnance qui précède celle de la Pentecôte 1287 (I, 314), mais qu'il n'en est pas de même du mot *bourgeois*, lequel se trouve dans des chartes plus anciennes.

les roturiers. Il y avait par conséquent deux ordres de juridictions royales : 1° la juridiction de la cour féodale, qui, d'abord unique, fut dans la suite transformée en plusieurs institutions judiciaires souveraines ; 2° les juridictions non souveraines, dont le nombre et les compétences diverses ont subi plusieurs variations. J'en traiterai successivement dans les deux titres qui partageront cette première partie.

TITRE PREMIER.

DES JURIDICTIONS ROYALES SOUVERAINES.

Pendant longtemps le roi n'eut pas d'autre juridiction souveraine que sa cour féodale, formée de ses vassaux, convoqués quand et où il lui plaisait, concourant aux actes du gouvernement et de l'administration, délibérant sur les lois et les règlements, exerçant le pouvoir judiciaire. Des causes insensibles, que je m'appliquerai à rechercher, produisirent la transformation de cette cour en plusieurs institutions souveraines, qui continuèrent d'exister et de se perfectionner pendant tout le temps qu'embrasse la collection des Ordonnances.

Dans un premier chapitre je réunirai tout ce qui concerne cette cour primitive et unique jusqu'à sa transformation; un second chapitre sera consacré à faire connaître les cours souveraines qui en sont sorties.

CHAPITRE PREMIER.

DE LA COUR PRIMITIVE DU ROI.

Il ne nous est parvenu qu'un très-petit nombre de documents des premiers rois de la troisième race relatifs à la composition de la cour féodale, aux formes de ses jugements, aux personnes sur lesquelles s'exerçait sa compétence.

Ces documents nous apprennent que cette cour était composée de personnages, à qui sont données les qualifications de *episcopi, principes, optimates, proceres, nobiles, clientes, fideles*, et que le roi en était président ; mais il ne tarda pas à adopter l'usage des monarques des deux premières races, en se faisant remplacer par un de ses grands officiers ; et quelques documents constatent que cet officier fut, jusqu'au règne de Philippe Auguste, le grand sénéchal.

Lorsqu'il s'agissait de l'exercice du pouvoir judiciaire, les personnes dont cette cour était composée ne se bornaient pas à donner au roi un avis purement consultatif, auquel il était libre de ne pas se conformer, et indépendamment duquel il avait le droit le prononcer tel jugement qu'il croyait convenable. Je ne peux dissimuler néanmoins qu'une opinion contraire a été soutenue par Meyer[1] et par Raepsaet[2]. Ces deux savants pensent que primitivement, dans les cours féodales, tenues soit par le roi soit par les seigneurs, les membres de la cour n'exprimaient qu'un avis consultatif, et que ce fut seulement au XIIe siècle, vers le temps de Philippe Auguste, que pour remédier aux inconvénients et aux abus qu'entraînait le pouvoir absolu du sei-

---

[1] *Institutions judiciaires*, t. II, p. 395.
[2] *Histoire de l'origine et de l'organisation des États généraux jusqu'au* XVIe *siècle*, n° 153.

gneur, on attribua aux vassaux, dont la cour était composée, le droit de faire le jugement. Mais ils ne se fondent ni sur des documents, ni sur des témoignages contemporains; et même ceux qui nous sont parvenus, concernant des règnes antérieurs à Philippe Auguste, conduisent à une conséquence diamétralement contraire. On le reconnaîtra par les extraits que je vais donner de plusieurs documents, dont il est facile de vérifier l'exactitude dans les auteurs qui les ont publiés.

Le premier, de Hugues Capet, en 993, est relatif à des réclamations des moines de Fleury sur Loire contre le comte Arnoult; on y lit: *Auditis clamoribus venerabilis abbatis... et monachorum... inter cæteros necessarios et fideles nostros, quos in apparatu nostro commovimus*, etc. [1].... Le second est du roi Robert, en 1016, intervenu sur une plainte de l'abbé et des religieux de Corbie contre Elfred d'Anora leur avoué, qui les accablait de vexations; on y lit: *Repertum est igitur judicio nostro et nostrorum principum, quia cum*, etc. [2] En 1027, au mois de mai, le même roi, qui était à Reims pour le couronnement de Henri son fils, reçut la réclamation des moines de Monstier-en-Der contre les spolia-

---

[1] Mabillon, *Acta Sanctorum ordinis S. Benedicti*, sec. VI, part. I, p. 34. — *Rer. Gallic. et Francic. Script.*, t. V, p. 564.

[2] Mabillon, *Annales ordinis S. Benedicti*, t. IV, p. 249. — Martène, *Amplissima collectio*, t. I, col. 379. — *Rer. Gallic. et Francic. Script*, t. X, p. 598. — Brussel, *Usage des fiefs*, p. 787, note *a*.

tions commises à leur préjudice par Étienne de Joinville. Il la soumit, est-il dit, *fidelium nostrorum clarissimæ congregationi, scilicet archiepiscoporum, comitum, cæterorumque multorum.* Joinville fut condamné, et le diplôme est terminé par ces mots : *Jussimus ut litteris quæ acta sunt denotarentur, et pontifices cum principibus, quorum judicio hæc gesta sunt, suscriberentur*[1]. Dans un diplôme de la même année, le roi annonce que l'abbé et les moines du monastère de Jumiéges se sont plaints d'invasions faites dans leurs domaines par un chevalier nommé Hermann, et il s'exprime ainsi : *Illico pervasorem... coram nostris fidelibus ad placitum adscivi;* la suite du diplôme ordonne la restitution des biens usurpés, et se termine par ces mots : *Propria manu subscripsi, fidelibusque meis roboranda tradidi*[2]. Dans un autre diplôme de la même année, le roi déclare qu'il a été saisi d'une réclamation des moines de Saint-Germain des Prés contre un nommé Garin : *Ad discussionem hujus causæ Garinum provocavimus... ante nostram præsentiam convocavimus... et sub præsentia multorum,* etc.[3]... Il existe un diplôme du même roi, de 1030, au su-

---

[1] Mabillon, *Annal. ordin. S. Bened.* t. IV, p. 332. — *Rer. Gallic. et Francic. Script.*, t. X, p. 613.

[2] Martène, *Ampliss. collect.* t. I, col. 390. — *Rer. Gallic. et Francic. Script.* t. X, p. 614.

[3] Bouillard, *Histoire de l'abbaye de Saint-Germain des Prés*, Pr. p. 23. — Dubois, *Historia ecclesiæ Parisiensis*, t. I, p. 628. — Duchesne, *Généalogie de la maison de Montmorency*, Pr. p. 17. — *Rer. Gallic. et Francic. Script.*, t. X, p. 612.

jet d'usurpations faites encore au préjudice de l'abbaye de Saint-Germain; on y lit : *Causam judicio nostrorum deputavimus esse deliberandam et discutiendam : disjudicato igitur vicariam injuste fuisse invasam... secundum curiæ nostræ sententiam,* etc.[1] Un diplôme de Henri Ier, de 1043, contient un jugement sur les réclamations du monastère de Saint-Maur les Fossés contre Nivard; on y lit que l'abbé *suæ ecclesiæ rectum ostendendo coram optimatibus nostris narravit... et aperta voce rationes coram adstantibus manifestavit;* que l'adversaire, *verbis non valens abbatis resistere, omnium judicio procerum reticuit... hoc itaque sic in curia nostra probatum et definitum est coram multitudine procerum, militum atque clientum*[2]. Enfin un diplôme du même roi, de 1047, annonce dans son préambule qu'une contestation entre le monastère de Saint-Médard de Soissons et Robert de Choisy a été terminée devant le roi, assisté d'un grand nombre de hauts personnages; après l'exposé des moyens respectifs, on lit : *Coram episcopis et abbatibus ac nobilibus multis, qui infra notati sunt... tandem tam jussu potentissimi principis quam præsentium ratione firmissima nobilium victus,* etc.[3]

Dans tous ces documents, auxquels on pourrait

[1] Bouillard, *Histoire de l'abbaye de Saint-Germain des Prés*, Pr. p. 25.— *Rer. Gallic. et Francic. Script.* t. X, p. 623.

[2] Dubois, *Hist. eccl. Paris.* t. I, p. 658. — *Rer. Gallic. et Francic. Script.* t. XI, p. 577.

[3] Mabillon, *De re diplomatica,* lib. VI, n° 155.— *Rer. Gallic. et Francic. Script.,* t. XI, p. 580.

joindre d'autres exemples, les personnages dont le roi est assisté sont appelés *principes*, *optimates*, *proceres*, *nobiles*, *milites*, *fideles*, *clientes*, ce qui annonce qu'ils étaient vassaux du roi; question sur laquelle il n'y a du reste aucune incertitude. Mais ce qu'il est plus important de remarquer, c'est que cette réunion de vassaux du roi, sous sa présidence, rend un jugement, *judicium curiæ... judicaverunt*. Jamais le roi ne se sert de l'expression *cum consilio.... ex consilio*, laquelle annoncerait une simple consultation, expression qu'il employait, comme je le dirai plus bas, dans les actes d'administration. La forme de ces jugements est identiquement la même que celle des plaids royaux des deux premières races : ils sont intitulés au nom du roi, contiennent le récit de ce qui s'est passé, de ce qui a été réciproquement allégué par les parties ; l'acte est signé par le roi et par un chancelier, le plus souvent avec la mention ou la signature des personnes dont la cour était composée. Ces faits me semblent démontrer, contre l'opinion de Meyer et de Raepsaet, que le roi, lorsqu'il exerçait le pouvoir judiciaire, n'était pas seul arbitre de la décision. Ces deux savants reconnaissent, au surplus, qu'il en était ainsi à l'époque où les traditions deviennent plus certaines.

Mais un point qu'il est important de constater, parce que j'aurai plus d'une fois à en déduire les conséquences, c'est que l'essence du pouvoir judiciaire, le droit de commandement et d'exécution, appartenait au roi; la cour n'était point encore, comme cela eut lieu dans la suite, comme cela existe de nos jours, une institution indépendante; le jugement, quoique fait par les suffrages des hommes qui la composaient, était réputé l'ouvrage du roi, et n'avait d'existence légale qu'après que celui-ci l'avait prononcé et signé : la cour n'était rien sans lui. Les mêmes observations sont applicables aux seigneurs et à leurs cours de justice.

Je viens de faire connaître ce que les plus anciens documents de la troisième race nous apprennent sur la composition de la cour féodale du roi, et sur les formes dans lesquelles les jugements y étaient rendus. Il me reste à parler des personnes sur qui s'étendait la compétence de cette même cour.

Pour me faire bien comprendre, il est nécessaire de signaler la différence essentielle qui existait entre le territoire dont était composé ce qu'on appela primitivement le domaine du roi, et celui qui, par l'effet de la révolution de 987, forma les seigneuries des grands vassaux; différence qui a subsisté longtemps, et même après que, par des causes qu'il n'y a aucun intérêt à examiner ici, les rois eurent réuni les grands fiefs à la couronne; différence très-bien et très-anciennement signalée par les mots *pays de l'obéissance le roi* et *pays de non-obéissance le roi*, qu'on lit dans l'ouvrage connu sous le nom d'*Établissements de saint Louis*[1], lequel n'est, selon

---

[1] Liv. II, chap. x, xi, xii.

moi, qu'un remaniement de livres de droit, composés antérieurement au règne du prince dont il porte le nom vénéré.

Dans les pays composant le domaine proprement dit, ou pays d'*obéissance*, le roi était seigneur au même titre que les grands vassaux l'étaient dans leurs grands fiefs. C'était à sa cour féodale qu'étaient portées toutes les affaires contentieuses, qu'il y avait lieu de juger, soit entre lui et ses vassaux, lorsqu'ils étaient accusés d'avoir manqué à la fidélité qu'ils lui devaient, ou que pour toute autre cause ils avaient à plaider contre lui; soit entre ces mêmes vassaux, qui ne pouvaient et ne devaient connaître d'autre juge que leur commun suzerain; soit enfin entre ces vassaux et leurs propres vassaux, lorsque ceux-ci se plaignaient contre leur seigneur d'une infraction au lien féodal existant entre eux, parce que le roi, leur suzerain commun, pouvait seul être juge de tout ce qui avait pour objet de maintenir chacun dans ses droits et dans la ligne de ses devoirs.

Le cas le plus fréquent et presque le seul, dans lequel la cour féodale ait eu originairement à prononcer entre les vassaux du roi et les arrière-vassaux, était le déni de justice, connu dans les lois et les livres de pratique de cette époque sous le nom de *défaulte de droit*. Un seigneur n'était devenu juge de ses vassaux qu'à la condition de recevoir toutes les demandes qui étaient portées devant lui, de convoquer sa cour pour entendre les parties et pour rendre un jugement. Cette obligation était le corrélatif et la réciprocité de l'obéissance et de la dépendance, auxquelles ces vassaux étaient tenus à son égard. La défaulte de droit, qui donnait lieu à un vassal de recourir ainsi devant le suzerain de son seigneur, ne consistait pas seulement dans le refus qu'aurait fait ce dernier de convoquer sa cour pour faire rendre justice; elle pouvait avoir lieu souvent, soit lorsque les hommes de sa cour, que le seigneur avait convoqués, ne répondaient pas à son appel, soit lorsque le trop petit nombre de possesseurs de fiefs dans sa seigneurie ne lui permettait pas de former une cour régulière. Le système féodal investissait le seigneur de tous les moyens propres à prévenir ces événements : il pouvait faire payer des amendes par les hommes qu'il avait convoqués, s'ils ne comparaissaient pas sans excuse légitime; et lorsque par cette cause, ou par toute autre, il ne parvenait pas à former sa cour, il devait, à ses frais, emprunter des hommes à son suzerain immédiat, ou, s'il n'en obtenait pas, à un autre suzerain, dans l'ordre hiérarchique; il pouvait enfin donner son consentement à ce que la cause fût portée devant la cour suzeraine, ce qu'on appelait *mettre sa cour dans celle du suzerain* : ainsi une excuse n'était jamais admissible pour repousser la plainte en défaulte de droit.

Il est probable aussi (car à cet égard on est réduit à des conjectures pour le temps qui a précédé le règne de Philippe Auguste) que les rois confiaient à leur cour le soin de prononcer sur les réclamations contre les sentences rendues par les juges, qu'ils avaient établis pour juger les procès des roturiers. Une charte de 1186 (XVI, 21), par laquelle le roi confirme à l'abbé de Figeac ses droits de justice, déclare que les appels en seront portés devant le roi, et l'on peut croire que telle était la règle. Enfin, depuis l'institution des grands bailliages, qui eut lieu à la fin du xiie siècle, ainsi qu'on le verra plus loin, la cour du roi statuait sur les appels des jugements rendus par les grands baillis, comme ceux-ci statuaient sur l'appel des sentences rendues par les juges inférieurs.

Sous les rapports que je viens d'exposer, la cour du roi, instituée par les mêmes causes et pour satisfaire aux mêmes besoins que les cours des autres seigneurs, n'était en réalité qu'une cour seigneuriale, bien qu'elle fût plus relevée par l'étendue de son ressort et surtout par sa dignité, puisque celui à qui elle appartenait était roi. Mais n'eut-elle pas aussi de plus hautes attributions, qui s'exerçant sur des personnages non vassaux du duché de France, prenaient un caractère vraiment politique? C'est ici le moment d'examiner, ainsi que je l'ai promis page 16, cette question, que je ne saurais passer sous silence sans m'exposer à laisser sans solution plusieurs points importants de l'histoire de notre ancien ordre judiciaire.

J'ai besoin, pour la résoudre, de me reporter à des faits contemporains de l'avénement de Hugues

Capet au trône. Une réunion de vassaux du duché de France lui déféra la royauté; un seul des seigneurs indépendants, c'est-à-dire des seigneurs qui n'étaient pas vassaux de ce prince, le duc de Bourgogne, paraît avoir fait partie de cette réunion; les autres, après quelques tentatives d'opposition, acceptèrent le résultat, et reconnurent le nouveau roi, une fois qu'il eut été sacré.

On peut croire sans peine que ces seigneurs, à qui Hugues Capet ou ses ancêtres n'avaient point concédé de bénéfices, qui tenaient leurs seigneuries des rois carlovingiens au même titre que lui-même tenait ses domaines, n'entendirent point descendre au rang de vassaux du duché de France. Cependant leur conduite (car, pour des actes et des conventions, ce serait inutilement qu'on espérerait en trouver) démontre aussi qu'ils ne voulurent pas morceler la France en petites souverainetés isolées, indépendantes de tout centre commun, comme cela eût été la conséquence naturelle du fait par lequel chacun d'eux s'attribuait tous les pouvoirs publics dans sa seigneurie.

Il en résulta une sorte d'organisation politique inconnue jusqu'alors, qui semblait vouloir allier l'unité de la patrie avec le morcellement de la souveraineté. Ces seigneurs indépendants reconnurent la suzeraineté de la couronne. Dire qu'à cette époque on savait bien quel était le caractère et quelles devaient être les conséquences de cette suzeraineté, ce serait s'avancer beaucoup trop, sans contredit.

Personne ne pressentait la royauté de Louis XI ou de Louis XIV, pas même celle de Philippe Auguste ou de saint Louis. Mais, sans qu'on en prévît les suites, le seul fait de cette reconnaissance était le germe de l'autorité qu'un jour les rois essayeraient de revendiquer. En effet, reconnaître la suzeraineté de la couronne, c'était avouer qu'elle avait des droits de la même nature que ceux que les principes féodaux attribuaient à tout suzerain. Or cette couronne n'était pas un être de raison; puisqu'elle avait des droits, il fallait qu'un pouvoir quelconque en eût l'exercice. On dut être conduit à cette conséquence naturelle et raisonnable, que cet exercice appartenait au personnage qui portait la couronne; qu'à lui seul les vassaux de cette couronne, leur suzeraine, devaient prêter hommage; que seul il pouvait exercer à leur égard les droits, et exiger d'eux les devoirs résultants de l'hommage et dus à la suzeraineté d'après les principes féodaux.

La situation politique de ces seigneurs, que les historiens appellent *grands vassaux*, différait essentiellement de celle des vassaux particuliers du roi, comme duc de France; et cela est facile à comprendre, bien qu'au premier abord on pût être tenté de les confondre, parce que, dans l'un et l'autre cas, la suzeraineté était exercée par la même personne.

Les grands vassaux de la couronne étaient tenus à des devoirs envers le roi; mais ces devoirs leur étaient imposés dans l'intérêt exclusif de la couronne dont il était investi. Ainsi, lorsque le roi soutenait une guerre contre les étrangers, cette guerre pouvant mettre la couronne en péril, tous les grands vassaux étaient obligés de répondre à son appel et de se ranger sous son commandement pour combattre l'ennemi commun. Ainsi, lorsqu'un jugement prononcé contre un des grands vassaux l'avait condamné, comme rebelle ou félon, à perdre son fief, le roi avait droit de requérir les autres, sous peine de désobéissance, de se joindre à lui pour combattre le coupable et pour assurer l'exécution de la condamnation. Ces obligations étaient la conséquence de l'hommage prêté et de la fidélité qu'ils avaient jurée à la couronne. Au contraire, si le roi, dans son duché de France, dont il était seigneur au même titre que les grands vassaux l'étaient de leurs domaines, intentait quelque guerre contre un de ses vassaux particuliers, les principes incontestés de la féodalité lui donnaient bien le droit de requérir les autres vassaux de ce duché de se joindre à lui, sous peine d'être eux-mêmes déclarés rebelles; mais il n'aurait pu requérir les grands vassaux de la couronne à l'effet de l'assister. S'ils voulaient bien lui prêter secours dans ce cas, c'était à titre d'alliés, d'amis. Leur refus n'aurait pas été considéré comme une infraction à leurs devoirs envers la couronne, parce que, dans le cas dont il s'agit en ce moment, il était uniquement question de faire valoir et triompher les droits du duc de France.

Il résulte de cette distinction que les grands

vassaux étaient dans une situation bien supérieure à celle des vassaux du duché de France. Ils avaient dans leurs fiefs une véritable souveraineté, sans cependant avoir une indépendance complète, cette indépendance étant restreinte, sous quelques rapports, par leurs obligations envers la couronne. En cela il n'y avait rien de contraire aux véritables principes de droit public. La dépendance dans laquelle un prince souverain est quelquefois placé à l'égard d'un autre n'empêche pas qu'il ne soit souverain dans son État, sauf ses devoirs envers son suzerain : c'est ce qu'enseignent les publicistes les plus estimés ; c'est ce que Loyseau a très-bien expliqué, précisément au sujet de notre ancien droit féodal. Il qualifie de « princes sujets, ceux qui ont bien les
« droits de souveraineté sur le peuple ou la plupart
« d'iceux, et encore les ont non comme simples of-
« ficiers par exercice, ains en propriété comme sei-
« gneurs ; mais eux-mêmes pour leurs personnes ont
« un supérieur duquel ils sont sujets naturels, et par-
« tant ne sont pas vraiment princes souverains.....
« Tels ont été autrefois les principaux ducs et comtes
« de France, qui avoient usurpé les droits de sou-
« veraineté, ne reconnoissant les rois que de l'hom-
« mage de leurs seigneuries et de la subjection de
« leurs personnes[1]. »

On objectera peut-être que c'est là une théorie créée par les auteurs, qui ont essayé de réduire en

---

[1] *Traité des Seigneuries*, chap. xi, n⁰ˢ 34 et 35.

système les usages féodaux, longtemps variables, obscurs, incertains; et que les plus anciens ouvrages, dans lesquels on trouve le germe de cette théorie, ne sont pas antérieurs à la seconde moitié du xiii° siècle, époque à laquelle les conquêtes de Louis VI, de Philippe Auguste et de saint Louis sur la féodalité avaient donné une certaine force aux principes développés depuis par Loyseau. Mais, précisément, des documents qui appartiennent, les uns à l'instant même où s'opéra la révolution de 987, les autres à des époques extrêmement rapprochées de ce grand événement, justifient cette doctrine.

La collection des lettres de Gerbert en contient une adressée, en 987, à l'archevêque de Sens par Hugues Capet : c'était évidemment une circulaire pour tous les évêques. Le roi annonce qu'il ne veut point abuser de l'autorité royale, et qu'il prendra, sur les affaires les plus importantes, les conseils des grands du royaume, qu'il appelle ses fidèles, *fidelium nostrorum;* il annonce aux évêques son intention de les faire concourir à ces délibérations, et les requiert de lui prêter serment en cette qualité : *Uti ante kalendas novembris eam fidem, quam cœteri nobis firmaverunt, confirmetis*[1]. On trouve dans les œuvres de Fulbert une lettre du comte de Chartres au roi Robert, qui donne à Richard duc de

---

[1] Gerbert, *Epist.* cvii (ap. *Rer. Gallic. et Francic. Script.* t. X, p. 392.)

Normandie, l'un des grands vassaux les plus puissants, la qualification de fidèle du roi, *fidelis vester*. Cette lettre nous apprend que Robert, voulant traduire devant sa cour ce même comte de Chartres, qu'il accusait de félonie, avait chargé Richard de lui notifier un ajournement *ad placitum ;* ce qui était conforme à l'usage de ce temps, d'après lequel le défendeur devait être ajourné par des membres du tribunal, devant lequel il était sommé de comparaître.

Quelque temps auparavant, le duc de Normandie et le comte de Chartres avaient eu une grande contestation; ce dernier ayant eu recours à la voie des armes, Richard avait appelé des étrangers à son aide. Le roi concevant des inquiétudes pour la tranquillité du royaume, convoqua les grands vassaux pour former un plaid, *satrapas regiminis sui convocavit.* Il ordonna aux deux contendants d'y comparaître : *Ambosque discordes ad se apud Coldras convenire mandavit.* Ils obéirent, et la querelle fut assoupie : *Ubi dum causas dissentionum utraque ex parte audiisset, sopitis eorum animis, protinus eos concordes reddidit*[1]. Ce fait est rapporté en termes presque identiques par Guillaume de Jumiéges, par une chronique dont Du Chesne a publié un fragment, et par les grandes chroniques de Saint-Denis[2]. Ainsi ces premiers

---

[1] Fulbert, *Epist.* xcvi (ap. *Rer. Gallic. et Francic. Script.* t. X, p. 501.)

[2] *Rer. Gallic. et Francic. Script.* t. X, p. 187, 213 et 309.

documents nous apprennent que les grands vassaux, quelque étendue que fût leur autorité dans leurs domaines, étaient considérés sans opposition et même avec adhésion de leur part comme *fidèles du roi*, obligés envers lui à ce qu'on appelait *service de cour*, c'est-à-dire à assister à son plaid et à en reconnaître la juridiction.

Il s'en trouve une preuve non moins formelle, mais bien plus développée, dans un traité fait en 1101, ou plutôt en 1109, par Robert, comte de Flandre, avec le roi d'Angleterre, duc de Normandie, qui achetait l'alliance du comte par la concession d'un fief[1]. On y prévoit la possibilité que le roi de France fasse une invasion en Angleterre : Robert promet d'employer ses soins pour empêcher l'accomplissement de ce dessein; et en effet, sa qualité de vassal de la couronne lui donnait le droit de prendre part à la délibération qui devait précéder une pareille entreprise, pour imposer des devoirs de service aux grands vassaux. S'il n'y peut réussir, il ne s'engage pas à refuser de répondre à l'appel du roi de France; mais il promet de ne fournir que le moins d'hommes qu'il lui sera possible, de manière à ne pas se compromettre et à ne pas encourir la peine d'une désobéissance. On prévoit encore que le roi d'Angleterre pourra avoir besoin de requérir dans son duché de Nor-

---

[1] Rymer, *Fœdera, Conventiones, Litteræ, Acta publica*, etc. t. I, p. 1. — Dumont, *Corps universel diplomatique du droit des gens*, etc. t. I, part. I, Suppl. p. 371.

mandie les secours du comte de Flandre. Celui-ci les promet, tant que le roi de France ne lui aura pas fait signifier qu'il n'ait plus à les fournir. On ajoute que si le roi de France faisait une invasion dans le duché de Normandie, le comte de Flandre n'est point empêché par le traité de l'accompagner : seulement il promet de ne se faire suivre que par dix chevaliers, ce qui probablement était le minimum du secours que, d'après les usages de la féodalité, il devait au roi, pour ne pas encourir la peine de forfaiture.

Mably, qui en général n'est pas favorable à la royauté, en rapportant des extraits de ce document, dit avec raison que ce traité, passé entre deux des plus grands vassaux de la couronne, est « très-propre « à nous faire connaître la nature des devoirs aux- « quels ils se croyaient assujettis envers le roi de « France leur suzerain, et des droits attachés à la « suzeraineté[1]. » Cet acte contient en effet la preuve très-formelle que le comte de Flandre se regardait comme tenu des devoirs féodaux envers le roi de France, investi des droits de la couronne; que l'infraction à ces devoirs l'exposait à la perte de son fief, *feodum suum forisfaciat*, et que le jugement de confiscation pouvait être prononcé contre lui par la cour du roi. Les principes les plus incontestables de la féodalité nous apprennent en effet que la cour du suzerain, dans quelque degré de hiérar-

---

[1] *Observations sur l'Histoire de France*, liv. III, chap. II, rem. 3.

chie qu'il se trouvât placé, était juge des infractions à la foi jurée et aux conditions de l'inféodation, commises par le vassal; et c'est précisément ce que le comte de Chartres reconnaissait par la lettre citée plus haut, dans laquelle il ne déniait point le droit de juridiction du roi, mais se bornait à présenter des motifs d'excuse de sa non-comparution.

Ce cas, le plus important sans doute, parce qu'il se rattachait aux plus hauts intérêts de l'État et aux questions les plus délicates du système féodal, ne fut pas le seul dans lequel la cour du roi eût à exercer sa juridiction sur les grands vassaux. Plusieurs documents constatent que lorsque les vassaux de ces derniers éprouvaient de leur part un déni de justice, ce qu'on appelait *défaulte de droit*, ils s'adressaient au roi pour obtenir la réparation de ce tort. Ce recours n'avait jamais donné lieu à la moindre objection, lorsqu'il était fait par des arrière-vassaux des pays d'*obéissance le roi*, et j'en ai parlé pag. 27 et 28. Mais quant aux pays de *non-obéissance*, les grands feudataires auraient pu essayer de s'y soustraire, en objectant qu'ils étaient souverains dans leurs États, de même que le roi dans les pays de son obéissance; que le recours pour défaulte de droit n'étant point admis contre le roi[1], il y avait parité de motifs pour l'interdire à leurs vassaux.

---

[1] *Établissements de saint Louis*, liv. II, chap. XIII et XIX.

Toutefois cette prétention n'eût pas été fondée ; la parité que je viens de supposer n'existait pas. L'ensemble du royaume, tant pays d'obéissance que pays de non-obéissance, présentait une vaste hiérarchie féodale, dont le roi était le dernier degré. Aucune autorité n'étant supérieure à la sienne, il n'y avait aucune possibilité de former contre lui une réclamation pour défaute de droit; mais on ne pouvait en dire autant des autres seigneurs, même les plus puissants parmi ceux qu'on appelait grands vassaux. Ils avaient reconnu la suzeraineté de la couronne par suite des mêmes principes qui les avaient rendus suzerains de leurs vassaux; ces derniers avaient donc le droit de se plaindre au suzerain commun du refus que faisait leur seigneur d'acquitter les obligations auxquelles il était tenu envers eux.

Les documents que nous connaissons jusqu'à présent et qui fournissent la preuve la plus certaine de ces recours au roi pour défaute de droit contre les grands vassaux ne sont que du xiie siècle. Mais on ne peut en conclure que des recours semblables n'aient pas eu lieu dans les siècles précédents. Les documents cités, p. 35 et 36, prouvent que dès les premiers règnes de la troisième race les grands vassaux ne niaient pas que le roi eût une juridiction sur eux, en vertu de la suzeraineté de la couronne, et cela dans des occasions où leurs intérêts étaient bien autrement compromis que par des demandes pour défaute de droit. Les preuves que je vais donner, faute d'en avoir trouvé de plus anciennes, constatent d'ailleurs un état de choses existant et non controversé, plutôt qu'elles ne constituent un droit nouveau.

Une contestation s'était élevée, en 1156, entre Guillaume, dit *le Vieux*, et son neveu Guillaume VIII, au sujet de l'Auvergne, arrière-fief de la couronne sous la mouvance directe du duché d'Aquitaine. L'oncle essaya d'en saisir la cour du roi de France. Le roi d'Angleterre, duc d'Aquitaine, prétendit que cette cour ne serait compétente que dans le cas où il aurait refusé de faire justice; il niait qu'il eût été interpellé et qu'il eût fait ce refus. Louis VII soutenait que ce préalable n'était pas nécessaire [1]. Une guerre s'ensuivit et fut terminée amiablement. Louis VII avait tort, selon moi; la mise en demeure était nécessaire à l'égard du seigneur qu'on accusait de défaute de droit. Beaumanoir, qui écrivait à la fin du XIIIe siècle, l'atteste expressément; et même il dit qu'un délai déterminé par les usages locaux devait être accordé au seigneur, pour qu'il fît rendre un jugement par sa cour [2]. Mais la seule chose qui importe pour la question dont il s'agit, c'est la reconnaissance par le roi d'Angleterre, duc d'Aquitaine, grand vassal de la couronne, que le recours eût été fondé, s'il avait refusé de rendre justice.

---

[1] *Art de vérifier les dates*, Chronol. des Comtes d'Auvergne.
[2] *Coutume de Beauvoisis*, chap. LXI.

Peu d'années après, Louis VII, voulant mettre fin aux vexations des seigneurs de Polignac contre l'église du Puy, leur fit la guerre et les constitua prisonniers. Le roi d'Angleterre, dont ces seigneurs étaient vassaux, réclama en alléguant qu'aucune plainte n'avait été portée à sa cour contre eux, qu'ils devaient être renvoyés devant lui, et qu'il rendrait justice[1] : c'était avouer que s'il avait refusé cette justice, il n'aurait pas été fondé à réclamer contre la conduite du roi de France à l'égard des seigneurs de Polignac. Ainsi Mably s'est trompé lorsqu'il a dit que l'usage du recours pour défaute de droit ne remonte qu'au règne de Philippe Auguste[2]; et la même erreur a été commise par le président Henrion[3].

Ce genre de recours au roi de la part des vassaux d'un grand vassal de la couronne, fut pendant longtemps le seul qu'autorisassent les règles de la féodalité. Lorsqu'il s'élevait une contestation personnelle entre l'un d'entre eux et son vassal, c'était à la cour du premier que le jugement appartenait, de même que, de nos jours, le citoyen qui a un intérêt à débattre avec l'État, soit en demandant soit en défendant, doit être jugé par les tribunaux de ce même État dont il est l'adversaire.

---

[1] Du Chesne, *Historiæ Francorum Scriptores*, t. IV, p. 731.
[2] *Observations sur l'Histoire de France*, liv. III, chap. III, nos 2 et 6.
[3] *De l'Autorité judiciaire en France*, Introduction, p. 55 (édit. in-8° de 1827).

Lorsque deux vassaux d'un grand vassal étaient en contestation, c'était, à bien plus forte raison, par leur suzerain commun qu'ils devaient être jugés. Dans la suite, il est vrai, s'éleva la question de savoir si la décision définitive, que rendait la cour d'un grand vassal dans les cas dont je viens de parler, pouvait être portée par voie d'appel devant la cour du roi; mais c'est un autre objet dont je me propose de parler plus loin; et nous verrons quels principes s'introduisirent à cet égard.

Toutefois une seconde question se présente, à l'examen de laquelle je dois me livrer, parce qu'elle appartient aux usages antérieurs au XIVe siècle, et qu'elle est d'une grande importance pour faire connaître jusqu'où s'étendait la juridiction de la cour féodale du roi. Il pouvait arriver qu'un différend s'élevât entre deux grands vassaux réciproquement indépendants, et dont l'un n'était pas plus que l'autre, obligé, d'après la hiérarchie féodale, de reconnaître la juridiction de la cour de son adversaire. Ils se trouvaient alors dans la même position où seraient la France et l'Espagne, si, à l'occasion d'une délimitation, la souveraineté ou la possession d'une portion quelconque de territoire était contestée entre elles, ou si, pour toute autre cause, l'une prétendait avoir été lésée par l'autre. Au défaut d'une conciliation, que manquent rarement d'opérer des concessions réciproques, ou d'un arbitrage volontairement consenti, la guerre serait la seule ressource.

Dans l'état de choses existant à l'époque dont je m'occupe, ce n'était pas seulement une contestation individuelle entre deux grands vassaux qui pouvait donner lieu à un débat; souvent il pouvait naître de la réclamation du vassal de l'un d'eux contre le vassal de l'autre. Tel était le lien qui, d'après les idées féodales, existait entre le seigneur et son vassal, que dans un cas de ce genre leurs intérêts étaient identifiés, le seigneur devant à son vassal protection et défense contre tous, en échange de la promesse du vassal de le servir en tout temps et contre toutes personnes. Ainsi, lorsqu'un vassal du comte de Champagne se plaignait à son seigneur d'avoir été lésé par un vassal du comte de Flandre, et du refus de ce dernier de lui rendre justice, l'affaire prenait le caractère d'une contestation personnelle entre ces deux grands vassaux. Comme ils étaient indépendants l'un de l'autre, cette contestation n'aurait pu être résolue que par une guerre, et c'est probablement ainsi que les choses se passèrent dans l'origine. Mais l'expérience fit connaître tout ce qu'il pouvait en résulter de dangers pour la tranquillité des peuples et la paix du royaume : on dut chercher le moyen d'obvier.

Ce moyen paraît avoir été fourni par le principe qui faisait considérer le roi comme chef suprême de la hiérarchie féodale, comme la clef et le couronnement de ce vaste édifice. Le respect pour le caractère de la royauté était plus grand qu'on ne serait tenté de le croire dans un temps où l'action litique de cette même royauté éprouvait tant de résistances locales et individuelles. Les grands, malgré leur ambition et l'esprit d'insubordination qui les animait trop souvent, ne pouvaient s'empêcher de voir dans le monarque le seul centre auquel ils pussent se réunir, si des discordes intestines ou des guerres étrangères mettaient en danger l'unité de la patrie. Dans le fait, on a vu plus haut, pag. 35, que sous le règne de Robert, fils de Hugues Capet, des grands vassaux reconnaissaient la compétence de la cour du roi pour statuer sur les contestations qui les divisaient, de même qu'ils reconnaissaient cette compétence pour les juger, lorsqu'ils étaient accusés d'avoir manqué à la fidélité qu'ils devaient à la couronne.

La seule difficulté qui puisse arrêter, consiste à savoir si lorsqu'il s'agissait de juger un grand vassal de la couronne, le roi devait n'appeler que les autres grands vassaux, ou si sa cour restait composée de la même manière que lorsqu'il y avait lieu de juger les simples vassaux de ses domaines. Mably énonce à ce sujet une opinion que je ne peux me dispenser de transcrire : « Du principe incontesté, « qui est effectivement rappelé dans le traité de « 1101, qu'on ne pouvait être jugé que par ses « pairs dans les justices féodales, et jamais par des « vassaux d'une classe inférieure, il résulte que « chaque suzerain aurait dû avoir autant de cours « différentes de justice, qu'il possédait de seigneu- « ries d'un ordre différent. La cour des assises du

« roi, aussi ancienne que la monarchie, n'étant,
« par la nature du gouvernement féodal, et ne
« devant être composée que des grands seigneurs
« qui relevaient immédiatement de la couronne,
« aurait dû être toujours distinguée des autres cours
« de justice, que Hugues Capet et ses premiers suc-
« cesseurs tenaient en qualité de ducs de France ou
« de comtes de Paris ou d'Orléans. Il aurait donc
« fallu ne former le parlement que des pairs du
« royaume, et en fermer l'entrée aux simples ba-
« rons du duché de France, qui auraient assisté,
« de leur côté, aux assises de la seigneurie dont ils
« relevaient[1]. » Ce que Mably se borne à indiquer
comme ayant dû être, si le régime féodal avait été
organisé logiquement, le président Henrion l'é-
nonce comme un fait constant. « Après l'avéne-
« ment de Hugues Capet, dit-il, nos rois eurent
« deux cours féodales, qui différaient par leurs
« attributions, par le nombre et par la qualité des
« membres qui les composaient. Tous étaient égale-
« ment les vassaux du roi, mais les uns en relevaient
« à cause de la couronne, les autres à cause des
« différentes seigneuries qui composaient son do-
« maine[2]. »

Je ne connais aucun document ni aucun témoignage historique sur l'existence simultanée de ces
deux cours distinctes, toutes deux présidées par le

---

[1] *Observations sur l'Histoire de France*, liv. III, chap. vi.
[2] *Des pairs de France et de l'ancienne constitution française*, p. 29.

roi à deux titres différents. Mon savant confrère, M. Beugnot, qui a très-bien résumé la théorie de Mably et du président Henrion, reconnaît qu'en fait « on chercherait vainement le moindre indice, « qui révélât l'existence des deux cours dont on « parle; on n'apercevrait jamais autour du roi qu'un « conseil, composé et réuni irrégulièrement, dont « le pouvoir était très-étendu, mais nullement dé- « fini; qui délibérait sur la paix et sur la guerre, « sur les ordonnances générales ou particulières; « qui jugeait les causes des hauts barons et celles « des simples vavasseurs; et dans lequel entraient, « sur la convocation et le bon plaisir du roi, des « prélats, des grands vassaux de la couronne, des « vassaux du duché de France, des officiers du pa- « lais et d'autres seigneurs, auxquels la faveur du « roi et d'autres événements attribuaient une im- « portance passagère[1]. » M. Beugnot ajoute, à la vérité, que plus tard une cour spéciale, exclusivement composée de grands vassaux, fut réunie pour le jugement de Jean sans Terre, en 1202; mais il reconnaît que ce fait fut sans précédents comme sans renouvellement. Je me réserve d'examiner plus bas cette question. Quant à celle qui m'occupe en ce moment, j'ai la satisfaction de me trouver d'accord avec lui sur ce point, que ni sous le règne de Hugues Capet, ni sous celui de ses successeurs, pendant les XIe et XIIe siècles, rien n'indique, dans

---

[1] *Olim*, t. I, Préface, p. XXVI.

les actes publics, dans les chartes particulières ou dans les historiens, l'existence de deux cours distinctes, toutes deux présidées par le roi à deux titres différents : l'une exclusivement chargée de juger les contestations relatives à la personne et aux fiefs des grands vassaux, l'autre jugeant les seuls vassaux du duché de France.

Mably en attribue la cause au caractère inconsidéré des seigneurs français et à leur ignorance. « Les capétiens, dit-il, ayant confondu toutes leurs « dignités et ne prenant plus que le titre de rois, « il arriva, quels que fussent les seigneurs qu'ils « convoquaient pour tenir leurs plaids, que cette « cour fut appelée la cour du roi ; et une équivoque « de mots suffit pour détruire un des principes les « plus essentiels du gouvernement féodal. » Ce que Mably regarde comme le résultat de l'inconsidération et de l'ignorance des seigneurs français, le président Henrion l'attribue « à l'impossibilité où « l'on se trouvait de réunir la cour des grands vas- « saux pour juger des contestations souvent modi- « ques, ce qui produisit la fusion de la cour de la « couronne dans celle du roi. » Mais il voit en cela une violation ouverte des principes de la féodalité.

Ni l'une ni l'autre de ces explications ne me paraît satisfaisante. La nécessité de deux cours distinctes et différemment composées, qui peut paraître rationnelle aujourd'hui qu'éloignés des temps où les faits se sont passés, nous les envisageons à l'aide des principes abstraits, ne me semble pas conforme aux idées qu'on se faisait alors de la suzeraineté du roi, et des droits qu'elle lui donnait sur les grands vassaux. La féodalité n'avait pas été créée *a priori* et par une sorte de charte constitutionnelle : elle était sortie du désordre et des débris de l'autorité légitime et centrale; elle s'était faite peu à peu, sans système préconçu, à mesure des circonstances, et par la fusion d'un grand nombre de causes, qui ne pouvaient produire rien de fixe, d'uniforme, de logiquement organisé. A côté d'une royauté nouvelle, dont les droits n'étaient point définis, mais qui ne pouvait oublier complétement les traditions de la royauté carlovingienne, étaient des seigneurs qui, sans droits mieux définis, s'étaient faits en quelque sorte souverains de diverses portions du territoire, au mépris et en violation des titres qu'ils tenaient des monarques de la seconde race; sans autre lien commun que la suzeraineté de la couronne et une espèce de supériorité de la personne royale, supériorité qui, dans beaucoup de circonstances, ne pouvait pas rester un vain mot sans résultat. Une cour féodale suprême, telle que Mably suppose qu'elle aurait dû être instituée, telle que le président Henrion croit qu'elle a existé quelque temps, dont le roi se serait trouvé simple membre pour son duché de France, et dont il aurait dû, si l'on veut être conséquent, devenir justiciable pour ce duché, de même que l'étaient le duc de Bourgogne ou le comte de Flandre pour leurs seigneuries, aurait été la véritable autorité suzeraine;

la France n'eût été qu'une fédération de petits États, et non une monarchie. Il aurait fallu attribuer l'exécution des décisions de ce tribunal à un pouvoir indépendant du roi lui-même, au moins dans les cas, où les jugements de cette cour auraient été contraires à ses intérêts ; et par conséquent ce pouvoir eût été le véritable souverain. Or, ce n'est pas ce qu'avaient entendu faire les seigneurs, dont je m'occupe en ce moment. Sans contredit, ils n'avaient pas voulu devenir vassaux du duché de France ; mais ils n'avaient pas entendu davantage se faire les égaux du roi, car ils lui avaient prêté foi et hommage, ce qui emportait obligation de servir *in hoste et in curte*, et l'on ne prend un tel engagement qu'envers un supérieur ; un tel engagement entraîne nécessairement soumission à la cour du suzerain, envers qui on le prend. Il était donc naturel d'adopter pour règle que les procès, relatifs à la personne ou aux fiefs d'un grand vassal, seraient jugés dans la cour du roi. Mably suppose, comme principe essentiel du régime féodal, qu'un vassal ne pouvait être jugé dans la cour de son suzerain que par ses pairs, et jamais par des vassaux d'un ordre inférieur ; qu'en conséquence chaque suzerain devait avoir autant de cours de justice, qu'il avait de vassaux d'un ordre différent ; et c'est, à n'en pas douter, dans la même supposition que raisonne aussi le président Henrion. Mais ce système, à part l'impossibilité physique de son exécution, pèche par sa base. Il n'existe aucun document contemporain ou voisin de l'époque dont je m'occupe, dans lequel ce prétendu principe soit expressément ou même indirectement énoncé. La seule chose qu'ils nous apprennent, c'est que le vassal, traduit devant la cour de son suzerain, avait droit d'exiger qu'on y appelât, s'il ne les y trouvait pas, un certain nombre de vassaux du même rang que le sien, *ses pairs;* et ce nombre variait suivant les localités, ainsi que l'attestent de Fontaines[1] et Beaumanoir[2]. Mais les autres membres de la cour, qui n'étaient pas de ce rang, ne cessaient pas d'en faire partie; ils conservaient le droit de juger : en un mot, la cour était renforcée par des pairs du défendeur; elle ne s'effaçait pas devant eux, pour leur laisser le jugement d'une manière exclusive. C'est ce qui est très-bien expliqué dans les Établissements de saint Louis, en ces termes : « Se li bers (baron) « est apelés en la cort le roy... et il die : Je ne vüel « mie estre jugiés fors par mes pers de cette chose, « adonc si doit-on les barons semondre jusques à « trois à tout le mains, et puis la justice doit fere « droit o (avec) eux et o autres chevaliers[3]. »

Une seule difficulté subsiste, et le simple bon sens suffit pour la résoudre. Il pouvait arriver qu'après que le défendeur avait demandé qu'on appelât à la cour des vassaux de son rang, *ses pairs*, ceux-ci appelés, *semonds*, pour me servir de l'expression

---

[1] *Conseil*, chap. XXI, art. 9.
[2] *Coutumes de Beauvoisis*, chap. LXVII, § 2.
[3] Liv. I, chap. LXXI.

usitée, ne s'y présentassent pas par un motif quelconque. Dans cette circonstance très-possible, la cour, où les pairs défaillants n'étaient pas venus siéger, restait-elle frappée d'incompétence, et par conséquent l'action de la justice était-elle interrompue et véritablement paralysée? Non sans doute, et la force des choses commandait que l'affaire fût instruite et jugée par la cour, où les pairs appelés avaient manqué d'assister.

L'histoire de saint Louis en fournit une preuve remarquable, que je ne saurais passer sous silence, parce qu'on y voit une exacte application de la décision des Établissements, que je viens de citer. En 1255, Enguerrand de Coucy avait fait mettre à mort trois jeunes gens, qui faisaient leurs études dans une abbaye voisine de sa terre, pour avoir poursuivi sur ses domaines du gibier, qu'ils avaient fait lever sur ceux de l'abbaye. Le roi voulut faire une justice éclatante d'un crime aussi révoltant. Il fit arrêter le coupable par ses sergents, le constitua prisonnier au Louvre, et le traduisit devant sa cour. Coucy réclama le droit d'être jugé par ses pairs; la cour hésita d'abord, et enfin se décida à ordonner que les pairs de l'accusé fussent appelés. En présence de cette assemblée, que le roi présidait, Coucy prétendit que tous les pairs, qui avaient pris séance, ne pouvaient le juger, parce qu'ils étaient ses parents, et qu'au contraire ils lui devaient conseil et assistance. Ceux-ci déférèrent à la réclamation, et, suivant les termes de Guillaume de Nangis, le roi se trouva seul, *præter paucos consilii sui*[1]; c'est-à-dire qu'il ne resta plus auprès de lui que des membres de sa cour ordinaire, qui n'étaient pas pairs de l'accusé. Le monarque ne fut point déconcerté par cet incident. Il avait pour lui le principe, que j'ai rappelé plus haut en citant le texte précis des Établissements, principe en vertu duquel sa cour était compétente, à la seule condition d'appeler des pairs du défendeur : ce n'était pas sa faute, si ceux-ci étaient ou refusants, ou dans l'impossibilité de juger; il fallait que la justice eût son cours. Saint Louis se disposait en conséquence à prendre les voix et à prononcer, lorsque tous les parents de Coucy tombèrent à ses pieds et demandèrent la grâce du coupable; elle fut accordée à des conditions à la fois humiliantes et onéreuses.

Ce procès est remarquable, en ce qu'on y voit que c'était à la cour du roi de décider s'il y avait, ou non, *cas de pairie*, c'est-à-dire s'il y avait lieu, à raison de la qualité du procès, d'appeler des pairs du défendeur; et c'est encore ce qu'on voit dans un jugement de 1259, relatif à un procès de l'archevêque de Reims, l'un des six pairs ecclésiastiques[2].

Ce que je viens de dire, que la cour ordinaire du roi était compétente pour juger les procès relatifs à la personne et aux fiefs des grands vassaux, à la

---

[1] *Rer. Gallic. et Francic. Script.* t. XX, p. 398.
[2] *Olim*, t. I, p. 454.

seule condition de s'adjoindre d'autres grands vassaux, non intéressés au procès, est justifié par plusieurs exemples, qu'il me reste à exposer. Le plus ancien est de 1153. L'évêque de Langres se plaignait d'actes de violence et d'usurpation, commis à son préjudice par le duc de Bourgogne. Si pour juger les procès, intentés contre un des grands vassaux, il eût existé ou dû exister alors, comme l'ont cru Mably et le président Henrion, une cour de la couronne uniquement composée de grands vassaux, et dans laquelle les vassaux du duché de France et d'autres personnages, quelle que fût leur dignité, n'auraient pas eu droit de séance, parce qu'ils n'étaient pas pairs du défendeur, c'eût été à cette cour que la cause aurait dû être portée, puisque le duc de Bourgogne n'était pas vassal du duché de France, mais bien de la couronne. Cependant ce fut devant la cour ordinaire du roi que l'évêque de Langres le cita, et le duc n'invoqua point d'incompétence; chose remarquable à une époque, où chacun était si jaloux de faire valoir son rang et d'en revendiquer les prérogatives. L'acte de ce procès, publié par Brussel, d'après le cartulaire de Langres, et que d'autres savants ont reproduit, contient en grand détail les demandes et les réponses respectives[1]. La cour du roi, après avoir accordé plusieurs délais au duc, dont toute la défense consistait à nier quelques-uns des faits allégués contre lui et à

---

[1] *Usage des fiefs*, p. 272.

expliquer ou à justifier les autres, et qui finit par refuser d'obtempérer à de nouvelles intimations, le condamna.

Le même auteur a publié, d'après le cartulaire de Champagne, un arrêt de la cour du roi, de 1216, rendu entre Érard de Brienne et la comtesse de Champagne, qui nous fournit une preuve semblable[1]. La question était de la plus haute im-

---

[1]. *Usage des fiefs*, p. 651. Il existait au temps de Brussel quatre manuscrits originaux du cartulaire de Champagne. Les deux premiers, ceux que Brussel jugeait les plus anciens, se trouvaient dans la bibliothèque Colbertine. Ils étaient, à peu de chose près, la reproduction l'un de l'autre, c'est-à-dire qu'ils contenaient en général la transcription des mêmes documents; toutefois, le second comprenait des actes postérieurs de quelques années à l'époque où le premier finissait. Ces deux manuscrits se trouvent aujourd'hui à la bibliothèque nationale, sous les n°^{s} 5992 et 5993 (anc. fonds). Il suffira d'ajouter que le premier d'entre eux, avant d'être acheté par Colbert, avait appartenu au président de Thou. — Le troisième des manuscrits consultés par Brussel, faisait partie de la bibliothèque du roi, et le quatrième était déposé au greffe de la chambre des comptes. Ces deux volumes formaient un seul ouvrage : le premier renfermait les chartes des ecclésiastiques, le second celles des laïques ; ce dernier portait spécialement le titre de *Liber principum*. Ils reproduisaient, à très-peu d'exceptions près, tous les documents compris dans les deux manuscrits de la bibliothèque Colbertine, et de plus la série des chartes y était continuée jusqu'à l'extinction des comtes particuliers de Champagne et Brie. Celui de ces volumes, qui appartenait à la chambre des comptes, se trouve aujourd'hui aux archives nationales; quant à l'autre, il est porté au catalogue de la bibliothèque nationale, sous le n° 5993 A (anc. fonds). Les recherches qu'on a bien voulu faire à ma demande n'ont cependant pu le faire retouver ; mais tout porte à croire que ce manuscrit est

portance : il s'agissait de la propriété du comté de Champagne, grand fief de la couronne. Érard de Brienne et sa femme, du chef de qui il élevait la prétention, perdirent leur cause, et même ils acquiescèrent. Le texte nous apprend que cet arrêt fut rendu par l'archevêque de Reims, l'évêque de Châlons, l'évêque de Langres, l'évêque de Beauvais, l'évêque de Noyon, le duc de Bourgogne, *et a multis aliis episcopis et baronibus nostris, videlicet, etc.* (Suivent les noms de tous ces autres juges.) Les six premiers sont indiqués dans la liste des douze pairs de France, que Mathieu Paris a donnée[1]. Les autres n'étaient point revêtus de cette dignité, et leur nombre excède même celui des pairs. La cause fut plaidée et jugée dans la cour du roi, *venit in curiam nostram ;* mais par la double circonstance qu'il s'agissait de la propriété d'un grand fief, d'une pairie, et que les pairs garnissaient la cour, le jugement est qualifié jugement des pairs, *judicatum ibidem a paribus regni nostri*, quoique certainement ils y fussent en minorité. Toute leur prérogative fut d'être nommés les premiers, suivant

---

seulement égaré, car MM. les conservateurs m'ont assuré qu'il y a quelques années il était encore sur les rayons. Aux renseignements qui précèdent, j'ajouterai que la bibliothèque nationale possède une copie intégrale de ces originaux dans la collection, dite des *Cinq-Cents de Colbert*, et qu'on en trouve aux archives une copie partielle. Enfin, il existe au Vatican (fonds Ottobonien, n° 2951) un manuscrit intitulé : *Chartularium comitum Campaniæ ;* mais je n'ai pas pu le vérifier.

[1] *Historia major*, p. 941 (édit. de 1640).

l'usage qui leur attribuait la préséance après le roi.

Martène a publié un document de 1224, bien plus propre encore à éclairer la question[1]. Le sire de Nesle avait cité la comtesse de Flandre, grand vassal de la couronne et pair de France, devant la cour du roi, pour *défaulte de droit.* Les pairs assistant à la cour, suivant la règle expliquée plus haut, prétendirent que le chancelier du roi, son bouteiller, son chambellan, son connétable, n'avaient pas droit de séance. Cette réclamation, qui ne tendait pas cependant à réduire la cour aux seuls grands vassaux, mais simplement à en faire exclure les *ministeriales hospitii regis,* fut rejetée, attendu la très-ancienne possession du droit de séance, dans laquelle étaient ces officiers. Cette possession est, en effet, attestée par des documents des xie et xiie siècles, et remontait aux deux premières races[2]. Mais l'incident mérite d'être remarqué. Dans l'hypothèse où la cour, devant laquelle était citée la comtesse de Flandre, n'aurait été composée que des grands vassaux, pairs de cette comtesse, l'arrêt dont il s'agit serait un non-sens; car il constate la réunion d'une cour composée et de grands vassaux, et de personnages qui ne l'étaient pas; il constate que parmi ces derniers étaient des *ministeriales hospitii regis,* à qui les grands vassaux contestaient le droit de

[1] *Ampliss. collect.* t. I, col. 1193.
[2] Voyez ci-dessus, p. 6 et 7.

séance. Cette prétention fut rejetée : *judicatum fuit in curia domini regis ;* il y eut donc une décision. Ce n'est pas par les grands vassaux seuls qu'elle a pu être rendue, puisqu'elle rejette leur prétention ; le jugement est donc l'ouvrage d'autres membres de la cour, qui n'étaient pas grands vassaux. Ainsi il est démontré que la comtesse de Flandre avait été ajournée devant une cour, qui n'était pas exclusivement composée de grands vassaux.

Un dernier complément de preuves résulte des actes du procès de Robert d'Artois contre la comtesse Mahaut, jugé par la cour du roi, garnie de pairs. Ces actes, qu'on trouve au trésor des chartes, (carton J, 439 et 440), et à la bibliothèque nationale (collection Brienne, vol. 178), constatent les décisions de la cour pour *semondre les pairs,* les intimations données par ordre du roi à Robert, de comparaître au jour indiqué *par devant nous et par devant nos pairs et notre conseil.* Le procès-verbal des pairs commence par ces mots : « Nous li
« pers dessusdits, à la requeste et mandement du
« roi à nous, venismes en la cour à Paris, et fis-
« mes et tenismes cour avec douze autres per-
« sonnes (les noms suivent, et ne sont pas des
« noms de pairs) eluz et miz à ce faire par le roi
« notre sire avec nous, comme cour garnie de
« nous et d'autres plusieurs sages gens. »

Mais je dois exposer avec bonne foi, et discuter à l'aide d'une critique impartiale, une objection contre mon sentiment, dont je ne me dissimule pas la gravité. Cette objection est déduite de ce qui semblerait avoir eu lieu en 1202, relativement à la condamnation prononcée contre Jean sans Terre. Nous lisons dans l'histoire de France de Velly, que ce prince, accusé du meurtre d'Arthur de Bretagne, fut cité devant la *cour des pairs*; qu'il ne comparut pas, et qu'une condamnation à mort, avec confiscation de ses biens, fut prononcée[1]. Ce récit, emprunté d'historiens antérieurs, a été copié par ceux qui ont écrit après Velly.

Si par l'expression *cour des pairs* il faut entendre un haut tribunal, exclusivement composé des grands vassaux, lequel aurait été seul compétent pour prononcer sur les procès relatifs à leurs personnes ou à leurs fiefs, l'existence d'un tel tribunal en 1202 serait une forte présomption de cette même existence à une époque très-voisine du commencement de la troisième race, et je reconnais les conséquences qu'on pourrait en tirer contre l'opinion que je viens de développer. Si au contraire on entend par cette expression la cour ordinaire du roi, qui aurait eu pour attribution de juger les grands vassaux de la couronne, comme les simples vassaux du duché de France, avec l'obligation, dans le premier de ces deux cas, d'appeler des grands vassaux pour la *garnir*, suivant l'expression des actes du procès de Robert d'Artois, il n'en résulterait rien de contraire à mon sentiment.

[1] T. II, p. 194 (éd. in-4°); t. III, p. 410 et suiv. (éd. in-12).

C'est sous le premier de ces deux points de vue que mon savant confrère, M. Beugnot, a considéré le jugement prononcé contre Jean sans Terre. Il croit que le tribunal fut exclusivement composé de grands vassaux. Voici comment il s'exprime : « Phi-
« lippe Auguste comprit que le jugement, qu'il vou-
« lait obtenir, n'aurait d'autorité qu'autant que cet
« acte serait entouré de toute la solennité des for-
« mes judiciaires, et que la moindre irrégularité
« l'entacherait pour toujours de nullité, et soulè-
« verait l'Europe entière contre le prince qui l'au-
« rait dicté. Le dogme du jugement des pairs dut
« reprendre dans cette occasion sa vigueur pre-
« mière, et recevoir une rigoureuse application;
« car aucun autre moyen ne se présentait à Phi-
« lippe Auguste pour cacher sous l'apparence du
« droit ses desseins ambitieux. Si le roi d'Angle-
« terre pouvait regarder comme indigne de l'élé-
« vation de son rang de venir se défendre devant
« de simples vassaux du roi, devant des prélats,
« des officiers du palais, des chevaliers ou des
« maîtres choisis par son suzerain, il ne dégra-
« dait pas sa couronne en comparaissant devant
« une cour composée de six souverains, ses égaux
« en droit, sinon en puissance, et qui avaient reçu
« d'un principe incontesté le droit de le ju-
« ger[1]. »

Malheureusement les actes de la procédure et

---

[1] *Olim*, t. I, Préface, p. XLVII, XLVIII.

le texte du jugement rendu contre Jean sans Terre n'ont pas été conservés : peut-être n'en a-t-il jamais été rédigé, ou des motifs de politique les ont-ils fait supprimer. Le seul document contemporain, et dont l'authenticité n'a jamais été mise en doute, dans lequel cette condamnation soit attestée, est une lettre écrite en 1216 aux évêques et aux monastères d'Angleterre par Louis, fils de Philippe Auguste, lettre publiée par du Boulay[1], et que D. Brial a reproduite d'après un manuscrit de la bibliothèque Cottonienne[2]. On y lit ces mots : *Satis notum est quoniam Johannes de murdro Arthuris, nepotis sui, in curia domini regis Franciæ per pares suos citatus, et per eosdem pares fuit legitime condemnatus.* Mais ces derniers mots n'impliquent en aucune façon que la cour ait été exclusivement composée de grands vassaux, et le jugement rendu par eux seuls. On verra bientôt qu'en fait, cela n'a pu être. Certainement le fils de Philippe Auguste, qui était âgé d'environ quinze ans lors du procès de Jean sans Terre, ne saurait être présumé avoir voulu faire, dans sa lettre de 1216, une assertion qu'aurait démentie la notoriété publique. Ainsi les mots *per pares suos citatus, et per eosdem legitime condemnatus*, doivent être interprétés d'après les usages que j'ai constatés, en me fondant sur des documents dont l'un est an-

---

[1] *Historia universitatis Parisiensis*, t. III, p. 86.
[2] *Rer. Gallic. et Francic. Script.* t. XVII, p. 722.

térieur à 1202, les autres très-rapprochés de cette époque, et qui tous nous apprennent que lorsqu'un grand vassal était traduit devant la cour du roi, cette cour, où les autres grands vassaux avaient droit de séance, devenait à son égard une cour de pairs; que tous les membres de cette cour devenaient ses pairs de jugement.

C'est dans le sens de cette interprétation qu'il faut aussi entendre, selon moi, un passage de Mathieu Paris. Cet auteur, rendant compte, sous l'année 1254, du projet qu'avait eu saint Louis d'investir Henri III d'une partie des fiefs confisqués sur Jean sans Terre, et de l'opposition des barons de France à ce projet, met dans leur bouche les expressions suivantes : *Absit enim ut duodecim parium judicium, quo juste abjudicatur rex Anglorum et privatur Normania, cassetur et pro frivolo habeatur*[1]. En concédant ce qui, sans le moindre doute, est le plus favorable à l'opinion de M. Beugnot, que Mathieu Paris ait entendu, par les mots *duodecim parium judicium*, parler des douze pairs de France, six laïques et six ecclésiastiques, dont cet auteur a donné la liste, il faudrait supposer que cette constitution du corps de la pairie existait en 1202, et de graves difficultés s'élèvent à ce sujet. Il est bien vrai que plusieurs auteurs rattachent cette institution à la cérémonie du sacre de Philippe Auguste, en 1179, d'après

[1] *Historia major*, p. 834 (édit. de 1640).

un document cité par du Tillet[1]; mais la fausseté de ce document, dont il n'existe aucune trace dans les dépôts publics, a été démontrée par D. Brial[2]; et M. Beugnot ne paraît lui attribuer aucune confiance, puisque, dans son opinion, ce serait Philippe Auguste, qui après avoir formé un haut tribunal de six pairs laïques pour juger Jean sans Terre, aurait complété peu de temps après l'institution des douze pairs en créant six pairies ecclésiastiques. Voici en quels termes il s'exprime : « Les motifs qui décidèrent Philippe Auguste, lors « du procès de Jean sans Terre, à constituer en « cour suprême les six pairs laïques, durent le pres- « ser de compléter son ouvrage, en adjoignant à ces « six pairs laïques un nombre égal de pairs ecclésias- « tiques. » Suit une savante discussion sur les motifs qui ont pu porter le roi à cette création de six pairs ecclésiastiques, et à choisir, parmi les évêques du royaume, ceux dont les siéges ont jusqu'à nos jours possédé la dignité de pairie. Je ne dois point transcrire ce morceau ; je me borne, pour ce qui concerne spécialement la question dont je m'occupe, à examiner si, dans l'hypothèse de M. Beugnot, ou dans celle qu'on déduirait du passage de Mathieu Paris, la condamnation de Jean sans Terre a pu, en fait, être prononcée par les hauts person-

---

[1] *Recueil des roys de France, de leurs couronne et maison,* etc. (éd. de 1607), p. 262.
[2] *Histoire littéraire de la France*, t. XIV, p. 22.

nages, qu'on appelait pairs de France ; si elle l'a été exclusivement par eux, sans le concours des autres membres de la cour ordinaire du roi. Peut-être trouvera-t-on, dans cette discussion, une preuve nouvelle de ce que d'habiles critiques ont remarqué, qu'il y a souvent dans les annales des nations des traditions longtemps accréditées, dont la certitude s'évanouit à mesure qu'on les examine de plus près.

Veut-on que le tribunal, qui a jugé Jean sans Terre, ait été composé uniquement de six pairs laïques, et c'est, comme on vient de le voir, le sentiment de M. Beugnot? cela paraît physiquement impossible. Sur les six pairies, telles qu'on les trouve désignées dans la liste publiée par Mathieu Paris, et d'après ce que tous les auteurs nous apprennent sur les grands vassaux primitifs de la couronne, deux appartenaient à Jean sans Terre, qu'il s'agissait de juger, savoir, la Normandie et l'Aquitaine : voilà donc les six grands vassaux réduits à quatre. Le comte de Flandre, Baudoin IX, était à la cinquième croisade, par suite de laquelle il fut nommé empereur de Constantinople ; le comte de Champagne, Thibault, dit *le Posthume*, était à peine âgé de deux ans ; le comte de Toulouse, en hostilité avec Philippe Auguste, et qui même s'était allié contre lui avec le roi d'Angleterre, n'a certainement point assisté au jugement ; le duc de Bourgogne serait donc resté seul de ces six grands vassaux ou pairs laïques. Veut-on se retrancher sur le passage de Mathieu Paris, *judicium duodecim parium?* le calcul, que je viens de faire, réduirait ce nombre à sept seulement, savoir, le duc de Bourgogne et les six pairs ecclésiastiques. Mais quand on ne se rendrait pas à la réflexion faite par D. Brial, dans ses *Recherches sur l'origine de la pairie en France*[1], précisément à l'occasion du procès de Jean sans Terre, « que des pairs ecclésias-« tiques ne pouvaient participer à des jugements em-« portant peine afflictive », est-il présumable qu'en fait, et dans les circonstances où l'on se trouvait alors, ces six évêques n'eussent pas pris le parti de s'abstenir, par la considération que Jean sans Terre, en même temps qu'il était duc de Normandie, vassal de la couronne de France, était roi couronné et sacré? Ce fut en effet un des arguments, que plus tard le pape, sous la protection de qui Jean sans Terre s'était placé après sa condamnation, faisait valoir contre l'arrêt, *quod Johannes esset rex inunctus*. Des doutes légitimes pourraient donc s'élever sur la participation des six pairs ecclésiastiques à un jugement, qui, par le fait, aurait été exclusivement leur ouvrage. Une autre considération ne paraît pas moins puissante. Le récit le plus détaillé, qui concerne ce procès, est de Mathieu Paris, historien favorable au roi d'Angleterre. Dans le compte qu'il rend des conférences tenues entre le pape lui-même, ses légats et les ambassadeurs de

---

[1] *Rer. Gallic. et Francic. Script.* t. XVII, Préface, p. xxvj.

Philippe Auguste[1], le pape, chaud partisan de Jean sans Terre, ne dit pas un mot du concours des pairs ecclésiastiques, et surtout en une si grande majorité, à un jugement qu'il qualifiait cependant de jugement rendu *contra canones ;* ce silence porte à induire qu'en effet les pairs ecclésiastiques n'y avaient pas concouru. Tout ce que l'historien met dans la bouche du pape, de ses légats, même des ambassadeurs du roi, n'indique rien autre chose qu'un jugement rendu *per barones Franciæ;* or ce dernier mot est digne de remarque : on sait en effet qu'à cette époque on désignait par *Francia* le duché de France et les annexes qui formaient le domaine du roi, *pays d'obéissance.*

Bernardi, ancien membre de l'Académie des inscriptions, auteur d'un savant mémoire sur l'*Origine de la pairie en France et en Angleterre*, frappé de ces considérations, paraît n'avoir trouvé d'autre moyen que de nier le meurtre d'Arthur de Bretagne, dont Jean sans Terre était accusé, et même d'élever des doutes sur le fait de sa condamnation[2]. C'est une manière bien hardie de résoudre la difficulté. Je ne saurais partager ce pyrrhonisme. On peut sans doute, avec Mably[3], que Sismondi a copié[4], prétendre que le crime imputé à Jean sans Terre

---

[1] *Historia major*, p. 283 (édit. de 1640).

[2] *Nouveaux Mémoires de l'Académie des inscriptions*, t. X, p. 640 et suiv.

[3] *Observations sur l'Histoire de France*, liv. III, chap. vi.

[4] *Histoire des Français*, t. VI, p. 238.

n'était qu'un crime privé, comme malheureusement l'histoire en rapporte de beaucoup de souverains; que ce crime ne pouvait et ne devait pas le rendre justiciable de la couronne, dont il était vassal; qu'il ne constituait pas une félonie envers cette couronne, susceptible de faire prononcer contre lui la perte de ses fiefs. Les réponses à ces arguments ne manqueraient pas sans doute; car ces écrivains n'ont pas fait attention que par une charte du mois de juillet 1202, rapportée par Brussel[1] et par un très-grand nombre d'auteurs, Arthur était devenu vassal de Philippe Auguste; que l'assassinat du vassal d'un seigneur était une véritable insulte à ce seigneur; que fait par un autre vassal du même seigneur, il prenait le caractère de félonie. Mais ces réponses sont inutiles, car le fait de la condamnation est incontestable. Jean sans Terre, dans ses réclamations devant le pape, ne niait pas qu'il eût été condamné; il soutenait que c'était injustement. Ce jugement a été exécuté par la confiscation effectuée des fiefs, que le roi d'Angleterre possédait en France. Le fait de cette exécution, prouvé par l'histoire contemporaine, et par tous les actes de propriété qu'exercèrent Philippe Auguste et son fils Louis VIII dans les domaines confisqués, l'est surabondamment par l'inféodation que saint Louis fit, en 1259, à Henri III, d'une partie de ces mêmes domaines. Saint Louis agissait en qualité de

---

[1] *Usage des fiefs*, p. 328.

propriétaire, puisqu'une inféodation ne peut être faite qué par celui à qui appartient la chose inféodée. Il ne les restituait pas comme indûment confisqués, puisqu'alors il aurait dû restituer aussi la Normandie, le Maine et d'autres provinces, dont la confiscation aurait été entachée du même vice. Au contraire Joinville met expressément dans la bouche de saint Louis la déclaration, que le roi d'Angleterre avait justement perdu les terres qu'il tenait [1].

Ainsi, d'un côté, il est incontestable qu'une condamnation a été prononcée contre Jean sans Terre ; de l'autre, il n'est pas possible que cette condamnation ait été prononcée par les douze pairs de France, comme le laisse entendre Mathieu Paris, ou seulement par les six pairs laïques, comme le pense M. Beugnot. Il faut donc recourir à une autre hypothèse pour trouver le tribunal qui a jugé Jean sans Terre. La seule qui me paraisse vraie, parce que d'ailleurs elle est la seule possible, est celle que j'ai exposée plus haut, savoir : que la cour ordinaire du roi était investie du droit de juger un grand vassal, comme l'aurait fait une cour féodale de la couronne, s'il en eût été institué une dans l'origine. Mais les grands vassaux, les pairs, ayant, par leur dignité, le droit de séance dans cette cour, et même devant être spécialement requis, *semonds*, de s'y rendre, lorsqu'il s'agissait de juger l'un d'entre eux, cela seul est suffisant pour

---

[1] *Rer. Gallic. et Francic. Script.* t. XX, p. 262.

expliquer, sans embarras, l'expression *in curia domini nostri regis per pares suos citatus et per eosdem legitime condemnatus*, qu'on lit dans la lettre de Louis, fils de Philippe Auguste, de 1216, le plus explicite et le plus ancien des documents relatifs à ce procès, qui nous soient parvenus. C'était très-incontestablement ce qui avait eu lieu en 1153, lors de la contestation entre l'évêque de Langres et le duc de Bourgogne, dont j'ai fait connaître tous les détails pag. 53. Sur quels motifs pourrait-on se fonder pour supposer qu'il en ait été autrement en 1202, lorsqu'on trouve le même mode de procéder suivi en 1216, en 1224 et dans la suite, pour des affaires relatives à la personne ou aux fiefs de grands vassaux ? Les annales judiciaires constatent que pendant la longue existence du parlement de Paris, cette cour fut exclusivement juge des pairs de France, même après que d'autres parlements eurent été institués, et en quelque lieu du royaume qu'habitassent les pairs, qu'il s'agissait de juger. Les autres pairs assistaient et devaient être convoqués; mais ils n'étaient pas seuls juges; les membres de la cour n'étaient pas réduits au seul rôle de diriger la procédure et de donner des voix consultatives. Pour prétendre qu'il en a été autrement en 1202, lors du procès de Jean sans Terre, il faudrait en rapporter la preuve; faute de quoi il est raisonnable d'invoquer la règle de logique, qui me semble aussi en être une de critique, *probatis extremis media præsumuntur.*

Après cette discussion, dont l'importance pour l'histoire de nos anciennes institutions judiciaires fera excuser la prolixité, je passe à d'autres attributions de la cour du roi.

De nombreux documents des deux premières races attestent que les rois et les empereurs prenaient des églises, des monastères et d'autres établissements ecclésiastiques ou civils sous leur sauvegarde, et qu'en conséquence, les causes qui intéressaient ces établissements étaient distraites des juridictions locales et portées directement au plaid du palais. Lorsque l'autorité royale eut été usurpée par les grands vassaux, ces établissements se trouvèrent, par le fait, dans leur dépendance territoriale. Probablement Hugues Capet ne se crut pas assez fort, dans les premiers moments de son règne, pour prétendre qu'en qualité de successeur du dernier des carlovingiens, il devait être considéré comme le protecteur des églises et des monastères situés hors du duché de France. La confirmation des anciens privilèges, qu'il proclama en 987, est sans doute générale[1] : mais il se peut que l'effet de cette sauvegarde ait été limité à ce qui concernait les établissements ecclésiastiques ou civils, situés dans le territoire de ses vassaux immédiats ; et que les grands vassaux, se considérant, chacun dans son territoire, comme propriétaires des droits régaliens, aient prétendu au pouvoir et à la juridic-

---

[1] *Rer. Gallic. et Francic. Script.* t. X, p. 548.

tion sur les établissements de leur ressort. Peu à peu néanmoins, les rois rentrèrent dans les droits qu'avaient eus ceux des deux premières races, et la cour du roi devint exclusivement juge des établissements, que le roi prenait sous sa sauvegarde. Nous en avons la preuve dans un jugement, que Louis VII, accompagné de sa cour, alla, en 1166, rendre dans le duché de Bourgogne, qui était un grand fief; et précisément ce fut pour juger la cause d'une église, placée sous la protection royale[1].

Les vassaux du roi ne lui prêtaient pas seulement leur assistance dans la distribution de la justice; ils le conseillaient aussi sur les affaires que, suivant nos institutions modernes, nous appellerions *administratives*. Dans tout pays, en tout temps, quelle que soit la forme du gouvernement, le chef de l'État éprouve le besoin de prendre, pour l'administration, des mesures dont l'objet est diversifié et dont l'urgence est souvent très-grande. Pour atteindre ce but, il est nécessaire qu'il ait recours aux personnes, qui lui paraissent les plus instruites, les plus capables de le seconder. Il appelle les unes à délibérer avec lui et à l'aider de leurs conseils; il confie aux autres l'exercice d'une partie de son autorité. Aussi le serment de fidélité, que les vassaux prêtaient à leur seigneur, contenait-il l'engagement formel de l'assister du conseil. Tous les

---

[1] Martène, *Ampl. collectio*, t. I, col. 875.

auteurs, qui ont écrit sur le droit féodal, en fournissent la preuve. Il me suffira de citer les termes du serment prêté aux rois Hugues Capet et Robert, en 988, par l'archevêque de Reims : *Consilium et auxilium secundum meum scire et posse in omnibus negociis præbiturum*[1] ; expressions que reproduit presque textuellement la formule du serment, contenue dans le *Liber feudorum* [2].

Quelques personnes choisies par le roi parmi ses vassaux, sur les lumières, l'assiduité, la fidélité desquelles il pouvait le mieux compter, formaient auprès de lui un conseil habituel, qui presque toujours l'accompagnait dans ses voyages. C'était pour le roi le moyen le plus sûr de se prémunir contre les surprises, de garantir ses propres intérêts et ceux de ses sujets, de se concilier l'affection publique, en montrant qu'il ne voulait pas gouverner arbitrairement.

Les rois suivaient en cela les usages de la seconde race, sur lesquels Hincmar nous a conservé des notions très-curieuses, dans la lettre que j'ai citée p. 11. Il n'y a pas un diplôme, pas un acte d'administration, qui ne constate l'assistance ou la signature d'évêques, de barons, de grands officiers de la maison du roi, tels que chancelier, connétable, sénéchal, bouteiller, chambellan, connus sous le nom générique de *ministeriales hospitii domini*

---

[1] *Rer. Gallic. et Francic. Script.* t. X, p. 516.
[2] Lib. II, tit. VII.

regis. Mais, à la différence de ce qui avait lieu nécessairement lorsqu'il exerçait le pouvoir judiciaire, le roi n'était pas obligé, dans les questions relatives au gouvernement et à l'administration, de s'en tenir à l'avis qu'on lui donnait : c'est ce que fait connaître Joinville, en rendant compte d'une délibération du conseil, fondée sur une règle vraie, mais rigoureuse, que saint Louis, par un sentiment d'équité et de bienveillance, ne crut pas devoir adopter[1]. Aussi remarquons-nous une différence importante entre les jugements, et les chartes ou autres actes d'administration qui nous sont parvenus. Dans les premiers on lit : *per judicium curiæ nostræ.... quorum judicio hæc acta sunt..... omnium procerum judicio.* Dans les autres, le roi déclare qu'il prend la mesure ou qu'il fait la concession dont il s'agit ; *procerum, fidelium nostrorum consilio..... per consilium.....* parce que c'était en effet pour lui une faculté, et non une obligation, de prendre l'avis de ce conseil et d'en adopter les résolutions.

Les rois s'entouraient aussi de leurs vassaux dans des réunions plus nombreuses et moins habituelles, où ils prenaient leur avis, quelquefois leur consentement. Les assemblées générales des hommes libres et des fidèles des rois, qui avaient lieu au printemps et à l'automne sous les deux premières races, et dans lesquelles les rois faisaient des

---

[1] *Rer. Gallic. et Francic. Script.* t. XX, p. 199.

capitulaires, ou les soumettaient à l'acceptation du peuple, n'étaient plus possibles d'après la nouvelle forme de gouvernement, produite par la révolution de 987. Des mesures nouvelles étaient devenues nécessaires. La lettre de Hugues Capet à l'archevêque de Sens, que j'ai citée p. 34, contenait ces expressions remarquables : *Regali potentia in nullo abuti volentes, omnia negocia reipublicæ in consultatione et sententia fidelium nostrorum disposuimus.* Cette promesse ne s'appliquait pas seulement aux pays dits *d'obéissance le roi;* elle était, à bien plus forte raison, relative aux délibérations, qui concernaient le royaume entier. Les actes de l'autorité royale n'avaient point de caractère obligatoire dans le territoire des grands vassaux, *pays de non obéissance le roi*, sans l'assentiment de ces derniers. Il s'en fallait même beaucoup que les rois eussent une autorité absolue dans les *pays d'obéissance*. S'ils voulaient imposer à leurs vassaux des règles ou des charges, qui ne dérivaient pas expressément des obligations générales de la féodalité ou des clauses de leurs concessions, le consentement de ces derniers était nécessaire. Voici comment on pourvut le plus généralement à ces nécessités sociales. Par suite d'usages observés sous les mérovingiens et les carlovingiens, les premiers rois de la troisième race célébraient avec pompe les principales fêtes de l'année, en se montrant au peuple parés des ornements de la royauté, en donnant des repas somp-

tueux à leurs grands officiers et aux plus considérables de leurs vassaux. Une charte du roi Robert, de 1108, nous apprend que de son temps ces réunions solennelles se faisaient à Noël, à l'Épiphanie, à Pâques et à la Pentecôte[1]. Les rois profitèrent de ces circonstances, qui attiraient auprès d'eux non-seulement les vassaux de leurs domaines, mais encore les grands vassaux de la couronne, pour concerter avec eux les mesures législatives et celles de haute administration, qui avaient besoin de leur assentiment. Quelquefois aussi ils convoquaient des assemblées du même genre à d'autres époques, selon l'objet urgent des mesures à prendre. Suger en donne un exemple dans son histoire de la vie de Louis le Gros : il nous apprend que ce roi convoqua à Orléans, en 1126, une assemblée de hauts personnages, *procerum regni*, pour délibérer sur un différend survenu entre lui et Guillaume, duc d'Aquitaine[2].

Les documents et les chroniques des x°, xi° et xii° siècles désignent ces réunions par les mots *concilium, congregatio, conventus, curia plena, coronata, solemnis*. Au xiii° siècle on commença à remplacer ces dénominations par celle de *parlamentum*, mot usité depuis longtemps dans les chartes de communes pour désigner des assemblées d'habitants, et qui par son étymologie annonce une

---

[1] *Rer. Gallic. et Francic. Script.* t. X, p. 592.
[2] *Ibidem*, t. XII, p. 54.

réunion délibérante. Ce qui prouve la synonymie de ces différents noms, c'est que, dans le récit du même fait, les écrivains de la même époque emploient, les uns les anciennes dénominations, les autres la nouvelle; c'est que souvent le même historien se sert indistinctement de l'une et de l'autre[1].

Ces solennités attirant à la résidence royale non-seulement les vassaux, membres de la cour solennelle ou parlement, mais encore des arrière-vassaux et des roturiers, il fut naturel de fixer à la même époque les assises judiciaires. Les plaideurs y étaient entendus et les procès jugés, soit dans l'intervalle des délibérations sur les affaires publiques, soit après qu'elles étaient terminées. Du Cange, dans la dixième de ses dissertations sur Joinville, et Gautier de Sibert, dans les anciens Mémoires de l'Académie des inscriptions[2], donnent à ce sujet des notions, auxquelles je me borne à renvoyer; l'ordre de ma discussion m'obligera d'ailleurs à y revenir.

Ce que je viens de dire suffit pour expliquer comment, sous les premiers règnes de la troisième race, le roi exerçait l'autorité administrative et l'autorité judiciaire. Mais il fallait une sorte de canal,

---

[1] *Rer. Gallic. et Francic. Script.* t. XX, p. 12, 33. — Martène, *Ampliss. collectio*, t. V, col. 64. — Guill. de Nangiaco, ad ann. 1245.

[2] T. XLI, p. 583.

si je peux m'exprimer ainsi, qui servît à lui faire parvenir les suppliques, soit pour lui exposer des besoins locaux ou privés, solliciter des emplois, des faveurs, soit pour demander justice; en un mot, ce que les anciens documents désignent par l'expression *per supplicationem vel per judicium.* L'ordonnance de 1190 (I, 18), connue sous le nom de *testament* de Philippe Auguste, constate l'ancienneté de cet usage. On lit dans l'article 3, que la régence, qu'il avait instituée pour gouverner pendant son absence, assignerait, tous les quatre mois, un jour destiné à recevoir les demandes et les plaintes des sujets et à terminer les contestations. Mais c'est le règne de saint Louis qui nous offre les développements les plus positifs.

Des personnages investis de la confiance du roi, qu'on appela dans la suite *maîtres des requêtes*, recevaient les suppliques[1]. Lorsqu'il ne s'agissait que de grâces, de concessions ou d'autres objets concernant l'administration proprement dite, ils écartaient sans doute celles qui ne leur paraissaient pas admissibles; ils faisaient le rapport des autres au roi. Si des parties se présentaient pour demander jugement, ce qui pouvait arriver entre des bour-

---

[1] Charles VIII voulut remettre en vigueur cet usage, et par des lettres du 22 décembre 1497 (XX, 631), il consulta la chambre des comptes sur ce qui se pratiquait du temps de saint Louis. De nos jours un décret impérial du 20 septembre 1806 créa, dans le conseil d'État, une commission de pétitions tout à fait analogue.

geois, dont les affaires n'avaient rien de commun avec la féodalité, et surtout lorsque des contestations s'élevaient entre les serviteurs, *commensaux* du roi, ils statuaient, si l'affaire ne leur paraissait pas offrir de difficultés sérieuses ; ou, dans ce dernier cas, après avoir essayé de les concilier, ils renvoyaient les parties devant le roi, qui tenait, à l'entrée de son palais, une audience nommée *plaid de la porte*, où il jugeait les affaires, que leur nature ne donnait pas lieu de soumettre à la cour. Joinville l'atteste très-explicitement[1]; mais le plus ancien acte royal, qui fasse mention de ces maîtres des requêtes, est un rôle de la cour de justice, dressé en 1285, dont Pasquier a publié un extrait[2].

Tant que le nombre des affaires, qu'il était nécessaire d'expédier, soit en matière judiciaire, soit en matière de gouvernement et d'administration, fut peu considérable, les rois y employèrent les mêmes personnes ; mais le temps et quelques événements, dont j'ai à rendre compte, firent connaître le besoin d'une division dans le travail, qui devait conduire à former des institutions distinctes.

Dans les premières années de son règne, Phi-

---

[1] *Rer. Gallic. et Francic. Script.* t. XX, p. 199.

[2] *Recherches*, liv. II, ch. VIII. On en trouve aussi des fragments dans la seconde des dissertations de du Cange sur Joinville, et dans Miraulmont, *De l'origine et establissement du parlement*, p. 120. Voyez encore l'extrait d'un mémoire du président de Noinville, dans les anciens Mémoires de l'Acad. des inscriptions, t. XXVII, p. 190.

lippe Auguste, désirant améliorer l'exercice du pouvoir administratif et la dispensation de la justice dans les pays d'obéissance, créa des grands baillis, dont l'institution ne tarda pas à produire ses fruits. Ces officiers exercèrent une active surveillance sur les prévôts et les juges inférieurs, que le roi avait établis pour rendre la justice aux bourgeois et aux roturiers, ainsi que je l'ai dit page 18, et sur les juridictions des communes, dont le nombre s'était considérablement accru depuis le règne de Louis VI. Par des mesures, que je ferai connaître avec quelques détails dans la section 1re du chapitre 1er du titre II de cette partie, ils firent rentrer sous la juridiction royale un grand nombre d'affaires, que les seigneurs, vassaux du roi, avaient l'habitude ou la prétention de faire juger dans leurs cours. Le but que Philippe Auguste s'était proposé, en instituant les grands bailliages, avait été principalement de rapprocher de l'autorité royale, par une intervention protectrice et habituelle, les peuples, que le système féodal en tenait sans cesse isolés. Le moyen le plus sûr pour l'atteindre, fut de tenir les grands baillis dans une dépendance très-étroite de la cour : c'est ce qui fut réalisé, en soumettant leurs jugements à l'appel devant cette cour.

Cet exemple ne fut pas perdu. Les justiciables des seigneurs voulurent aussi se procurer les avantages de l'appel. Mais ils n'obtinrent ce résultat qu'avec beaucoup de difficultés. Longtemps les seigneurs, que les titres de leurs concessions ne soumettaient pas à l'appel, défendirent la souveraineté de leurs juridictions. Jamais, comme on l'a vu page 27, ils ne contestèrent le droit de leurs vassaux de recourir au roi dans les cas qu'on appelait *defaulte de droit;* mais il n'y avait rien de commun entre cette espèce de réclamation et l'appel. Dans l'appel, on défère à une juridiction supérieure le jugement rendu par un juge inférieur; la cause, déjà jugée en première instance, l'est de nouveau. L'appel suppose l'existence d'un jugement, dont on demande la réformation. La defaulte de droit suppose que le procès n'a pas été ou n'a pu être jugé; le recours au suzerain, dans ce cas, a pour objet qu'il statue sur ce procès, dont son vassal n'a pas pris connaissance, et c'est, dans la vérité des mots, une évocation. Il en résulte une différence essentielle, qui a dû faire admettre sans contestation le recours pour defaulte de droit, même contre les grands vassaux. Ce recours, qui, par la nature des choses, ne pouvait être porté que devant le roi, ne subordonnait pas, à proprement parler, la juridiction de ces seigneurs à celle du roi; il n'avait lieu précisément que parce qu'ils refusaient d'user de leur droit de justice; ils étaient les maîtres de le rendre sans objet, en faisant juger la cause dans leur cour, la saine raison ne permettant pas qu'il pût exister des procès, ou des plaideurs, qui ne trouveraient pas de juges. Les lois de la féodalité réprouvaient un tel refus; et celui-là seul pouvait, en définitive, faire justice du refus, à qui cette même féodalité reconnaissait les droits de suzerain.

Il pouvait cependant arriver qu'une partie prétendît que le jugement rendu contre elle, dans la cour de son seigneur, était injuste, contraire à la loi ou plutôt à la coutume traditionnelle et notoire. Les anciens souvenirs des lois de la première race, tels que le titre LX de la loi salique et le chapitre VI de la constitution de 560, constataient que les jugements, rendus dans les *máls* par les *rachimbourgs*, sous la présidence du comte, étaient susceptibles d'être déférés au roi, comme contraires à la loi[1]. Si ces règles pouvaient paraître surannées, comme antérieures à la féodalité, le chapitre II de l'*Adnunciatio* de 869 aurait pu fournir un remède contre l'erreur volontaire ou involontaire des juges, puisqu'il consacre les recours au roi[2]. Mais un usage remarquable, et qui tient une grande place dans les mœurs de ce temps, rendit assez longtemps impossible, en fait, l'appel des jugements émanés d'une juridiction inférieure. Le moyen le plus usité de juger les contestations était le combat judiciaire, non tel que les lois et les ouvrages du XIIIe siècle nous le présentent, extrêmement modifié et restreint à un très-petit nombre de cas, ou soumis à des conditions qui en produisirent insensiblement l'abolition, mais

---

[1] *Diplomata, Chartæ, Epistolæ, Leges*, etc., t. I, n° CLXV. — Pertz, *Monumenta Germania historica*, t. III, p. 2.

[2] Baluze, *Capitularia regum Francorum*, t. II, col. 115. — Pertz, *Monumenta*, t. III, p. 511.

COUR PRIMITIVE DU ROI.

admis presque en toutes sortes d'affaires, favorisé même par les actes de la législation[1]. Dans un tel état de choses, lorsque le résultat d'un combat, que l'ignorance appelait *jugement de Dieu*, avait déclaré qui des deux adversaires devait gagner sa cause, il ne paraissait pas possible de reconnaître à des hommes, dont le tribunal supérieur aurait été composé, le pouvoir d'infirmer ce que Dieu était censé avoir déclaré, ou de s'exposer à un nouveau combat, dont l'issue différente aurait mis la Divinité en contradiction avec elle-même. Néanmoins, dans quelques circonstances, et le nombre s'en accrut de plus en plus, le combat judiciaire n'était pas admis. Il y avait toujours eu des affaires, ainsi que Beaumanoir nous l'apprend, qu'on devait juger et qu'on jugeait d'après les preuves écrites, les dépositions des témoins, l'aveu et le serment des parties[2]; or les juges pouvaient se tromper : l'erreur devait-elle être irréparable?

Dès qu'un besoin se fait sentir dans la société, on cherche à y pourvoir, non pas toujours de la manière la plus simple, la plus parfaite, la plus raisonnable, mais comme on peut et comme le permet l'état de cette même société. On crut d'abord trouver un remède contre l'erreur possible, dans la demande en *amendement*, sorte de supplique adressée au tribunal qui avait rendu le jugement,

---

[1] Ordonnances de 1118 (I, 3) et 1128 (I, 5), qui autorisent des serfs à combattre contre des personnes libres.
[2] *Coutume de Beauvoisis,* chap. LXI, LXIII.

afin que, mieux informé, il le rétractât ou le corrigeât[1] : cette voie subsiste encore sous quelques rapports dans notre procédure, où elle porte le nom de *requête civile*. Mais celui qui se trouvait lésé par la sentence devait s'adresser aux mêmes juges qui l'avaient rendue; et si les préventions, l'inimitié l'avaient dictée, il pouvait craindre de succomber.

On eut alors recours à un moyen assez bizarre. J'ai déjà dit, p. 24 et 25, que le jugement était formé par les votes des vassaux, assesseurs du seigneur; que d'après le résultat de ces votes, celui-ci prononçait la décision, qui n'était réputée exister et commander l'obéissance qu'après cette prononciation. Or, un plaideur avait le droit d'exiger que les juges opinassent à haute voix : lorsque la première ou les premières opinions énoncées lui faisaient craindre une décision contraire à ses prétentions, il lui était permis d'interrompre le vote, et de déclarer, avant que le seigneur eût prononcé le jugement, qu'il *faussait la cour;* que les opinions émises contre lui étaient contraires à la vérité, à la justice, à la loi; qu'il offrait de le prouver par le combat. Le résultat de cette déclaration était qu'il fût obligé de se battre contre chacun de ceux dont le vote lui avait été contraire. S'il sortait victorieux de cette épreuve, le procès était porté devant le

---

[1] *Établissements de saint Louis*, liv. I, chap. LXXVI et suiv.; liv. II, chap. XV.

suzerain. S'il était vaincu, la peine qu'il encourait variait suivant l'importance de la contestation.

La barbarie et l'ineptie de cet usage le firent tomber peu à peu en discrédit. Une sorte de logique, qui souvent est celle des peuples bien longtemps avant qu'elle éclaire les gouvernements, conduisait naturellement à penser que le justiciable d'un seigneur, qui voyait celui-ci se soumettre pour toutes les affaires concernant sa personne ou son fief à la juridiction de son suzerain, qui avait même la faculté de l'appeler devant ce suzerain en cas de défaute de droit, ne devait pas être écouté moins favorablement, lorsqu'il prétendait que la cour de ce seigneur avait rendu un jugement contraire à l'équité, à la coutume notoire; surtout lorsque, sans attaquer la probité, la bonne foi des hommes de la cour, il se bornait à dire qu'ils s'étaient trompés; ce qu'on appela *fausser le jugement sans mauvais cas*. D'ailleurs cet appel pour *mal jugé* était connu dans le droit romain, qui, plutôt obscurci qu'effacé dans l'esprit de la nation, commençait, dès le xiie siècle, à être l'objet d'études sérieuses. On a vu que la législation des deux premières races l'avait autorisé, et que l'abus du pouvoir des seigneurs l'avait fait tomber en désuétude. Il était usité dans les tribunaux ecclésiastiques, dont les attributions étaient très-nombreuses, et dont l'influence et l'exemple étaient considérables. Le plus ancien arrêt, qui nous soit parvenu, sur l'appel d'une justice seigneuriale pour *mal jugé*

devant la cour du roi, n'est, il est vrai, que de
1264[1] : mais la charte de 1186, que j'ai citée p. 29,
fournit une preuve bien antérieure ; l'article 30
d'une ordonnance du mois de décembre 1254
(I, 65) prévoit un cas, dans lequel un plaideur perd
le droit d'appel, *beneficium appellationis amittat;*
enfin, l'article 8 de celle du mois de février 1260
(I, 87), par laquelle saint Louis abolit le combat
judiciaire dans tous ses domaines, s'exprime ainsi :
« Se aucun veut fausser jugement ou pays, où il
« appartient que jugement soit faussé, il n'y aura
« point de bataille, etc.[2] »

Toutefois ce texte prouve en même temps que
l'usage de l'appel n'était pas général. J'ai déjà dit
que ce moyen de faire réformer les jugements
s'introduisit avec assez de difficultés : on exagérait le principe de la dépendance du vassal envers son seigneur ; le jugement étant réputé un
commandement de ce dernier, on prétendait que
le vassal ne pouvait, sans manquer à sa foi, rien
faire ou tenter pour se soustraire à ce commandement ; et la cour du roi fut quelquefois obligée de

---

[1] *Olim,* I, 200 ; mais on sait que ce recueil commence seulement en 1256.

[2] La date de 1260 est admise vulgairement sur la foi de Laurière, car le texte qu'il a publié n'en contient pas. Il est même probable que cette ordonnance doit être antérieure, puisque dans un arrêt de la chandeleur de l'année 1260 (*Olim,* I, 494) la cour parle de l'ordonnance du roi sur le duel judiciaire comme d'un fait qui aurait déjà donné lieu à un procès à Saint-Pierre le Moutier.

composer avec ces préjugés. Un arrêt de 1259 reconnut qu'elle ne devait pas recevoir l'appel d'un jugement rendu dans un lieu, où cette voie n'était pas autorisée par la coutume[1]. Mais comme il ne paraît pas douteux qu'avant le règne de saint Louis, on portait devant la cour les appels des jugements rendus par les grands baillis, cet exemple du roi, qui soumettait à l'appel les décisions de ses propres officiers, et la mesure politique qu'il prit d'assujettir les parties, qui succombaient dans leur appel, à payer des amendes aux seigneurs, servirent beaucoup à engager ceux-ci à se départir de leur résistance. Le livre des Établissements constate qu'à la fin du XIIIe siècle, la cour du roi recevait, sans contestation, les appels de tous les jugements rendus dans les juridictions seigneuriales des pays dits *d'obéissance le roi*[2].

Quant à ceux qu'on rendait dans les cours des grands vassaux de la couronne, furent-ils aussi sujets à l'appel devant celle du roi? Nous avons vu qu'il n'y avait aucune incertitude en ce qui concernait le recours pour défaute de droit. Néanmoins ce serait s'avancer beaucoup que d'en conclure, par identité de motifs, qu'il fût permis d'appeler pour cause de *mal jugé* des décisions rendues par les cours de ces mêmes grands vassaux. J'ai déjà indiqué la différence qui existait entre ces deux

---

[1] *Olim*, t. I, p. 453.
[2] *Établissements de saint Louis*, liv. II, chap. LXXVIII.

cas. Rien ne pouvait excuser un seigneur qui refusait de juger; ce refus, quel que fût le rang de celui qui le faisait, était une violation flagrante du contrat qui le liait avec son justiciable; et la plainte de ce dernier devant le suzerain était bien fondée. Au contraire, juger mal, se tromper, est un malheur attaché à l'imperfection humaine : ce n'est pas refuser jugement. Dans ce cas, l'obligation du seigneur d'entendre le vassal dans sa cour avait été accomplie : il n'y avait pas défaulte de droit; seulement le justiciable prétendait que la cour du seigneur, en jugeant, s'était trompée. Or, si ce seigneur était un grand vassal, question qui est la seule dont il s'agisse en ce moment, il pouvait, avec assez de fondement, soutenir que sa justice était souveraine, et que des arrêts rendus par sa cour ne pouvaient être attaqués par voie d'appel, sous prétexte de *mal jugé*, devant celle du roi, comme le pouvaient être incontestablement, surtout depuis l'ordonnance de 1260, les jugements rendus par les cours des seigneurs, vassaux directs et immédiats du roi.

Aucun document, antérieur au xive siècle, ne fournit de solutions précises sur ce point, et l'on ne doit pas en être surpris : les rois, dont l'autorité fut longtemps très-faible et presque paralysée à l'égard de leurs propres vassaux, devaient en avoir moins encore contre les vassaux de la couronne. S'il est vrai que ceux-ci, dès les premiers règnes de la troisième race, reconnaissaient la compétence de la cour royale pour juger les contestations, qui s'élevaient entre eux, relativement à leurs fiefs ; s'ils ne déniaient pas, ainsi qu'on l'a vu par le traité que j'ai cité, p. 36, qu'ils pussent être jugés dans cette cour, pour violation de leurs devoirs envers la couronne, ou que cette cour eût le droit de les condamner pour défaute de droit, véritable déni de justice, il n'en résultait pas la conséquence immédiate et nécessaire qu'elle eût celui de réformer leurs jugements.

Mais diverses causes amenèrent insensiblement ce résultat. Les rois voyageaient souvent, non-seulement dans leurs domaines (pays d'obéissance le roi), mais dans ceux des grands vassaux (pays hors de l'obéissance le roi); et c'était une règle de droit féodal, dérivant d'ailleurs des usages mérovingiens et carlovingiens, que les vassaux d'un seigneur fussent obligés de le recevoir et de l'héberger avec sa suite, ce qu'on appelait *droit de gîte*. Par un sentiment de convenance, si tant est que ce ne fût pas un principe féodal, on avait admis que lorsqu'un suzerain était présent dans la seigneurie de son vassal, ce dernier ne tenait point d'assises ; mais comme il n'était pas raisonnable que cette circonstance produisît une suspension du cours de la justice, cette justice était rendue par le suzerain. Deux documents, l'un de 1166, l'autre de 1180, rapportés par Martène, nous apprennent en effet que Louis VII et Philippe Auguste tinrent leur cour, l'un à Châlons-sur-Saône, l'autre à Vézelay[1]; or le duché de Bourgogne était un grand fief de la couronne; les seigneurs, contre qui des arrêts furent rendus, étaient vassaux du duc de Bourgogne; dans la règle, c'eût été à la cour de ce grand vassal que les causes auraient dû être portées. On aperçoit sans peine quelles conséquences devaient en résulter relativement aux appels. Il était assez naturel de penser que, si le roi avait le droit de se rendre, avec un nombre quelconque de ses conseillers, dans les États d'un grand vassal, et de se substituer momentanément à lui dans l'exercice du pouvoir judiciaire, rien ne s'opposait à ce qu'il reçût dans sa cour les appels des jugements rendus par celle de ce grand vassal; car dans la réalité des choses, l'appel a pour effet de substituer le tribunal, devant lequel il est porté, au tribunal dont la décision est attaquée.

Un autre usage concourut encore à rendre en quelque sorte illimité le droit d'appel à la cour du roi. On tenait pour principe, et ce fut une des causes qui rendirent la royauté de plus en plus populaire, qu'il était permis à tout homme, de quelque seigneur qu'il dépendît, de se mettre sous la sauvegarde du roi: c'est ce que constate un arrêt du 2 mars 1355, cité par Rageau[2]. Or le chapitre XLIII des vieilles coutumes de Champagne nous a conservé la formule des appels, par laquelle précisé-

---

[1] *Ampliss. collect.*, t. I, col. 874 et 944.
[2] *Indice des droits royaux*, v° *Sauvegarde.*

ment l'appelant se plaçait sous cette sauvegarde. La voici : « Je met mon corps et tous mes biens et « tout mon conseil en la garde li roy.... devant li je « appelle et ay appellé de ce jugement comme de « faux et mauvais, et le trayerai millor de l'ostel li « roi[1]. » La cour du roi sut profiter habilement de ces usages, pour étendre sa juridiction jusque sur les jugements rendus dans celles des grands vassaux, et ses efforts furent merveilleusement secondés par la grande faveur, je pourrais dire par l'espèce d'enthousiasme, avec lequel le droit d'appel fut accueilli en France.

D'ailleurs, pour ce qui concerne l'objet dont je m'occupe, on ne peut se dissimuler qu'il dut se présenter peu d'occasions, dans lesquelles la question ait pu être controversée avant le xiv° siècle. C'est, comme on l'a vu, dans la seconde moitié du xiii° que les appels ont pris une grande extension; or la condamnation de Jean sans Terre avait déjà fait disparaître, en les réunissant à la couronne, deux des grands fiefs primitifs, savoir : la Normandie et l'Aquitaine; et lorsque cette dernière province fut de nouveau inféodée, en 1269, par saint Louis à Henri III, roi d'Angleterre, ce fut à la condition expresse du ressort. Dès 1247, le Languedoc était réuni à la couronne. Ce que j'ai dit au sujet de la Bourgogne conduit à croire que le

---

[1] Le Grand, *Coutume du bailliage de Troyes*, II° partie, p. 354.

droit d'appeler à la cour du roi n'était pas contesté par les ducs. On peut penser qu'il en était de même relativement à la Champagne. Le chapitre XLIII du vieux coutumier, que j'ai cité plus haut, rend compte d'un arrêt rendu par la cour du roi, à Paris, au sujet d'un appel, dans un procès jugé en Champagne : cet arrêt est de 1278, par conséquent d'une époque à laquelle la Champagne n'était point encore entrée sous l'administration et le bail du roi de France, ce qui, ainsi que je le ferai voir plus loin, n'eut lieu qu'en 1285. Quant au comté de Flandre, je ne connais aucun document, qui nous apprenne si les appels étaient portés à la cour du roi avant le xiv° siècle. Pour ce qui concerne cette époque et les temps postérieurs, j'en parlerai dans la seconde section du chapitre suivant.

L'introduction des appels replaçait la cour du roi dans la presque entière plénitude des attributions du plaid du palais sous les deux premières races. Il n'y avait plus de prétextes pour la considérer comme une cour féodale, uniquement chargée de juger des contestations relatives à des vassaux du roi ou de la couronne, sur lesquelles elle prononçait en premier et dernier ressort ; elle eut des justiciables, qui autrefois ne relevaient pas directement d'elle ; on lui soumit des questions de pur droit civil, qui jusqu'alors n'avaient pas été de sa compétence. En cessant d'être exclusivement féodale, elle devint une véritable juridiction nationale ; mais aussi ses travaux furent accrus à un point tel, qu'il y avait une urgente nécessité de prendre des mesures pour en organiser le service.

Tandis que cette nouvelle position, qu'avaient amenée, pendant le xii° siècle et le commencement du xiii°, les conquêtes lentes et prudentes de la royauté, augmentait considérablement le nombre des affaires contentieuses soumises à la cour, et que ces affaires devenaient plus compliquées, plus difficiles à instruire et à juger, des causes analogues produisaient un résultat du même genre, relativement aux affaires qui concernaient la politique, le gouvernement, l'administration proprement dite. La royauté, d'abord faible et sans action caractérisée sous les premiers successeurs de Hugues Capet, avait pris un essor remarquable sous le règne de Louis VI et surtout de son fils, par les soins de l'illustre Suger. Les rois étaient parvenus à s'élever au-dessus des pouvoirs qui tyrannisaient la société ; à se rendre protecteurs des faibles, défenseurs des opprimés, modérateurs des querelles entre les grands vassaux, ou de ceux-ci avec leurs propres vassaux, et, pour employer les expressions de M. Guizot, « à faire de la royauté une sorte de juge « de paix universel au milieu de la France[1]. » Je crois cependant que ce ne fut pas, ainsi que le dit l'habile professeur, en faisant « de cette royauté un « pouvoir étranger au régime féodal, distinct de la

[1] *Cours d'histoire moderne*, t. IV, p. 412.

« suzeraineté, sans rapports avec la propriété terri-
« toriale, vraiment et purement politique, sans au-
« tre mission que le gouvernement[1]. » Cette façon
de parler me paraît avoir transporté aux XIIᵉ et
XIIIᵉ siècles des idées et des résultats qui ne se ma-
nifestèrent qu'au XVᵉ. Ce fut au contraire, si je ne
me trompe, en s'en tenant aux règles et aux formes
du régime féodal, mais en tirant avec patience, avec
habileté, souvent avec énergie, toutes les conséquences du principe de la suzeraineté de la couronne, principe avoué et reconnu par les grands
vassaux eux-mêmes, suzeraineté dont le résultat
logique était que la dignité royale fût réputée, en
droit, la source de tous les fiefs, lorsqu'en fait
elle était le centre, où tous les seigneurs, même les
plus élevés, se croyaient obligés de porter leurs
hommages. Mais tout cela était conforme aux règles de la féodalité, dont la base essentielle est que
le propriétaire d'un fief reconnaisse un supérieur,
envers qui il soit tenu à certains devoirs, sous
peine d'encourir la *commise*. Quelque variée qu'on
suppose cette féodalité dans ses ramifications, quelque multipliés qu'en soient les degrés hiérarchiques, il faut arriver à un dernier suzerain, qui n'en
ait pas lui-même. Or ce suzerain c'était le roi, qui
sans doute ne dépendant de personne, était en ce
sens hors de la féodalité, mais de qui tout dépendait,
précisément dans l'ordre de cette même féodalité.

---

[1] *Cours d'histoire moderne*, t. V, p. 2.

Au surplus, de quelque manière qu'on explique cette supériorité, cette intervention modératrice, que le pouvoir royal acquit dès le règne de Louis VI, et qui avait presque atteint son apogée sous celui de saint Louis, il faut reconnaître que plus les affaires, dont les rois se mêlaient, étaient délicates, plus ils entraient dans une voie où il y avait un égal danger à s'avancer trop par imprudence ou à s'arrêter par pusillanimité, plus il était nécessaire que le monarque fût habituellement entouré de personnes qui l'aidassent de leurs conseils. La gravité, le nombre de ces affaires permettaient difficilement que les mêmes conseillers, dont le roi se faisait aider dans ces circonstances, portassent encore le fardeau de concourir au jugement des procès. Si la division du travail, à laquelle sont dus les étonnants résultats de l'industrie manufacturière, est indispensable dans les opérations qui dépendent de l'intelligence des particuliers, elle ne l'est pas moins dans les institutions créées pour satisfaire aux besoins moraux de la société : et c'est toujours l'expérience qui en révèle le besoin.

Les causes, que je viens d'indiquer, durent suggérer la pensée d'attribuer d'une manière spéciale et presque exclusive à un certain nombre de conseillers du roi la connaissance des affaires administratives, en les dispensant de prendre part à l'expédition des affaires judiciaires, et d'en réserver d'autres pour ces dernières. Il n'est pas facile de déterminer à quelle époque précise commença dans la cour féodale du roi cette transformation, qui ne resta longtemps encore qu'à l'état d'ébauche. Lorsqu'une société, dissoute par l'anarchie et la faiblesse du pouvoir central, s'avance dans la voie de l'ordre, les améliorations s'introduisent peu à peu, à mesure que le besoin s'en fait sentir : on ne procède en quelque sorte que par essais; après que ces essais ont duré quelque temps, après que l'expérience en a fait goûter les avantages et en a constaté l'utilité, des lois transforment en règles fixes, en droit, ce qui jusqu'alors n'avait existé qu'à l'état de faits, presque inaperçus à leur origine; et la date que les documents historiques ou les lois donnent à ces changements, n'est pas, il s'en faut de beaucoup, celle à laquelle ils ont commencé et même où ils étaient généralement admis.

On peut, sans crainte de se tromper, assurer qu'avant le règne de saint Louis, il existait un conseil du roi, investi de certaines attributions différentes des attributions judiciaires. Godefroy a publié, d'après le trésor des chartes, un document de 1224, qui peut jeter quelque jour sur la question[1]. Les évêques de Coutances, d'Avranches et de Lisieux, prétendaient qu'ils ne devaient point le service militaire au roi, quoique propriétaires de fiefs sous sa mouvance, et se fondaient sur leur possession de cette franchise. C'était une question de contentieux politique et administratif d'une

---

[1] *Histoire des chanceliers*, p. 214.

assez haute importance. Le conseil, réuni à Tours, parce qu'en effet le roi s'y trouvait à cette époque à l'occasion de la guerre contre l'Angleterre, ordonna une enquête. Lorsqu'on voit quels en sont les signataires, et surtout le nom du chancelier Guérin, qui en fut évidemment le rédacteur, il me semble impossible de ne pas reconnaître que le mot, *consilium regis*, employé dans ce document, désigne le conseil qui servait au roi pour l'expédition des affaires de haute administration, qui le suivait assez habituellement, et non la section judiciaire.

Joinville, dans son histoire de saint Louis, nous apprend que celle-ci avait déjà un nom spécial. Voici ses expressions : « Prièrent les prelaz au roi « que il venist parler à eux tout seul.... quand il revint « de parler aux prelatz, il vint à nous qui l'atten- « dions en la chambre aux plaitz[1]. » Il résulte évidemment de ce texte qu'il y avait une chambre où se traitaient les affaires publiques et administra

---

[1] Ce passage ne se trouve point dans l'édition de Joinville donnée par du Cange. Je le cite d'après celle qui a été insérée dans le tome XX, p. 291, des Historiens de France. Mais j'ai fait un léger changement au texte, en remplaçant les mots *chambre au palais*, admis par les éditeurs sur la foi du manuscrit de la bibliothèque nationale, 2016 (Supp. français), par les mots *chambre aux plaitz*, que présente le manuscrit, dit de Lucques (même bibliothèque, n° 206, Supp. français). On a eu soin, dans le tome XX, de constater cette variante, qui me paraît d'autant meilleure, que c'est la dénomination donnée par l'ordonnance du 7 janvier 1277 (XI, 354) à la chambre où les procès étaient jugés.

tives, et une autre où on discutait et jugeait les procès, laquelle s'appelait *chambre aux plaitz;* et la nécessité de ces deux chambres distinctes s'explique naturellement par la différence des affaires qu'on y expédiait. En ce qui concerne les affaires publiques ou d'administration, le secret, dont il était indispensable d'entourer les mesures qu'on avait à prendre, s'opposait à ce que la salle où elles étaient délibérées fût ouverte à d'autres qu'aux personnes qui y avaient droit de séance. Au contraire, lorsqu'il s'agissait de connaître des procès, la chambre aux plaitz devait être d'un libre accès pour le public. Tels avaient été, au témoignage d'Hincmar, les usages des rois de la seconde race; et l'on sait avec quel soin ceux de la troisième les observèrent pour mieux rattacher leurs droits aux souvenirs des rois carlovingiens.

Une autre preuve résulte du recueil des *Olim*, contenant des décisions judiciaires à commencer de 1256. On n'y trouve point les textes des chartes royales et des autres actes d'administration, qui certainement, n'en jugeât-on que par la collection actuelle des Ordonnances de la troisième race, ont été nombreux sous le règne de saint Louis. La plupart de ces chartes et de ces actes, rédigés à des époques et dans des lieux où n'était pas réunie la section de la cour qui rendait des arrêts, annoncent qu'ils ont été faits de l'avis de conseillers du roi, de grands, de notables personnages, autres que ceux dont on lit les noms dans les *Olim*.

Je n'entends pas dire cependant qu'à l'origine de cette division, et même longtemps après, la distinction d'attributions de l'une et de l'autre section ait été si précise, qu'il en résultât une incapacité légale, une incompétence absolue pour la section judiciaire de prendre part aux délibérations sur les lois, sur les actes d'administration, et réciproquement pour la section administrative de participer aux jugements des contestations privées. On ne connaissait point encore de distinction fondamentale entre le pouvoir judiciaire et le pouvoir administratif; ces matières ont été longtemps confondues, même à des époques où le gouvernement était le plus en garde contre les envahissements des magistrats.

Cette grande révolution dans la cour royale commandait une autre mesure, qui ne put tarder à être prise. La section judiciaire devint sédentaire à Paris. L'intérêt public le prescrivait; il fallait, lorsque le nombre des justiciables s'accroissait infiniment, que ces justiciables, habitant sur des points divers du royaume, connussent, d'une manière certaine, où et à quelles époques ils trouveraient leurs juges.

On pourrait croire que cette mesure de rendre la cour du roi sédentaire à Paris est antérieure à l'année 1120, si l'on considérait comme véritables, ou du moins comme non altérés, deux diplômes de Louis VI, du 12 avril 1120 (XVII, 269) et du 10 janvier 1121 (*ibid.*), en faveur de l'abbaye de Tiron, confirmés par Louis VII, le 29 mars 1164

(XVII, 272), dans lesquels il est dit, qu'en vertu de la protection et sauvegarde accordée à cette abbaye, les causes qui l'intéressent seront portées *coram magnis præsidentialibus nostris Parisius, vel alibi, ubi nostra præexcellens et suprema curia residebit*, et qu'il en sera de même des affaires jugées par la justice de ce monastère entre ses hommes. Mais la fausseté de ces dates est si évidente, qu'il n'est pas possible d'en argumenter. M. Beugnot entre à cet égard dans des explications, auxquelles je me borne à renvoyer[1].

Ne pourrait-on pas du moins croire que cette résidence de la cour de justice à Paris existait antérieurement au règne de saint Louis? Gibert, membre très-distingué de l'ancienne Académie des inscriptions, dans un mémoire, dont j'aurai bientôt à parler pour un autre motif, a vu la preuve de cette institution dans les articles 3 et 4 de l'ordonnance de 1190 (I, 18). Voici comment ils sont conçus: III. *Præterea volumus et præcipimus ut charissima mater nostra A. regina statuat cum charissimo avunculo nostro et fideli Guillelmo Remensi archiepiscopo, singulis quatuor mensibus ponent unum diem Parisius, in quo audiant clamores hominum regni nostri, et ibi eos finiant ad honorem Dei et utilitatem regni.* — IV. *Præcipimus insuper ut eo die sint ante ipsos de singulis villis nostris et baillivi nostri, qui assisias tenebunt, ut coram eis recitent*

---

[1] *Olim*, t. I, Préface, p. xxxiv.

negocia terræ nostræ. « Le premier de ces articles,
« dit Gibert, suppose nécessairement la séance d'une
« cour, qui pût juger les causes féodales de tous les
« sujets du roi... C'est à cette séance que je rapporte
« l'institution de la nouvelle forme, qui fut donnée
« à la souveraine cour du roi, et qui en a fait le Par-
« lement de Paris... Lorsque, soixante ans après,
« on trouve une cour absolument semblable dans
« sa forme et son objet, établie à Paris, il est pres-
« que impossible de n'en pas rapporter l'origine à
« celle qu'avait établie Philippe Auguste [1]. »

Quoique évidemment les articles invoqués par
Gibert constatent une mesure temporaire, pendant
l'absence du roi partant pour la croisade, il me
parait incontestable que Philippe Auguste, en char-
geant sa mère et son oncle de tenir chaque année
trois sessions à Paris, faisait allusion à un usage déjà
suivi : on doit remarquer surtout la disposition, qui
prescrit aux baillis de se trouver à ces assises, ce
qui précisément avait lieu du temps de saint Louis,
ainsi qu'on le voit par les *Olim*, et par conséquent
soixante ans après l'ordonnance de 1190.

Nonobstant cette opinion connue et rendue publique par l'impression en 1764, tous les historiens, tous les écrivains, qui depuis cette époque
ont parlé de nos anciennes institutions judiciaires,
n'ont cessé de dire que la cour de justice, appelée

---

[1] *Mémoires de l'Académie des inscriptions*, t. XXX, p. 603
et 604.

dans la suite *Parlement*, a été rendue sédentaire à Paris par Philippe le Bel. Cette assertion est devenue si générale que l'Académie française l'a admise dans son Dictionnaire, comme un exemple de l'emploi dans le langage du mot *sédentaire*. M. Beugnot seul a exprimé un sentiment contraire dans son *Essai sur les Institutions de saint Louis*, couronné par l'Académie en 1821. Il invoquait l'autorité d'un document, sans date, intitulé : *Ce est l'ordonnance du parlement dou royaume, de l'eschiquier et des jours de Troies*, dont il avait trouvé une copie à la bibliothèque nationale, dans une collection considérable de pièces relatives à l'histoire de France, faite par l'abbé de Camps. Ce compilateur attribuant ce document à saint Louis, M. Beugnot en avait naturellement conclu que la cour souveraine de justice était sédentaire à Paris avant le règne de Philippe le Bel. Mais M. Daunou a combattu cette assertion par deux motifs[1] : 1° le document recueilli par l'abbé de Camps, informe et sans date, n'existe point au Trésor des chartes, et n'a pas été admis dans la collection des Ordonnances de la troisième race; 2° il doit être faux, puisqu'il y est dit que le parlement de Paris envoyait quelques-uns de ses membres pour tenir les grands jours de Troyes, chose impossible au temps de saint Louis, la Champagne n'étant pas encore réunie à la couronne.

---

[1] *Journal des Savants*, 1822, p. 41 et suiv.

La première de ces objections est mal fondée en fait. Le document se trouve au Trésor des chartes, registre xxxix, pièce 73[1]; il a été imprimé dans la collection des Ordonnances de la troisième race[2]. Mais la seconde objection est irrésistible ; un document, où on lit que les grands jours de Troyes sont tenus par des membres de la cour du roi, ne saurait avoir été fait par saint Louis; il peut tout au plus être de Philippe le Bel, qui, en qualité de mari et baillistre de la comtesse de Champagne, exerçait l'autorité souveraine dans le comté de Champagne. Aussi de Bréquigny n'a pas hésité à le considérer comme une ordonnance faite par ce roi pour l'exécution de l'article 62 de celle du 25 mars 1302, qui annonçait des tenues périodiques du parlement, de l'échiquier de Normandie et des grands jours de Troyes.

Il faut donc reconnaître que cette ordonnance, si, comme tout porte à le croire, elle est de Philippe le Bel, n'offrirait aucun appui à l'opinion de M. Beugnot; elle semblerait même la détruire. Mais il existe en sa faveur une autre autorité, qui me paraît décisive; c'est une ordonnance de Philippe III, du 7 janvier 1277 (XI, 354), que M. Beugnot et M. Daunou n'ont pas citée, probablement parce que n'étant point insérée dans le tome Ier des

---

[1] On y trouve, sous le n° 69, un document de 1275; sous le n° 72, un de 1274; sous le n° 74, un de 1288; sous le n° 75, un de 1298.

[2] Tom. XII, p. 353.

Ordonnances, où elle devrait être placée d'après sa date, elle a échappé à leur attention[1]. Cette loi de 1277 a pour objet de régulariser et de compléter la procédure qu'on observait déjà devant la section judiciaire, ainsi que l'attestent les mots de l'article 2, *de la manière qu'il a été autrefois ordonné.* Il serait trop long de la transcrire et même de l'analyser ; il me suffira de rappeler l'article 8, dont le texte prouve non-seulement que la section judiciaire tenait ses audiences à Paris, mais encore qu'elle les tenait dans le palais du roi, en indiquant les portes, notamment celle du *Vergier*, par lesquelles entraient et sortaient les plaideurs, qui, d'après l'article 3, devaient, en attendant qu'on les appelât, se tenir dans une salle avant la *chambre du plet*[2]. Or, si la section judiciaire était dans cet état en 1277, il est permis, surtout d'après ce qui résulte des *Olim* et du témoignage de Joinville, cité ci-dessus, sur l'existence de la chambre aux plaitz du temps de saint Louis, de faire remonter, au

---

[1] Cette ordonnance ne se trouve pas au Trésor des chartes, ce qui n'a pas empêché et ne devait pas empêcher de Bréquigny de la recueillir, les premiers registres du Trésor étant extrêmement incomplets. Il l'a publiée, comme Gibert l'avait fait en 1764, d'après la collection Dupuis, existant à la bibliothèque nationale, qui la contient trois fois, savoir : t. CCXXX, fol. 34 ; t. CCLXVI, fol. 68 ; et t. DXXXII, fol. 126 ; et d'après un recueil ms. fait par du Tillet, que possède la même bibliothèque, fonds Serilly, n° 360, t. I.

[2] Voir le *Plan de Paris ancien tel qu'il était sous Charles V et Charles VI*, par Dheulland, 1757, in-f°.

moins au règne de ce prince, l'ordre de choses constaté par l'ordonnance de 1277. C'est tout ce qu'il faut pour prouver que M. Beugnot ne s'est point trompé, en disant que « Philippe le Bel n'est pas « le premier roi, qui, comme on l'avait cru jus- « qu'à présent, ait rendu sédentaire à Paris la cour « souveraine de justice, qu'on a depuis appelée « parlement. » Je crois pouvoir en donner encore une preuve, qui se rattache directement au règne de saint Louis. L'article 1er de l'ordonnance de 1256 (I, 82), contenant des règles sur la comptabilité des bonnes villes, porte : « Li uns ou les « deux, qui auront reçu ou despendu cette année « les biens de la ville, viegnent à Paris et à nos genz « pour rendre compte, etc. » Il est reconnu généralement qu'au temps de saint Louis il n'existait pas encore d'institution spéciale sous le nom de *chambre ou cour des comptes*, comme cela eut lieu au commencement du xive siècle. Ces *genz*, que le texte latin de l'ordonnance appelle *gentes compotorum*, étaient des membres de la section judiciaire, chargés spécialement de juger la comptabilité des deniers, et qui, lorsqu'ils avaient cessé ce travail, prenaient part à l'expédition des autres affaires. En indiquant qu'ils résident à Paris, l'ordonnance de 1256 constate donc que la section judiciaire, dont ils faisaient partie, y était fixée.

Les motifs, qui avaient porté les rois à rendre sédentaire la section de la cour chargée de la distribution de la justice, n'étaient point applicables à la section que le roi consultait sur l'administration. Par la nature de ses fonctions, elle devait être, à tout instant, à sa disposition ; elle n'était sédentaire à Paris qu'autant qu'il y résidait lui-même ; et lorsque, s'absentant, il croyait convenable de laisser une partie de ce conseil dans la capitale, pour la meilleure expédition des affaires, il se faisait accompagner, dans son voyage, d'un nombre plus ou moins considérable de ses conseillers.

Le temps et l'expérience préparèrent et produisirent enfin une organisation de la section judiciaire, dont il importe d'expliquer les causes. Tant que la cour du roi n'avait eu à statuer que sur des procès relatifs à la féodalité, les seigneurs, dont elle était composée, n'eurent besoin que d'un peu de capacité et de quelque rectitude d'esprit pour appliquer le petit nombre de règles simples et uniformes, dont était composé le droit féodal ; car, c'est une chose digne d'attention, ce droit n'est devenu compliqué au point de former une véritable science, dont peu de personnes parvenaient à s'instruire, qu'à l'époque où la féodalité touchait à son déclin, et même n'était plus qu'une ombre de ce qu'elle avait été originairement. Mais lorsque les fiefs commencèrent à entrer dans le commerce, et à être soumis, en grande partie du moins, aux règles communes sur les transmissions et les modifications de la propriété ; lorsque par l'introduction des appels la cour du roi eut à juger les causes des bourgeois et des roturiers, il fut nécessaire que les membres, qui la composaient, fussent instruits des coutumes, d'après lesquelles les parties prétendaient que la cause devait ou avait dû être jugée. Ces coutumes, que les *Olim* appellent *consuetudines patriæ*, n'étaient pas fixées par écrit; et lors même que des praticiens plus ou moins instruits et exacts s'occupèrent de les constater dans des ouvrages, dont quelques-uns nous sont connus par l'imprimerie, dont un grand nombre attendent de patients et laborieux éditeurs, elles n'avaient pas un caractère authentique. Elles étaient très-variées par la multiplicité des juridictions inférieures, chacune ayant ses usages, dont elle tenait à ne pas se départir; ce qui faisait dire à Beaumanoir, même en 1283, époque à laquelle l'influence des décisions de la cour royale aurait dû produire quelque uniformité, « que l'on ne pouvoit trouver dans le « royaume de France deux châtellenies qui usas- « sent de la même coutume[1]. » A tout prendre cependant, cette difficulté n'était pas insurmontable : on pouvait constater l'usage de chaque localité par des enquêtes; seulement ce mode, qui n'a été aboli que par l'ordonnance de Louis XIV en 1667, prolongeait les procès; car non-seulement on disputait sur le fait de l'usage, mais encore s'il était juste et raisonnable. Le recueil des *Olim* nous apprend que souvent la cour déclarait mauvaises, *pravas*,

---

[1] *Coutumes de Beauvoisis*, Prologue.

injustas, des coutumes, dont, en fait, l'existence n'était pas déniée[1]. Les embarras des juges devinrent plus grands lorsqu'on se mit à invoquer le droit romain; et cet usage était bien antérieur au temps de saint Louis, dont les Établissements citent presque à chaque chapitre le droit romain et le droit canonique. Le récit, que Guillaume le Breton a fait des conférences tenues entre le roi Philippe Auguste et le comte de Flandre, au sujet de leurs prétentions respectives sur le Vermandois, contient une multitude de citations du droit romain[2]; ce qui a fait dire à Gaspard Barthius, dans son commentaire de la Philippide : *Vides juris civilis non ignarum, quod tum per scholas regnabat*[3]; et à Heineccius : *Quis sibi audire videatur regem et comitem, at non potius binos causidicos de jure romano inter se disputantes*[4]. Aussi voyons-nous par l'ordonnance de 1277 déjà citée, que depuis longtemps il existait à la cour du roi des auditeurs, exclusivement chargés de l'instruction des causes de la terre gouvernée par le droit écrit (droit romain). D'ailleurs, les parties recouraient en général, pour la confection de leurs contrats, à des légistes, qui, indépendamment de ce qu'ils les rédigeaient en langue latine, y inséraient habituellement des clauses empruntées

---

[1] *Olim*, I, 465, 499, 530.
[2] *Philippidos*, lib. II, vers. 40 et suiv.
[3] *Ad Guill. Britonis Philippidos animadversiones*, p. 91.
[4] *Hist. juris romani et german*. lib. II, § 58.

du droit romain, objet en quelque sorte unique de leurs études. Or, la plupart des nobles qui composaient la cour ne comprenaient presque rien à des rédactions si éloignées des usages, auxquels ils avaient été accoutumés jusqu'alors. Une certaine droiture naturelle leur suggérait cependant qu'ils devaient justice aux parties ; et puisqu'elles avaient fait leurs conventions d'après le droit romain, puisqu'elles avaient voulu et entendu être jugées d'après ce droit, qu'il était contraire à la conscience de méconnaître cette volonté. Ce n'est pas tout ; la procédure, c'est-à-dire le mode d'instruire les causes et de les plaider, devint un art, grâce à l'industrie des avocats, dont les parties employaient le ministère devant la cour du roi avant même le règne de Philippe Auguste[1]. Les écrivains contemporains reprochent à ces avocats d'user de ruses et de subtilités pour embrouiller les affaires, dénaturer les faits, falsifier les citations d'arrêts précédents, alléguer de fausses coutumes, *consuetudines mendaces*, prolonger les procès en multipliant les incidents[2]; et l'ordonnance du mois de novembre 1291 (I, 320) constate la continuation de ces abus, en cherchant à y porter remède.

Dans une telle situation, la cour dut éprouver le besoin de s'adjoindre des auxiliaires, qui ayant fait

---

[1] *Hist. litt. de la France*, t. IX, p. 217.

[2] Pierre le Chantre, *Verbum abbreviatum*, p. 51 à 53. — Pierre de Blois, ep. 29. — Eadmer, *Liber S. Anselmi de similitudine*, cap. LXXIV.

les mêmes études que les avocats, pussent lui donner un résumé impartial de l'état de la question, signaler les erreurs et les sophismes des plaidoiries, indiquer les vrais principes qui devaient servir à la décision. Un autre motif fit encore sentir ce besoin d'auxiliaires. La cour paraît avoir très-anciennement donné à la preuve par témoins, ou par des actes écrits, la préférence sur le combat judiciaire; et je n'hésite pas à croire que saint Louis, en prohibant ce combat dans ses domaines par l'ordonnance de 1260 (I, 87), n'ait généralisé une coutume, que sa cour pratiquait depuis longtemps. Ces enquêtes étaient nécessairement assujetties à des formalités, et c'est ce que prouve un jugement de 1224, conservé par Martène, où nous lisons qu'à l'occasion d'un procès relatif à la construction d'une forteresse, que l'évêque d'Auxerre prétendait avoir été bâtie indûment par Gauthier de Joigny son vassal, une enquête fut ordonnée, et que le jugement s'ensuivit, *omnibus rite peractis*[1]. On comprit très-bien qu'il n'y avait ni possibilité ni convenance à charger les membres de la cour de procéder à ces enquêtes. Les nobles étaient trop peu éclairés, trop fiers, pour consentir, suivant la piquante expression de Pasquier, à *changer leurs épées en écritoire;* les prélats, trop occupés dans leurs diocèses ou dans les affaires publiques, auxquelles ils prenaient une grande part, pour se livrer à ces longs et minu-

---

[1] *Amplissima collectio*, t. I, col. 1196.

tieux travaux; et de même qu'on avait besoin d'auxiliaires *auditeurs* ou *rapporteurs*, pour rendre compte de la question et des moyens de droit, de même il fallait, pour entendre les témoins et consigner par écrit leurs dépositions, des *enquêteurs*, dont les fonctions sont encore nommées dans l'ordonnance du 7 janvier 1277. Ces auxiliaires étaient généralement appelés *clercs*, non qu'ils fussent tous pris dans le clergé, mais parce qu'à cette époque ce nom désignait toute personne instruite : on le donnait dès le xiie siècle aux avocats, qui étaient presque tous laïques, les lois de l'Église ayant interdit cette profession aux membres du clergé.

Primitivement choisis par la cour, et non institués par le roi, ces clercs ne furent d'abord que des employés, qui n'avaient pas voix délibérative, ni même le droit d'ouvrir un avis, s'ils n'y étaient invités. Mais il dut arriver souvent que des membres de la cour, se défiant de leurs propres lumières, consultaient individuellement le rapporteur, soit pour mieux comprendre les faits de la cause, soit pour résoudre des difficultés de forme ou de fond, que les plaideurs avaient soulevées. La nouvelle direction que prenait la manière de procéder et de juger dans la cour royale, plaçait dans une position, qu'on peut appeler *fausse*, les seigneurs qui la composaient. La longueur des débats, la minutie des formes, changeaient leurs anciennes habitudes : obligés de recourir aux lumières des clercs pour juger les contestations, ils ne se dissimulaient pas le peu d'influence qu'ils avaient sur les décisions; leur présence n'était plus qu'une vaine formalité; et l'honneur d'assister à la cour, où d'ailleurs le roi présidait rarement, ne compensait pas le tort que de longues et dispendieuses absences causaient à leurs propres affaires. La plupart, après quelques séances dans la réunion politique, *conventus, curia solemnis, parlamentum*, à laquelle ils mettaient naturellement plus d'intérêt, se retiraient dans leurs domaines, et n'assistaient pas aux plaids. Sans doute c'était manquer à leur devoir, puisqu'en vertu de leur serment ils étaient tenus au *service de cour*. Mais loin de les y contraindre et de les en punir, les rois parurent user de tolérance, et saisirent cette occasion de réduire la cour aux seuls membres, sur l'assiduité desquels ils pouvaient compter. Chaque année, et peut-être même à chaque session, ils faisaient dresser et arrêtaient une liste de service.

Cette mesure, quoiqu'en apparence favorable aux seigneurs, et paraissant prise pour alléger leurs obligations, devint à elle seule une véritable révolution. D'après les principes de la féodalité, tous les vassaux directs du roi étaient de droit membres de sa cour; chacun d'eux devait se rendre au lieu et au jour indiqués. S'il est vrai que le roi consentit à ne plus condamner à des amendes ceux qui manquaient de comparaître, il n'en résultait pas qu'on eût le droit d'en refuser l'entrée à ceux qui se présentaient, en quelque nombre qu'ils fussent. Dans le nouveau système, qui consistait à dresser un rôle de service, le roi excluait, par le fait, de l'exercice du pouvoir judiciaire tous ceux qu'il n'y comprenait pas. Sous prétexte de dispenser d'un devoir, il enlevait un droit; ce droit n'était plus qu'une capacité d'éligibilité; les seigneurs non portés sur la liste de service cessaient d'être juges; ceux qui y étaient compris n'étaient plus juges uniquement en vertu de leur droit, mais par le bon plaisir du roi. Bientôt aussi ce fut lui qui nomma les clercs rapporteurs et enquêteurs; on en trouve la preuve dans les quatre premiers articles de l'ordonnance du mois de novembre 1294 (I, 320); ces clercs, cessant d'être des employés au choix de la cour, en devinrent membres, quoiqu'en infériorité de rang, et notamment sans avoir droit d'assister aux délibérations de l'assemblée politique, où en effet ils n'avaient pas séance, puisqu'ils n'étaient pas possesseurs de fiefs. Mais ils ne tardèrent pas à racheter cette infériorité par leurs lumières, leur travail; et peu de temps suffit pour qu'ils eussent seuls l'exercice du pouvoir judiciaire.

On ne peut déterminer avec précision à quelle époque commença cette entrée des légistes dans la cour royale : ce qui est certain, c'est que plusieurs sont nommés avec la qualification *clericis* parmi les juges, qui ont rendu un arrêt de 1222 publié par Martène[1]. Elle acheva d'enlever à la cour son ca-

---

[1] *Amplissima collectio*, t. I, col. 1163. Martène date cet arrêt

ractère primitif. La justice fut certainement mieux rendue; l'équité dicta mieux qu'autrefois les décisions des magistrats sous l'influence du droit romain, qui se développa plus librement; mais ce n'était plus une cour, une justice féodale. Il ne faut pas néanmoins en conclure que les rois prirent les mesures, dont je viens de rendre compte, par un esprit de haine contre la noblesse et d'usurpation de ses droits, comme l'a prétendu Boulainvilliers, et comme l'a répété de nos jours Montlosier. Ils agissaient en arbitres impartiaux des véritables besoins de la société, et constataient plutôt qu'ils ne créaient une grande réforme sociale.

Les documents de la seconde moitié du xiiie siècle, et notamment le recueil des *Olim*, qui commence en 1256, signalent un autre changement remarquable dans la manière dont étaient rédigés les arrêts de la cour. Jusque-là, et nous en trouvons encore la preuve dans le jugement de 1224, entre Gaucher de Joigny et l'évêque d'Auxerre, que j'ai cité plus haut, les jugements de la cour étaient rédigés dans la même forme que les chartes, les priviléges et les autres actes de l'autorité royale, comme directement émanés du roi. Un jugement de 1136, rapporté par Martène, rendu à Saint-Germain, ne fut même converti en acte de l'autorité royale qu'à

---

de l'année 1122; mais les noms des principaux juges permettent de rectifier cette erreur, qu'il ne faut évidemment attribuer qu'à une faute d'impression.

Laon[1]. Un autre arrêt, rendu en 1230, n'est connu que par le certificat donné par le roi, et avec son autorisation, par les personnes qui y avaient pris part[2].

Mais vers le milieu du XIIIe siècle cette forme cessa d'être observée; les arrêts contenus dans les *Olim* sont présentés comme l'ouvrage de la cour seule, *curia judicavit.. mandavit... a curia judicatum est.* Sans doute, lorsqu'il fallait les exécuter par voie de contrainte contre les personnes ou sur les biens des condamnés, ces exécutions étaient faites *au nom du roi, de par le roi*, parce qu'à lui seul appartenait l'emploi de la force publique; la décision de la cour, ce que dans notre procédure nous appelons le récit des faits et le dispositif, était revêtue en chancellerie de protocoles presque identiques avec ceux dont se servent les greffiers de nos tribunaux, savoir : le nom du roi, la déclaration que l'arrêt dont la teneur suit a été rendu par la cour, et le mandement d'exécution, avec le sceau royal apposé à l'expédition dont le sergent devait être porteur. Mais dès l'instant qu'il avait été rendu par la cour, l'arrêt existait sans cette formalité. C'est ce que prouvent des documents de la fin du XIIIe siècle, savoir : un du mois de décembre 1266, qu'on trouve vidimé dans des lettres du mois de décembre 1361[3] (III, 538); les autres des mois de janvier 1278[4],

---

[1] *Amplissima collectio*, t. I, col. 748.
[2] *Ibidem.* t. I, col. 1239.
[3] Voir le texte aux *Olim*, t. I, p. 1028.
[4] Fleureau, *Antiquités d'Étampes*, p. 537.

de juillet 1279[1], de juin 1280[2], d'août 1281[3], et du 22 février 1282[4]. Ces documents et beaucoup d'autres, que je pourrais citer, sont uniformes. Le roi, dont le nom est mis en tête, déclare que dans sa cour, *in curia nostra,* un procès a été plaidé, et que *tel* arrêt est intervenu, *per curiam nostram pronunciatum fuit;* il ordonne qu'il soit mis à exécution. Dans aucun de ces actes, exactement semblables à ce que nous appelons aujourd'hui des *grosses d'arrêts*, on ne lit la signature ou mention de la présence des grands officiers, ni les autres formes usitées dans les chartes, les priviléges et les actes émanés directement de la volonté royale. On peut supposer, avec une grande vraisemblance, que ce changement s'introduisit lorsque le roi, ayant cessé de présider habituellement la cour, et n'ayant pas cru devoir, comme cela avait lieu dans les XIe et XIIe siècles, se faire représenter par un grand officier, dont l'autorité aurait pu devenir trop redoutable, nomma des présidents et même un supérieur aux autres, choisis parmi les membres de la cour. L'ordonnance de 1302, que j'ai déjà eu occasion de citer, constate cet état de choses; et il suffit d'en prendre lecture pour être convaincu qu'elle ne crée point une institution nouvelle, mais

---

[1] Doublet, *Histoire de l'abbaye de Saint-Denis*, p. 922.
[2] Moustier, *Neustria pia*, p. 399.
[3] Loysel, *Mémoires de Beauvais et de Beauvoisis*, p. 299.
[4] La Thaumassière, *Coutumes de Berry*, p. 434.

qu'elle parle de ce qui existait déjà, très-probablement dès la moitié du xiiie siècle, surtout lorsque nous voyons, dans le recueil des *Olim*, que l'assistance du roi aux audiences n'est plus mentionnée. Toutefois le roi n'abdiqua point, ni à cette époque, ni à aucune autre postérieure, le droit de siéger à la cour, lorsqu'il le croyait convenable; l'art. 10 de l'ordonnance du 17 novembre 1318 (I, 673) constate la persistance de cet usage; la cour, de son côté, réservait des affaires pour les juger avec le roi, comme on le voit dans le recueil des jugements de l'échiquier de Normandie, et dans les *Olim;* et même en 1288 le roi convoqua la cour hors du temps et du lieu des sessions, pour un procès entre l'ordre de Saint-Jean de Jérusalem et l'abbaye de Saint-Denis [1].

Ce grand changement dans la procédure de la cour pouvait néanmoins donner matière à une difficulté, sur laquelle je dois dire quelques mots. D'après les anciennes formes, le jugement, délibéré sous la présidence du roi, et revêtu de sa signature, était considéré comme son ouvrage, et par ce motif les Établissements de saint Louis déclarent qu'il n'y avait aucun recours possible devant une autre autorité [2]. Mais dans le nouvel état de choses on pouvait, par un argument assez spécieux, prétendre que les membres de cette cour étaient des agents du roi; qu'ils *ne possédaient qu'une lumière*

---

[1] Dubois, *Historia ecclesiæ Parisiensis*, t. II, p. 597.
[2] *Établissements*, liv. II, chap. xiii, xvii.

empruntée, pour me servir des expressions de l'avocat général Talon[1], dans une circonstance délicate et d'un haut intérêt politique ; qu'en principe, au moins tel qu'on l'entendit longtemps sous l'ancienne monarchie, le roi était suprême juge de ses sujets ; que les seuls arrêts irrévocables étaient ceux que sa participation avait rendus son ouvrage propre : on pouvait donc conclure qu'il était permis de déférer à sa révision les arrêts de la cour. D'un autre côté, cependant, il était d'une grande importance de mettre fin aux procès, de poser des barrières à la témérité des plaideurs, et de donner à la cour de justice une autorité, aux yeux des peuples, qui n'eût point existé, tant qu'on aurait cru qu'il était encore possible de faire infirmer ses décisions par un pouvoir supérieur. Je n'ai trouvé aucune preuve qu'avant 1302 cette difficulté se soit présentée, et qu'on ait pris des mesures pour y remédier ; mais l'article 12 de l'ordonnance du 25 mars de cette année la résout d'une manière très-précise. Il consacre la souveraineté des arrêts de la cour, et n'ouvre d'autres voies que celles qui ressemblent assez aux requêtes civiles, que reconnaissent nos lois modernes, et aux demandes en cassation dont l'usage subsiste encore. La première était, comme de nos jours, adressée à la cour qui avait rendu l'arrêt ; la seconde, au roi, qui faisait examiner l'affaire dans son conseil, *in magno consilio*, dit l'ordonnance ; et si l'arrêt dénoncé lui parais-

---

[1] *Mémoires*, t. III, p. 206, (éd. de 1732).

sait contraire à la loi, il en prononçait l'annulation, et donnait de nouveaux juges aux parties.

Diverses circonstances concoururent presqu'en même temps à accroître les attributions de la section administrative, et à la constituer en institution spéciale. La nécessité de délibérer sans retard sur des objets d'intérêt public et de prendre de promptes résolutions se manifestait souvent. Le nombre des grands vassaux, sans le concours et l'assentiment desquels les premiers capétiens n'osaient prendre la moindre mesure générale, était diminué; leur place était occupée par des pairs ecclésiastiques et laïques dans une étroite dépendance des rois; les vassaux directs, si turbulents et même quelquefois si redoutables du temps de Louis le Gros, étaient soumis, et les plus considérables étaient membres du conseil ou de la cour de justice. Les absences fréquentes et prolongées des rois avaient fait tomber en désuétude les cours solennelles ou parlements, dont j'ai parlé plus haut. On n'attendait plus les époques des grandes fêtes pour délibérer sur les lois; le roi les promulguait d'après l'avis de son conseil, et ces lois exerçaient leur autorité dans toute l'étendue du royaume[1]. Les dates de celles qui appartiennent à la fin du XIII. siècle sont très-variées; et dans la plupart on lit que le roi les a rendues de l'avis, par la délibération du conseil, du grand conseil.

[1] Beaumanoir, *Coutume de Beauvoisis*, chap. XXXIV.

A mesure que les deux institutions, dans lesquelles la cour féodale du roi se trouvait transformée, agissaient chacune dans sa sphère propre, et, prenant une distinction plus tranchée, devenaient réellement chacune une institution *sui generis*, il fut naturel de leur donner des dénominations spéciales. Le nom de *conseil* était celui qui convenait le mieux à la réunion des personnes que le roi consultait sur toutes les affaires, et nous ne voyons pas que dans l'usage on en ait employé d'autres. Quant à la section judiciaire, *chambre aux pletz*, on a vu qu'elle tenait ses assises à l'époque des réunions de l'assemblée à laquelle Joinville et les écrivains de son temps donnent le nom de *parlement*. De ce que cette section était devenue sédentaire, il n'en était pas résulté qu'elle fût permanente, et c'était seulement pendant la durée de ces parlements qu'elle siégeait. Nous en trouvons la preuve dans un mandement royal de 1259[1]. Ce mandement, adressé à l'évêque de Paris, constate que le duc d'Alençon et autres avaient interjeté appel devant la cour du roi, *in curia regis*, d'un jugement de la cour de cet évêque, pour mal jugé, *de judicio pravo et falso*. Le roi lui ordonne de se rendre au parlement des octaves de la chandeleur, accompagné des hommes de sa cour, *cum judicatoribus suis*, pour défendre la décision attaquée. Il en résulte évidemment, d'un côté, que l'appel de-

---

[1] Labbe, *Éloges historiques des rois de France*, p. 663.

vait être jugé *in curia regis,* c'est-à-dire par la section judiciaire ; de l'autre, que les assises de cette *curia regis* tenaient à la même époque que le *parlamentum,* c'est-à-dire l'assemblée générale des vassaux. L'usage s'introduisit de donner aussi le nom de parlement à cette assise judiciaire, et cela est facile à expliquer. Les arrière-vassaux, les bourgeois, les roturiers, qui n'avaient pas droit d'assister à l'assemblée politique, mais que leurs procès appelaient devant la chambre aux pletz, dont l'assise tenait pendant la durée de cette assemblée, disaient qu'ils allaient au parlement, et conservèrent cet usage après que la réunion politique fut tombée en désuétude, parce qu'en effet la chambre aux pletz continua de tenir ses assises aux anciennes époques de l'année où s'était tenue l'assemblée politique. D'ailleurs, l'emploi du mot *parlement* était justifié par l'analogie. C'était dans cette chambre que discutaient, que parlaient les avocats, appelés *amparliers, avant-parliers,* par les Assises de Jérusalem et par nos vieux praticiens. Une charte de 1180, citée par du Cange[1], constate que dès le XIIe siècle on nommait *parlatorium* un auditoire où l'on plaidait les causes ; et de là est venue évidemment la dénomination de *parlouer aux bourgeois,* donnée à une espèce de juridiction municipale de la ville de Paris dans un document sur les produits de la justice du Châtelet, présenté au roi le 13 juin 1320

---

[1] *Glossarium mediæ et infimæ latinitatis,* V° *Parlatorium.*

(I, 743); il nous reste des décisions de ce *parlouer* de la seconde moitié du xiiie siècle [1].

La législation finit par se conformer au langage vulgaire. L'ordonnance du 7 janvier 1277, déjà citée, dont l'objet est de régulariser la procédure devant la *chambre aux pletz,* car elle emploie encore cette dénomination, dont se servent aussi les *Olim* et diverses lois du xive siècle, déclare qu'elle a pour but l'*abrégement des parlements,* mot qui désigne évidemment l'assise judiciaire. Ce mot se trouve dans quelques autres ordonnances de la fin du xiiie siècle, et notamment dans une du mois de novembre 1287 (I, 316), relative aux juridictions seigneuriales. Cette ordonnance commence ainsi : *Ordinatum fuit per consilium domini nostri regis,* et se termine par la formule : *Hæc ordinatio registrata est inter judicia et arresta expedita in parlamento omnium sanctorum* : ce qui prouve, d'abord qu'elle est l'ouvrage du conseil du roi; ensuite que l'institution judiciaire appelée *parlement,* qui devait en avoir la connaissance officielle pour en assurer l'exécution, la fit transcrire dans ses registres.

Ainsi le mot *parlement* eut, pendant quelque temps, deux acceptions très-distinctes. Il désignait l'assemblée générale, autrefois *curia solemnis, conventus,* où l'on délibérait sur les lois,

---

[1] Une ordonnance du mois de novembre 1350 (IV, 265) donne à cette juridiction municipale le nom de *parlement* ou *parlouer.*

les affaires publiques ; il désignait aussi la chambre aux pletz, qui tenait son assise pendant le même temps : c'est ce qui explique comment, dans le recueil des *Olim*, des arrêts, que leur texte annonce être rendus *per curiam regis... per dominum regem in curia sua*, quelquefois même *per cameram placitorum*, sont indiqués sous un titre général par les mots *in parlamento candelosæ... omnium sanctorum*, etc.

Je dois aussi faire remarquer que dans les documents et les lois de la fin du xiiie siècle et du commencement du xive, on trouve quelquefois confondues la dénomination de *conseil* ou *grand conseil*, qui devrait ne désigner que la réunion des personnes employées par le roi, comme conseillers ou comme agents dans les affaires du gouvernement et de l'administration, et celle de *cour* ou *parlement*, qui devrait ne désigner que la réunion des personnes chargées de la distribution de la justice. Mais malgré cette promiscuité d'expressions, un bien plus grand nombre de documents constate que les deux institutions avaient des noms distincts et agissaient chacune dans sa sphère.

Je n'aurais pas exposé complétement tout ce qui tient à l'histoire de la cour du roi jusqu'au xive siècle, si je passais sous silence la juridiction que des commissaires, pris dans le sein de cette cour, exercèrent par la présidence de l'échiquier de Normandie et des grands jours de Champagne.

Le duc de Normandie était un des plus anciens

de ces seigneurs indépendants, qui, au moment où Hugues Capet parvint à la royauté, devinrent vassaux de la couronne. La création des autres grands fiefs, notamment du duché de France, que possédait Hugues Capet, était beaucoup plus récente que celle du duché de Normandie. La juridiction suprême, dans laquelle le duc rendait la justice entouré de ses vassaux, porta longtemps le nom d'*échiquier*. On a beaucoup discuté sur l'origine de cette dénomination; deux choses suffisent pour ce qui concerne l'objet qui m'occupe, savoir : que depuis l'époque où Rollon eut reçu la Normandie, la justice fut rendue dans ce pays par le duc, dans sa cour féodale, de même que les autres grands vassaux la rendaient dans leurs domaines; que probablement le nom d'*échiquier* n'a pas été employé avant Guillaume le Conquérant pour désigner cette cour, mais que très-certainement il était en usage à l'époque célèbre, où la condamnation de Jean sans Terre opéra la réunion de la Normandie à la couronne.

Philippe Auguste, lorsqu'il vint dans cette province pour la ranger sous son obéissance, eut la sage politique de prendre envers les Normands l'engagement de maintenir leurs droits, usages, coutumes et priviléges. Guillaume le Breton l'atteste expressément[1], et c'est ce qu'on lit dans le traité de 1204, par lequel le roi recevait la ville de

---

[1] *Philippidos*, lib. VIII, vers 215 et suiv.

Rouen dans son obéissance[1]. Mais cette promesse, quelque sincère qu'on la suppose, ne pouvait avoir pour résultat de n'apporter aucune modification au mode d'après lequel la justice suprême avait été rendue jusqu'alors dans la Normandie ; et les habitants, en se soumettant au roi, ne pouvaient même pas y compter. Le jugement rendu contre Jean sans Terre l'était d'après les principes de la féodalité, suivant lesquels le fief tombé en commise était réuni au domaine du suzerain, et se trouvait dans la même position que si jamais il n'eût été concédé. Ainsi Philippe Auguste ne devenait pas simplement duc de Normandie, comme le serait devenu un tiers, à qui Jean sans Terre aurait vendu ou donné son duché, ou qui l'aurait acquis par succession. La réunion produisait le même effet que si la Normandie n'avait jamais été détachée de la couronne. Philippe Auguste n'était pas duc de Normandie, il en était roi. L'échiquier ne restait donc pas une justice ducale : il devenait nécessairement une justice royale. Toutefois l'intérêt bien entendu de ce prince lui dicta d'accommoder ces principes au désir que les habitants de la Normandie manifestaient de conserver leurs coutumes, leur ancien mode d'administration de la justice, et surtout de n'être pas obligés de venir plaider leurs

---

[1] *Historiæ Normanniæ scriptores*, p. 1057. — La Roque, *Histoire généalogique de la maison d'Harcourt*, t. IV, p. 1351. — Archives de l'hôtel de ville de Rouen, reg. A, n° 38.

causes devant la cour du roi à Paris, comme le furent longtemps les habitants du Languedoc.

Mais tant que l'échiquier avait été la cour du duc de Normandie, il était tenu par ce prince avec l'assistance de ses vassaux. C'est ce qui ne pouvait plus avoir lieu, sans obliger le roi à des déplacements incompatibles avec ses autres devoirs, ou sans exposer les peuples à de longues et fréquentes interruptions de la justice, chaque fois que le roi serait dans l'impossibilité d'aller présider l'échiquier. Philippe Auguste prit la sage mesure de nommer des commissaires pour le tenir à sa place; et le soin qu'il eut, ainsi que ses successeurs, de les choisir parmi les magistrats les plus éclairés de sa cour de Paris, montrait assez le désir d'assurer une bonne administration de la justice dans la province[1]. Si l'on en excepte les commissaires chargés par le roi de la présidence de l'échiquier, la constitution de ce haut tribunal ne subit point de changements. Les évêques et les barons de la Normandie continuèrent d'y avoir séance. L'opinion contraire de quelques auteurs est détruite par des documents authentiques[2].

Le point le plus important pour les justiciables

---

[1] *Liber visitationum Odonis Rigaldi*, in-4°.

[2] Houard, *Dictionnaire du droit normand*, v° Echiquier. — Favyn, *Hist. de Rouen*, t. I, chap. xxiv. — Delafoy, *De la constitution du duché ou état souverain de Normandie*, chap. vii. Floquet, *Histoire du parlement de Normandie*, t. I, p. 33 et suiv.

de la Normandie était que les jugements rendus par l'échiquier fussent définitifs, et que, sous prétexte d'appels ou d'évocations, ils ne fussent point contraints de plaider hors de leur province. On ne peut se dissimuler qu'à cet égard, les promesses de Philippe Auguste ne furent pas tenues avec exactitude. Les *Olim* contiennent plusieurs arrêts du xiiie siècle, dans lesquels on voit que la cour du roi, séant à Paris, jugeait des procès, qui étaient évidemment de la compétence de l'échiquier; que d'autres fois elle terminait par un jugement des instructions commencées à l'échiquier; que souvent même elle réformait des décisions de cette cour, auxquelles cependant avaient pris part ses propres commissaires[1]. Je rendrai compte, dans la seconde section du chapitre suivant, des lois faites au xive siècle, par lesquelles on essaya, quoique presque toujours sans succès, de réformer ces abus et d'en prévenir le retour.

Les effets, que la réunion de la Normandie au domaine de la couronne avait produits relativement à l'administration de la justice dans ce duché, n'auraient pas dû avoir lieu dans la Champagne; et, il faut en convenir, Philippe le Bel, lorsqu'il plaça l'ancienne juridiction souveraine de ce comté, qu'on appelait les *grands jours*, sous la direction et l'autorité de sa cour, abusait de son droit. La

---

[1] Beugnot, Préface du t. II des *Olim*, p. v et suiv. — Floquet, *Histoire du parlement de Normandie*, t. I, p. 90 et suiv.

Champagne était un grand fief, à la succession duquel les femmes étaient admises. Jeanne, fille et héritière de Henri III, comte de Champagne et roi de Navarre, avait succédé à son père en 1274. Dix ans après elle épousa Philippe, fils du roi de France, lequel devint roi en 1285. Cet événement ne devait point opérer la réunion de la Champagne à la couronne. Il résulte même d'un assez grand nombre de documents, que lorsque Philippe le Bel donnait des chartes ou des ordonnances, qui devaient avoir leur exécution dans les États dont sa femme avait hérité, il y déclarait que c'était *du consentement de sa chère compagne.* A la fin de l'ordonnance ou de la charte, immédiatement avant la date, on lisait : « Jeanne, par la grâce de Dieu reine de France et « de Navarre, comtesse palatine de Champagne et « de Brie, avons approuvé, » et elle y mettait son sceau après celui du roi.

Philippe le Bel traita cette province, quoique non réunie à la couronne, de la même manière que Philippe Auguste avait traité la Normandie, dont la réunion était incontestable. Il laissa sans doute subsister les grands jours, et même il exécuta et compléta les perfectionnements, que le comte Thibaut, dit *le Posthume*, avait commencés ; mais il fit tenir les assises par des commissaires qui les présidaient en son nom, et priva le sénéchal de Champagne de son ancien droit de les présider au nom du comte. La cour du roi évoqua souvent des affaires qui étaient de la compétence de ces grands jours; elle en infirma quelquefois les décisions. Les grands jours perdirent notamment l'espèce de pouvoir législatif qu'ils avaient exercé jusqu'en 1288[1].

Une autre partie du royaume aurait pu aussi, avec juste titre, revendiquer le droit de posséder une juridiction souveraine, locale, sinon complétement étrangère à la cour du roi séant à Paris, du moins analogue à celle de l'échiquier de Normandie et des grands jours de Troyes : c'est le Languedoc. Par l'effet des traités de 1226 et 1229, la totalité de cette province fut, en 1271, réunie à la couronne. L'étendue de ce nouveau territoire acquis par les rois, son grand éloignement de la capitale où la cour du roi était sédentaire, le caractère particulier de la législation civile qui le régissait, les habitudes des peuples semblaient le commander. On pouvait croire que ce n'était pas avoir fait assez pour eux d'établir dans le parlement une section chargée spécialement de juger les affaires des pays de droit écrit, comme nous l'apprend l'article 23 de l'ordonnance du 7 janvier 1277. Sans doute, ces considérations portèrent Philippe III à prendre une mesure que fait connaître l'ordonnance du 18 janvier 1279 (XII, 325), dans laquelle on lit ces mots : *Viros providos et discretos consilii nostri.... ad partes mittimus Tolosanas, ut in octabis paschæ proximæ personaliter ibi intersint pro quærelis, quærimoniis.... expediendis secundum quod jus et æqui-*

---

[1] Brussel, *Usage des fiefs*, p. 244.

tas suadebunt. Il ne me paraît pas douteux que ces commissaires ne fussent pris dans la section judiciaire de la cour du roi, qu'en 1279 on désignait encore génériquement par le mot *consilium.* On peut croire que cette espèce de cour locale existait en 1290, puisque par des lettres du mois d'octobre, Philippe le Bel mande au sénéchal de Toulouse de la proroger. Mais D. Vaissette démontre très-bien [1] que cette institution dura tout au plus jusqu'en 1293, quoiqu'on lise le contraire dans une chronique attribuée à Bardin, ouvrage évidemment apocryphe [2]. Il paraît que les habitants du Languedoc n'acceptaient pas comme arrêts irrévocables les jugements de la commission, et qu'ils en appelaient au parlement de Paris, qui, de son côté, ne demandait pas mieux que d'exercer à l'égard de cette commission la même autorité qu'à l'égard de l'échiquier et des grands jours. On lit, en effet, dans l'ordonnance du 25 mars 1302, qu'un parlement sera établi à Toulouse, si les habitants du Languedoc consentent à ne point interjeter appel des jugements qui y seront rendus. Ce consentement ne fut point donné, et dans le fait le parlement de Paris continua de juger les procès du Languedoc, ainsi qu'on le voit dans l'article 27 de l'ordonnance sans

---

[1] *Histoire du Languedoc*, t. IV, note xii.

[2] D. Vaissette a publié cette chronique, t. IV, *Preuves*, n. 1; mais dans plusieurs endroits de ce volume, et notamment dans la préface et les pages 119, 204, 225, 227 et 555, il en démontre la fausseté.

date de jour ni de mois de l'année 1302, qui, selon de Bréquigny, intervint pour l'exécution de celle du 25 mars, et par divers arrêts contenus dans les *Olim*, et que cite D. Vaissette. Je ferai connaître dans la deuxième section du chapitre suivant comment cet état de choses subsista jusqu'à la création du parlement de Toulouse par Charles VII.

J'ai exposé avec fidélité, et aussi clairement qu'il m'était possible, l'état primitif de la cour du roi, depuis l'avénement de Hugues Capet au trône jusqu'à la fin du xiiie siècle, c'est-à-dire pendant un espace de plus de trois cents ans. On a vu par quelles causes cette cour unique, qui aidait le roi dans l'exercice de son pouvoir, fut transformée en deux institutions distinctes : l'une, qui, sous le nom de *conseil*, préparait les lois et faisait les actes d'administration; l'autre, qui, sous le nom de *parlement*, était chargée de la distribution de la justice. Le chapitre suivant fera connaître la marche et les développements de ces institutions pendant les xive, xve et xvie siècles. Mais au moment où je viens de constater la première, la plus importante des transformations, que la cour féodale ait subies, il n'est pas hors de propos de signaler les graves erreurs sur l'origine du parlement de Paris, dans lesquelles étaient tombés un grand nombre d'écrivains, qui prirent une part très-active à la lutte imprudemment soulevée vers la fin du règne de Louis XV entre les cours de justice et les ministres du roi.

On en sera convaincu par la lecture des *Lettres*

historiques sur le parlement, publiées en 1753, ouvrage qu'il est permis de considérer comme le manifeste des prétentions parlementaires et l'arsenal dans lequel sont réunis tous les arguments propres à les appuyer. Sous une apparence scientifique, l'auteur de ces *Lettres*, qui du reste ne manquait pas d'une certaine logique, accumulait une multitude de textes, dont les mots sans cesse détournés de leur acception, et traduits dans le sens qu'il avait intérêt à faire prévaloir, étaient ramenés à l'idée fixe que le parlement de Paris, dont les autres parlements n'auraient été que des subdivisions, des *classes*, suivant l'expression en quelque sorte cabalistique alors à la mode, avait une origine antérieure à la royauté de Clovis ; qu'il était la continuation des assemblées de chaque tribu germanique, dans lesquelles tous les hommes libres délibéraient en armes sur les affaires générales et sur les contestations privées ; et même, ce qu'on ne croirait pas, si on ne le lisait imprimé, l'auteur assure que c'est par suite de ce mode de délibérer en armes qu'était resté l'usage des princes et des pairs de garder leur épée, lorsqu'ils assistaient au parlement. Il ne rencontre pas une seule fois, dans les chroniques ou les diplômes, les mots *colloquium, consilium, congregatio, conventus, solemnis curia, plena curia, placitum*, même dans les documents des deux premières races, qu'il ne les traduise par le mot *parlement;* et les personnes, qui consultaient son ouvrage, n'hésitaient pas, sur la foi de ses assertions et de ses traductions, à croire que le parlement, en vertu d'un droit si ancien, devait avoir un pouvoir politique au moins égal à celui de la royauté.

Quelques hommes vraiment instruits crurent devoir s'élever contre le dévergondage de fausse érudition, auquel s'étaient livrés l'auteur de ces *Lettres* et les autres écrivains, qui l'imitaient. C'est ce que fit notamment Gibert; il y consacra un mémoire, inséré dans le tome XXX du recueil de l'ancienne Académie. Mais quel effet pouvait produire sur l'opinion publique un travail savant, mais froid, comme doit l'être toute discussion historique, qui d'ailleurs était en quelque sorte perdu dans une collection à la portée d'un très-petit nombre de lecteurs? Les écrits, auxquels ce mémoire répondait, dont il signalait les erreurs palpables, joignaient à l'avantage, déjà si grand pour une époque frondeuse, d'être prohibés par le gouvernement, celui d'être encouragés, préconisés, cités comme autorités par les parlements, dont ils appuyaient, dont ils exagéraient même les prétentions ; et lorsque l'autorité royale promulguait des lois pour ramener les magistrats à leur véritable institution, les refus d'enregistrement, les remontrances répandues avec une incroyable profusion, enfin les suspensions de la justice, étaient une arme terrible, dont les parlements n'usèrent que trop souvent, au grand applaudissement des peuples, sur qui cependant tous les inconvénients en retombaient.

La question agitée au milieu du xviii° siècle, et terminée seulement en 1789, ne présente plus aujourd'hui d'intérêt politique. L'opinion, qui avait élevé si haut les parlements dans la faveur populaire, lorsqu'ils luttaient contre le pouvoir royal, les abandonna dès l'instant que les novateurs se trouvèrent assez forts pour briser les institutions séculaires de la monarchie et la royauté elle-même. Les parlements ont été les premiers engloutis dans la tempête qu'ils avaient aidé à soulever. Mais la place, qu'ils ont occupée dans l'ancien ordre judiciaire de la France, est trop grande, ils ont trop brillé par la science et les vertus personnelles des magistrats qui les composaient, pour qu'il soit permis de considérer comme de vaines recherches, celles dont l'objet est de faire connaître l'origine et les développements successifs de cette grande institution.

CHAPITRE DEUXIÈME.

DES JURIDICTIONS SOUVERAINES SORTIES DE LA COUR PRIMITIVE DU ROI.

On a vu, dans le chapitre précédent, quelles avaient été primitivement la constitution et les attributions de la cour féodale du roi; comment, depuis le XIIIe siècle, les progrès de la civilisation et de la liberté ayant créé de nouveaux besoins sociaux, auxquels il était indispensable de satisfaire, cette cour fut divisée en deux sections, dont l'une expédiait et même jugeait souvent, par voie contentieuse, les affaires qui intéressaient l'administration et le gouvernement, tandis que l'autre statuait sur les contestations privées, ou, pour employer les expressions de Pasquier, *de partie à partie*[1].

Les anciennes assemblées générales des vassaux concoururent encore quelque temps à l'exercice du pouvoir législatif; mais, comme j'en ai fait la remarque plus haut, les longues et fréquentes absences des rois rendirent ces assemblées de plus en plus difficiles et rares; elles tombèrent en désuétude, et bientôt un événement, qui appartient aux premières années du XIVe siècle et qui tient une grande place dans l'histoire des institutions poli-

---

[1] *Recherches*, liv. II, chap. v.

tiques de la France, convertit cette désuétude en une abolition complète. Au mois de décembre 1302, Philippe le Bel convoqua une grande réunion d'évêques et de principaux dignitaires du clergé, de nobles et de députés élus par la bourgeoisie.

Il ne me semble pas possible d'attribuer à un autre roi qu'à Philippe le Bel cette admission des députés élus par le tiers état à participer aux affaires publiques. Il est bien vrai qu'avant lui quelques assemblées locales, dans lesquelles des bourgeois étaient appelés, avaient eu lieu : on le voit par des lettres de saint Louis du mois de juillet 1254 (XI, 330), relatives à la réformation de divers abus dans la sénéchaussée de Beaucaire. Le roi y déclare que si le sénéchal croit, d'après les circonstances, devoir interdire certaines branches du commerce d'importation, il ne pourra prendre cette mesure qu'après avoir réuni un *consilium non suspectum, in quo sint aliqui de prælatis, baronibus, militibus et hominibus bonarum villarum*. C'est ce qu'on lit aussi dans l'article 27 de l'ordonnance du mois de décembre de la même année (I, 65), qui exigeait simplement que les sénéchaux ou baillis ne prissent point ces mesures *sine consilio*. Mais ces hommes des bonnes villes n'étaient pas élus par leurs concitoyens ; ils étaient désignés par le sénéchal. Velly me paraît donc s'être trompé, en disant que l'ordonnance de 1254, dont je viens de parler, était une preuve de l'introduction du tiers état dans les affaires publiques[1]; cette introduction ne résulte pas plus de cette ordonnance que des termes du testament de Philippe Auguste, de 1190, où il est dit que sur certaines affaires d'administration dans les villes les baillis prendront l'avis de quatre bourgeois.

L'assemblée convoquée par Philippe le Bel, en 1302, n'eut pas uniquement pour résultat de proclamer la souveraineté et l'indépendance temporelle du roi contre les prétentions du pape Boniface VIII. On peut conjecturer, avec une grande vraisemblance, que des réclamations, des *doléances*, pour employer une expression longtemps consacrée, furent présentées au roi par cette assemblée sur divers objets d'ordre public, et que la grande ordonnance dite *de réformation*, du 25 mars 1302, déjà citée plusieurs fois, en fut la conséquence. On aurait pu, sans doute, donner à cette assemblée le nom de *parlement*, comme cela avait lieu en Angleterre; mais on était accoutumé de le donner à la cour de justice : le nom d'*états généraux* fut adopté, et s'est conservé jusqu'à nos jours.

Cette nouvelle institution ne reçut point d'organisation; on ne détermina ni l'époque de convocation périodique des états, ni la nature des affaires qui devaient leur être soumises. Tout, à cet

---

[1] T. III, p. 66, de l'édition in-4°; t. V, p. 136, de l'édition in-12.

égard, fut laissé dans ce vague, qui a été presque toujours la situation des institutions de l'ancienne monarchie.

Les rois réunirent assez souvent des assemblées de notables; la collection des Ordonnances en offre des exemples pour le xive siècle, sous Philippe le Bel, dans des documents des 17 janvier 1303 (I, 390), 20 janvier 1303 (I, 391), 9 juillet 1304 (I, 412); mais ces assemblées n'avaient rien de commun avec les *curiæ solemnes*, *parlamenta*, des siècles précédents. Dans celles-ci les vassaux directs du roi, ainsi que les grands vassaux de la couronne, avaient droit de séance en vertu de leur qualité; au contraire, pour former les assemblées de notables, le roi choisissait, et n'admettait que les personnes qu'il voulait consulter. Cette dernière circonstance montre aussi en quoi les assemblées de notables différaient des états généraux.

Le besoin de lois se faisait sentir cependant : la société était dans une sorte de travail de transformation; et comme les états généraux ainsi que les assemblées de notables n'offraient qu'un concours accidentel et rare, le conseil rédigeait les lois que le roi promulguait. La collection des Ordonnances en offre des preuves assez nombreuses pour les dernières années du xiiie siècle. Je ne dois pas, d'ailleurs, omettre de faire remarquer que, lors même que les états ou les assemblées de notables étaient réunis, ils ne soumettaient pas des projets de lois à l'acceptation ou à la sanction royale ; ils se bornaient à présenter des cahiers de doléances ou de remontrances, dont le conseil se servait pour rédiger les lois[1]. Sans doute le roi adoptait le plus souvent les vues proposées dans les cahiers; mais il n'y était pas obligé. Ces cahiers étaient purement consultatifs; et il en a toujours été ainsi jusqu'en 1789, époque où les états généraux se sont déclarés *Assemblée nationale constituante.*

La distinction entre la section de l'ancienne cour chargée de délibérer et d'éclairer le roi sur les affaires d'administration publique, qui avait reçu le nom de *conseil*, et la section chargée de prononcer sur les procès d'intérêt privé, qu'on appelait *parlement*, distinction qui, ainsi qu'on l'a vu, s'était établie vers la fin du xiiie siècle, fut déterminée d'une manière encore plus précise par des lois rendues dans les premières années du siècle suivant.

L'article 12 de l'ordonnance de réformation du 25 mars 1302 constate que c'était devant le roi, en son conseil, que devaient être portées les demandes tendant à obtenir l'annulation des arrêts rendus par le parlement. Un document du 30 janvier 1305 offre une nouvelle preuve de la distinction entre

---

[1] Voir celles qui ont été rédigées, par suite de convocations d'états ou de notables, en février 1306 (I, 446), le 18 janvier 1308 (I, 454), et plusieurs autres sous Jean II, Charles V, Charles VI, Charles VIII et Louis XII.

ces deux institutions[1]. Il contient une transaction entre le roi et l'archevêque de Lyon, au sujet de la justice; on y prévoit la possibilité de contestations sur les ressorts, et on convient qu'elles seront jugées *in parlamento, seu coram duobus vel tribus probis viris de consilio regis, non suspectis, per dominum regem deputatis.* Je n'ai point à examiner ce que pouvait avoir de contraire aux vrais principes cette alternative entre le parlement et une commission du conseil désignée par le roi. Il ne faut pas s'attendre à trouver une logique parfaite dans ce qu'on faisait à cette époque; mais toujours est-il que la transaction de 1305 constate l'existence de deux institutions distinctes : le *conseil* et le *parlement*. On trouve encore cette distinction dans une ordonnance du mois de mars 1315 (I, 620), relative aux réclamations du duc de Bretagne contre les empiétements de la cour du roi et des baillis sur la juridiction de ses vassaux et la sienne propre. Cette ordonnance est rendue par le roi, *deliberatione in consilio nostro habita;* et le roi promet que dorénavant sa cour, *curia nostra,* ne fera plus les empiétements dont le duc se plaignait.

Au surplus, ce qui aurait pu laisser quelques incertitudes ne tarda pas à être éclairci. Une ordonnance du 3 décembre 1319 (I, 702), faite par le roi, *en son grand conseil,* déclare qu'il veut « avoir en son parlement gens qui y puissent enten-

[1] Dumont, *Corps diplomatique*, t. I, part. I, p. 339, col. 1.

« dre continuellement, sans en partir, et qui ne
« soient occupés d'autres graves occupations; »
qu'en conséquence il ne veut plus qu'à l'avenir des
prélats en fassent partie, par le motif qu'ils doivent
être continuellement dans leurs diocèses (*espiri-
tuautés*), « mais qu'il n'entend... que les prélats
« qui sont de son conseil en soient pour ce dessorts,
« ainçois est l'entente qu'ils demeurent de son
« conseil, et il les rappelera à ses autres grands
« besoignes. »

Néanmoins cette division de la cour du roi en
deux institutions n'était encore qu'un commencement de transformation. Des matières, qui n'avaient
pas offert avant le xive siècle assez d'importance
pour qu'il parût nécessaire d'en attribuer la connaissance à des institutions spéciales, telles que la
comptabilité des deniers royaux, l'administration
du domaine et la perception des revenus fixes ou
extraordinaires connus sous le nom d'*aides, gabelles, tailles*, etc., que les besoins publics rendaient nécessaires, suivirent quelque temps la première division opérée dans la cour féodale. Ce qui
était administratif et de gouvernement resta au
conseil; ce qui était contentieux passa au parlement. Mais bientôt les rois se trouvèrent dans la
nécessité de créer des juridictions souveraines, sous
le nom de *chambre*, depuis *cour des comptes;* de
trésoriers de France, depuis *chambre du domaine
et du trésor*, etc., etc. Je devrai donc en parler
pour compléter le tableau de toutes les transfor-

mations qu'a subies la cour primitive du roi. En conséquence je vais traiter dans six sections :

1° Du conseil ou grand conseil;
2° Du parlement;
3° De la chambre des comptes;
4° Des trésoriers et de la chambre du trésor et domaine;
5° Des généraux ou chambre des monnaies;
6° Des généraux ou cour des aides.

Ainsi que je l'ai annoncé, c'est uniquement sous le rapport de la compétence judiciaire que je me propose de faire connaître ces institutions; cependant comme elles avaient aussi des portions de pouvoir administratif, je serai quelquefois obligé d'en parler, mais avec brièveté et seulement en ce qui sera nécessaire pour me faire comprendre.

Dans la liste des institutions que je viens d'énoncer, j'ai mis en première ligne le conseil, et je ne crois pas qu'il me fût permis de faire autrement. Il a, je ne l'ignore pas, existé pendant longtemps une assez grande rivalité entre le conseil et le parlement, qui ne voyait pas sans jalousie une autorité investie du droit d'annuler ses arrêts. Si les passions des hommes et les prétentions d'amour-propre n'avaient pas pour résultat d'obscurcir les questions les plus claires, la seule lecture des documents authentiques aurait dû suffire pour décider la querelle. Voici, en effet, ce qu'on ne peut refuser d'y reconnaître. A l'époque où les attributions de la cour féodale n'étaient pas divisées, où la même réunion de vassaux et de conseillers du roi délibérait sur les lois, les actes de haute et de commune administration, et rendait la justice aux plaideurs, aucune question de prééminence n'était possible; mais lorsque deux institutions distinctes furent sorties du chaos, lorsqu'à tort ou à raison, ce que je ne peux ni ne dois discuter, l'une de ces institutions fut investie de la mission de préparer les lois, qui étaient envoyées à l'autre pour qu'elle s'y conformât dans l'exercice de son pouvoir et de sa discipline, du droit de conseiller le roi sur le choix des membres dont cette autre institution était composée, de recevoir enfin les pourvois en cassation contre ses arrêts, évidemment il fut conforme à une saine logique qu'une telle institution fût au premier rang. Je ne dois même pas manquer de faire observer que ce premier rang était reconnu par des lois. On en trouve la preuve dès les premiers temps où la séparation des deux institutions fut organisée, dans un état des services publics dressé en juillet 1316 par ordre de Philippe V, lorsqu'il n'était encore que régent. Cet état, non contenu dans la collection des Ordonnances, mais dont mon savant confrère M. de Wailly m'a indiqué l'existence aux archives nationales[1], place le conseil au premier rang et bien avant le parlement. La même preuve se trouve

---

[1] Trésor des chartes, reg. LVI. Pasquier, *Recherches*, liv. II, chap. III, paraît avoir connu ce document, mais il l'attribue à Louis X.

dans des lettres du 21 avril 1407 (IX, 708) : elles contiennent la nomenclature des corps et des officiers, à qui le roi accorde l'exemption d'une aide; le grand conseil y est nommé le premier, le parlement n'a que la seconde place, avant les autres cours qui jouissent de la même faveur.

SECTION PREMIÈRE.

DU CONSEIL OU GRAND CONSEIL.

L'autorité royale était universelle; il ne pouvait en être autrement dans une société, dont toutes les institutions s'étaient successivement formées par la seule volonté, la concession ou la tolérance des rois. Rien ne déterminait d'une manière fixe les limites de chacune d'elles. Lorsque des doutes ou des conflits se manifestaient, c'était au roi qu'on était obligé de recourir; et au lieu de faire des lois qui posassent des règles pour l'avenir, il se bornait presque toujours à statuer sur la difficulté présente : de là des incertitudes perpétuelles, le retour des mêmes questions, qui souvent, selon les circonstances et la situation de la royauté, n'étaient pas résolues d'une manière conforme à ce qui avait été déclaré à d'autres époques. Ainsi, par le fait, tout convergeait à la royauté, considérée comme seul pouvoir existant par lui-même et comme source de tous les autres.

La royauté ne pouvait agir, délibérer, décider qu'en s'éclairant; et le principal instrument dont elle se servit fut cette haute institution administrative et de gouvernement, qui, aussitôt qu'elle fut sortie de l'ancienne cour féodale, reçut le nom de *conseil*. Ce conseil, auquel on donnait quelquefois le titre de *prééminent*, *préexcellent*, mais plus habituellement de *conseil* ou *grand conseil*[1], devint une institution véritable. La plus ancienne des ordonnances contenues dans la collection, qui concerne son organisation, est du 18 juillet 1318 (I, 656); elle fut promptement complétée par celle du 16 novembre suivant (I, 668). Mais on a vu que l'existence distincte du conseil et de la cour de justice était attestée par des lois de la fin du xiii° siècle et des premières années du xiv°. Puisqu'il existait, puisqu'il opérait avant les ordonnances de 1318, le conseil avait évidemment une organisation, ou telle que la constatent ces ordonnances, ou à peu près semblable.

Il ne faut pas croire, d'après une expression qu'on lit dans des lettres du 26 septembre 1351 (IV, 98), *nobis in consiliis perpetuo assistentibus*,

---

[1] Secousse a très-justement fait remarquer que ces deux expressions étaient synonymes : « Grand conseil et conseil sont « la même chose, » dit-il, t. III, table des matières, p. lx. Précisément on en trouve la preuve dans des lettres du 24 janvier 1411 (IX, 671); elles sont annoncées avoir été délibérées par le grand conseil, et à la fin il est dit : *par le Roi à la relation du conseil*. Mais sous le règne de Charles VIII et de Louis XII il y eut à cet égard un changement remarquable : les mots *conseil* et *grand conseil* désignèrent des institutions distinctes, ainsi que je le ferai connaître plus bas.

que les membres du conseil fussent inamovibles. Si le conseil, comme institution, était permanent, il est hors de doute que sa composition, sous le rapport du personnel, était mobile, parce que le chef d'un État doit être libre de changer ses conseillers chaque fois qu'il le juge convenable.

Une ordonnance du 28 avril 1407 (XII, 225) désigne génériquement ce conseil par les mots *grand conseil secret et privé;* mais ces qualifications sont beaucoup plus anciennes, puisque des ordonnances de la fin du XIIIe siècle constatent qu'elles ont été faites par le roi, de l'avis *de son conseil, grand conseil.* On trouve encore plus fréquemment ces expressions dans les ordonnances des premières années du XIVe siècle. L'ordonnance du 16 novembre 1318 emploie la dénomination *étroit conseil;* et c'est aussi celle dont se sert l'état de la maison du roi, dressé au mois de juillet 1316, dont j'ai parlé plus haut. Du reste, une ordonnance du 11 avril 1390 (VII, 336) prouve que les mots *grand* et *étroit conseil* étaient considérés comme synonymes.

Quant à la dénomination *conseil privé,* les documents contenus dans la collection nous la font connaître pour la première fois par une ordonnance du 6 août 1349 (II, 305). Mais lorsqu'on lit celle du 28 avril 1407, citée plus haut, il me paraît incontestable que les mots *grand conseil, conseil* sans épithète, *conseil étroit, conseil privé,* désignent une seule et même institution. Une ordonnance, que Secousse a indiquée (II, 330), d'après le mémorial C de la chambre des comptes, nous apprend que le traitement annuel des membres du conseil était de mille francs.

Un grand nombre d'ordonnances portent qu'elles ont été délibérées en conseil tenu au parlement, à la chambre des comptes, etc. Je ne crois pas que ces énonciations constatent l'existence de conseils différents de celui qui m'occupe. Ce conseil, toujours aux ordres du roi pour les jours ou le lieu de sa réunion, n'avait point, comme le parlement, la cour des comptes et les autres institutions judiciaires, de local exclusivement consacré à ses séances. Le roi, qui la plupart du temps, l'appelait auprès de lui et l'emmenait à sa suite dans ses voyages, jugeait quelquefois convenable que certaines questions fussent discutées par ses conseillers avec tout ou partie du parlement, de la chambre des comptes, des trésoriers de France, etc. Dans ces cas le conseil ou la partie du conseil désignée par le roi se transportait au lieu des séances de ces juridictions; mais le conseil n'était, pour cela, ni transformé, ni remplacé; ce qui le prouve, c'est que les ordonnances résultant de ces délibérations extraordinaires étaient promulguées avec la formule : *Par le roi, à la relation du conseil, du grand conseil.*

Nous trouvons aussi quelquefois dans des lois le mot *conseil supérieur*, qui me paraît constater une forme accidentelle, modifiant au besoin la forme ordinaire des délibérations du conseil, sans constituer une institution distincte et parallèle. Ainsi quelques ordonnances, notamment du mois de novembre 1398 (VIII, 306), du 9 juin 1404 (IX, 14), du 12 octobre 1405 (IX, 93), du 6 novembre 1405 (IX, 96), du 18 février 1406 (IX, 180), des 3 ou 8 octobre 1410 (IX, 544), dans lesquelles on lit les mots *consilium superius*, nous font connaître que le roi avait appelé aux délibérations, par suite desquelles ces ordonnances furent rendues, des princes du sang, des grands officiers de la couronne, des évêques, des chefs et des membres des cours souveraines, le recteur et les principaux officiers de l'Université, tous personnages qui ne composaient pas habituellement le conseil, mais dont l'assistance et les avis paraissaient utiles dans quelques circonstances extraordinaires.

Lorsqu'on fait attention à l'objet d'une ordonnance du 5 février 1388 (VII, 223), dont l'article 6 contient l'expression *conseil ordonné*, il ne semble pas difficile de reconnaître le véritable sens de ces mots. Par une sorte de réminiscence de l'origine commune du conseil du roi et du parlement, sortis l'un et l'autre de l'ancienne cour féodale, les membres du conseil avaient entrée et droit de séance au parlement; et même ce droit, limité dans la suite à quelques membres, a subsisté jusqu'en 1789. Mais des personnes, à qui le roi avait donné le titre de conseillers, quoiqu'elles ne fussent point portées sur le rôle du service ordinaire, prétendaient, en vertu de ce titre, avoir droit de siéger au parlement. Il en résultait des abus, auxquels le roi voulut pourvoir par l'article que je viens de citer, en décidant que le droit de séance au parlement n'appartenait qu'aux membres du *conseil ordonné*, c'est-à-dire aux conseillers, dont les noms étaient portés sur le rôle du service ordinaire.

Quoique assurément les séances du conseil ne fussent point publiques, comme l'étaient celles des cours de justice et des tribunaux, le roi traitait certaines affaires avec quelques-uns de ses conseillers seulement. Il leur recommandait un secret particulier, et le conseil, que formaient alors ces personnes, était appelé *secretius*. Nous en trouvons la preuve dans une ordonnance du 22 août 1398 (VIII, 293). Il s'agissait de déterminer comment dans les provinces, où l'usage était d'insérer aux actes la date du pontificat, il serait procédé pendant la durée de l'espèce de schisme, qu'avaient produit la rivalité de plusieurs compétiteurs à la papauté et la soustraction d'obéissance prononcée par le roi le 27 juillet précédent (VIII, 258). Le roi, qui craignait, avec assez de fondement, de renouveler des questions délicates par une discussion dans son *plein* conseil, en délibéra *secrètement* avec le duc de Bourgogne, le chancelier, le patriarche d'Alexandrie, les évêques de Bayeux et d'Arras. L'ordonnance donne à ce conseil le titre de *secretius consilium*; mais il ne me paraît pas possible d'en conclure qu'indépendamment du conseil, sur lequel je viens de donner quelques notions, il en existât un autre différent et connu sous le nom de *conseil secret*.

Parmi les attributions du conseil, celles qu'il entre dans mon plan de faire connaître avec quelques détails, concernent ce que nous appelons aujourd'hui le *contentieux administratif*.

Les mesures, que prend un gouvernement, peuvent, dans diverses circonstances, froisser des intérêts privés, et l'équité ne permet pas que les personnes, qui croiraient en éprouver quelque lésion, soient privées du droit de faire entendre et apprécier leurs réclamations. Ces personnes ne peuvent les adresser qu'à ce même gouvernement; si elles les portaient devant une autre autorité, cette autorité se trouverait, par le fait, plus puissante que le gouvernement, et toute administration deviendrait impossible. Il est donc indispensable que le chef suprême de l'État, pour statuer sur les réclamations de ce genre, s'éclaire par l'avis d'une réunion de conseillers, qui, tout en observant des formes à peu près semblables à celles qu'on suit dans les tribunaux, statuent d'après des règles et des bases conformes à l'intérêt public, dont le gouvernement doit être l'arbitre unique et impartial.

Ce n'était pas toujours à l'occasion des réclamations de particuliers contre des actes de l'administration que la juridiction contentieuse du conseil avait à s'exercer. Souvent ces actes mettaient en opposition réciproque des intérêts privés : une personne pouvait prétendre qu'une ordonnance lui avait enlevé un droit pour en investir une autre personne, pour lui imposer des obligations ou des restrictions dont une autre profitait. Il fallait apprécier la réclamation, après avoir entendu les parties intéressées; ce qui établissait devant le conseil une véritable instance, d'après laquelle il proposait au roi un projet de décision. On peut citer, entre autres exemples, les ordonnances du commencement d'août 1363 (III, 639) et du 14 du même mois (IV, 406), sur la police des boucheries de la montagne Sainte-Geneviève de Paris, à l'occasion desquelles un procès eut lieu au conseil, à la requête de l'Université, de quelques autres établissements et d'habitants du quartier.

D'autres fois des doutes s'élevaient sur le sens et l'étendue d'une mesure administrative, soit de l'État aux particuliers, soit simplement entre des particuliers; et c'était encore à l'autorité administrative qu'il appartenait d'interpréter ces actes. On en trouve un exemple remarquable dans des lettres du 13 septembre 1367 (V, 73). Philippe Auguste avait accordé, et plusieurs de ses successeurs avaient confirmé au maire de Rouen des droits de juridiction assez étendus; les officiers royaux en contestèrent quelques-uns, et prétendirent que dans l'exercice des autres le maire avait excédé ses droits. L'échiquier de Normandie prononça dans ce sens; mais, sur le pourvoi du maire devant le roi, intervinrent, d'après le rapport et l'avis du conseil, les lettres dont je viens de donner la date, qui annulèrent la décision de l'échiquier, et maintinrent le maire dans tous les droits qu'on lui contestait. Une ordonnance du 6 août 1349, déjà citée, nous fournit encore l'exemple d'une attribution contentieuse donnée au conseil. Elle contient un long règlement sur les foires de Brie et de Champagne, et décide que les interprétations et le jugement des difficultés, qui s'élèveraient relativement à son exécution, appartiendront au conseil, au lieu et place de la chambre des comptes, que l'article 30 d'une ordonnance du mois de juillet 1344 (II, 200) en avait chargée.

Ce n'est pas tout. Des conflits pouvaient s'élever entre des juridictions indépendantes, dont l'une prétendait le droit exclusif de statuer sur une question, que l'autre soutenait être de sa compétence. Il était indispensable de prononcer; autrement le cours de la justice se fût trouvé interrompu. Le roi, supérieur de ces juridictions, puisque toutes ne tenaient leurs pouvoirs que de sa délégation, devait avoir seul le droit de faire cesser le conflit, en décidant à laquelle resterait la connaissance de la contestation; et comme il était nécessaire de l'éclairer, le conseil entendait les moyens respectifs, et préparait la décision qu'il convenait de rendre.

Le conseil avait aussi une attribution importante, dont j'ai déjà dit quelques mots, et que je dois faire mieux connaître en ce moment. Un puissant motif d'intérêt public avait porté Philippe le Bel à déclarer irrévocables et ayant le caractère de chose jugée les arrêts du conseil et ceux du parlement : telle est la disposition de l'article 12 de l'ordonnance du 25 mars 1302. Néanmoins ces arrêts pouvaient être le résultat d'une erreur sur des faits décisifs, qu'il était juste de réparer; ils pouvaient être contraires aux lois, dont il n'est jamais permis aux magistrats de méconnaître l'autorité. Lorsqu'on alléguait une de ces causes contre un arrêt rendu par le conseil dans l'exercice de sa juridiction contentieuse, c'était à ce même conseil qu'il appartenait de statuer, et ce principe est encore en vigueur, d'après les articles 32 et 40 du décret du 22 juillet 1806. Lorsqu'il s'agissait d'arrêts rendus par le parlement, on distinguait : si une erreur de fait était alléguée, le demandeur la proposait par une requête présentée au roi, qui la faisait examiner dans son conseil, et si les allégations avaient quelque apparence de fondement, des lettres délivrées au nom du roi mandaient au parlement de reviser son arrêt en instruisant de nouveau la cause : c'est ce que nous apprennent une ordonnance de 1331 (II, 80)[1] et l'article 9 de celle du mois de décembre 1344 (II, 240); si on alléguait une violation de la loi, le roi, législateur suprême et essentiellement conservateur de l'intégrité des lois, prononçait la cassation de l'arrêt dans son conseil, et donnait d'autres

---

[1] Cette ordonnance se réfère à une ordonnance précédente de Charles le Bel, qui ne nous est pas parvenue.

juges aux parties; ce principe, très-ancien, puisqu'il remonte à la constitution de Chlotaire Ier de 560[1], fut reproduit dans l'article 12 de l'ordonnance du 25 mars 1302, cité plus haut.

Les évocations étaient encore une source féconde, et en quelque sorte inépuisable, d'attributions contentieuses pour le conseil. Par suite du principe que le roi avait la plénitude de la juridiction et que toute justice émanait de lui, l'usage s'était introduit qu'il attribuât à son conseil le jugement d'affaires pendantes au parlement ou dans d'autres tribunaux : la collection des Ordonnances en offre beaucoup de preuves. Mais l'abus fut porté à un point tel, que quiconque avait l'espoir d'être traité avec faveur au conseil, sollicitait et obtenait une évocation. Des lettres du 22 juillet 1370 (V, 323), adressées au parlement, essayèrent d'y porter remède. En voici les termes : « Nous sommes assés
« recors que aucune foiz vous avons mandé, par im-
« portunité de requerans, de surseoir à pronon-
« cier les arrez jusqu'à certain temps sur aucunes
« causes, et aussi par l'infestation des gens de no-
« tre hostel et autres, nous avons voulu oir parde-
« vant nous la plaiderie d'aucunes petites causes....
« Nous vous mandons que d'ores en avant, pour
« quelconque lettre ou mandement que vous ayez
« de nous au contraire, vous ne sursoiez ou delayez
« à pronuncier et donner les dits arrez, mais sur ce

---

[1] *Diplomata, Chartæ, Epistolæ, Leges,* etc., t. I, n° CLXV.

« procediez touteffois qu'il vous semblera bon à
« faire, selon justice et raison; et aussi il n'est pas
« notre entencion de oir d'ores en avant telz causes,
« ne les rappeler pardevant nous. » Mais ces lettres,
en interdisant les évocations pour les *petites causes*,
laissaient toujours la porte ouverte aux abus : aussi
continuèrent-ils d'exister. Ils devinrent même l'objet
d'une vive réclamation du tiers état aux états généraux de 1483. La réponse faite au nom du roi
ne fut qu'une promesse évasive ; et, dans le fait,
l'abus des évocations au conseil subsista.

Les documents, que je viens de citer, nous apprennent que les contestations privées, dont les
évocations enlevaient la connaissance aux tribunaux ordinaires, étaient jugées par une section du
conseil, qu'on appelait *maîtres des requêtes de
l'hôtel*. Je ne puis donc me dispenser d'en parler,
puisque cette institution a subsisté, non-seulement
jusqu'à la fin du règne de Louis XII, terme où
s'arrête la collection des Ordonnances, mais même
jusqu'en 1789. Elle remonte aux premiers temps de
la troisième race. J'ai déjà cité un passage de Joinville, qui parle de ces délégués du roi et de leur juridiction, connue sous le nom de *plaids de la porte*;
mais au temps de saint Louis, la même cour
exerçait le pouvoir administratif et le pouvoir judiciaire. Lorsque cette cour fut transformée en deux
institutions distinctes, le conseil et le parlement, les
maîtres des requêtes durent aussi être divisés ; les
uns formèrent la chambre des requêtes du parlement,

dont je parlerai plus bas; les autres formèrent, dans le conseil, l'institution appelée *maîtres des requêtes de l'hôtel* : cette dénomination se trouve pour la première fois dans des lettres du 8 avril 1342 (II, 173); mais des lois plus anciennes parlent des fonctions de ces magistrats.

Ce que je viens de dire sur les attributions du conseil éprouva d'importantes modifications sous le règne de Louis XI. Le conseil, tel que je l'ai fait connaître, ne fut plus l'unique instrument de législation et d'administration. Il y eut plusieurs conseils; et celui qui retint la qualification ancienne de *grand conseil* ne conserva, ni la préparation et la rédaction des lois, ni la connaissance des demandes en cassation. Il fut constitué en cour de justice, chargée de prononcer souverainement sur diverses espèces de contestations, dont on crut utile d'ôter la connaissance aux tribunaux et aux cours ordinaires.

C'est uniquement par conjecture que j'attribue à Louis XI cette modification; il est certain du moins qu'elle existait sous le règne de Charles VIII, et qu'on n'en trouve pas de traces avant celui de Louis XI. Il paraît que l'organisation et le mode de service de ce nouveau grand conseil furent d'abord imparfaits. Une ordonnance du 2 août 1497 lui donna une constitution stable. Le texte de cette loi est resté longtemps inconnu; et même une note de la main de Colbert, qu'on trouve à la bibliothèque nationale, porterait à croire que ce ministre en connaissait seulement l'objet sommaire et la date, mais non le texte entier[1]. M. de Pastoret, lorsqu'il s'occupait de la rédaction du tome XX, où, d'après sa date, elle aurait dû trouver place, fit aux archives des recherches pour la découvrir; et n'ayant pu y réussir, il se contenta de l'indiquer d'après quelques auteurs, qui en ont parlé vaguement (XX, 627). J'en ai trouvé le texte[2], et je l'ai publié (XXI, 4). La même ordonnance a été reproduite, avec quelques légères modifications, par un édit de Louis XII du 13 juillet 1498 (XXI, 56); et l'organisation faite par ces lois a subsisté jusqu'en 1789, époque du grand naufrage des anciennes institutions de la monarchie.

SECTION DEUXIÈME.

DU PARLEMENT.

Tout ce qui avait été commencé par saint Louis et continué par ses trois premiers successeurs immédiats relativement à l'institution judiciaire, qu'on nomma *parlement*, était décousu et imparfait. Un travail de transformation s'opérait; on procédait par essais, mais le besoin d'une législation fixe se faisait sentir. Philippe V y pourvut par une or-

---

[1] Collection dite *des Cinq Cents* de Colbert, t. CCXV, fol. 178.
[2] Bibliothèque nationale, collection de Brienne, t. CCXXXIX, fol. 297.

ganisation, dont les bases, sauf quelques modifications qu'amena l'expérience, ont subsisté jusqu'en 1789.

Ce fut l'objet des trois premières sections d'une ordonnance du mois de décembre 1320 (I, 727); les deux autres sections sont étrangères à la question dont je m'occupe. Cette ordonnance, résumant ce que déjà le même prince avait établi par deux autres des 17 novembre 1318 (I, 673) et 3 décembre 1319 (I, 702), nous apprend que le parlement était divisé en trois chambres, savoir : la grand'chambre, la chambre des enquêtes et la chambre des requêtes.

La grand'chambre est nommée la première; et, dans le fait, ce fut en elle que consista d'abord le parlement. Dès le temps de saint Louis, suivant Joinville, et sous les règnes ultérieurs, ainsi que le prouvent les ordonnances du 7 janvier 1277 (XI, 354) et du mois de novembre 1291 (I, 320), on l'appelait *chambre aux plets, chambre du plaidoyer*, et elle a toujours été la seule où des plaidoiries eussent lieu. Si depuis longtemps, comme on l'a vu plus haut, la nécessité de rédiger des enquêtes, qui étaient presque le seul moyen d'instruction des procès, et de résumer dans des rapports les résultats de ces enquêtes, ou les moyens respectifs des parties dans les procès instruits par écrit, avait fait établir des clercs enquêteurs et rapporteurs, ces clercs, même depuis que le roi s'en fut attribué la nomination, ne formaient pas encore une chambre distincte et prononçant des décisions de sa propre autorité. La chambre du plaid leur envoyait à instruire les causes, qui ensuite étaient jugées par elle d'après ces éléments. Ce n'est donc pas sans raison que l'ordonnance de décembre 1320 emploie indistinctement les mots *parlement* et *grand'-chambre*.

Mais peu à peu la nécessité de laisser plus de temps à cette chambre pour entendre les plaidoiries avait conduit à investir les clercs des enquêtes du droit de juger les procès instruits par cette voie. L'article 1er de la seconde section de l'ordonnance de décembre 1320 porte que la chambre des enquêtes sera composée de quarante membres, dont vingt clercs et vingt laïques ; trente-deux étaient appelés *jugeurs*, et huit *rapporteurs*. On conserva néanmoins des traces de l'ancienne subordination de cette section à la grand'chambre : celle-ci décidait quels procès seraient plaidés devant elle, quels seraient instruits et jugés à la chambre des enquêtes. Dans la suite cette marche fut abandonnée, et même l'article 9 de la seconde section de l'ordonnance du 11 mars 1344 (II, 219) abolit la distinction entre les *jugeurs* et les *rapporteurs* ; mais, nonobstant ce changement et quelques autres d'une moindre importance faits par des lois postérieures, il subsista toujours de la constitution primitive de la chambre des enquêtes, qu'elle jugeait uniquement les procès instruits par écrit et sans plaidoiries.

La troisième chambre, dont s'occupe l'ordonnance de décembre 1320, portait le nom de *chambre des requétes*. Son origine se rattache à l'époque, où, le pouvoir administratif et judiciaire étant exercé par le roi avec l'assistance de sa cour féodale, il y avait nécessité que les requêtes, qu'on lui adressait, fussent reçues en son nom par des personnes investies de sa confiance, lesquelles envoyaient ces requêtes, suivant leur objet, à la section administrative ou à la section judiciaire. J'ai déjà dit que ces maîtres des requêtes du roi exerçaient, pour la décision des affaires contentieuses, qui ne paraissaient pas susceptibles de discussion solennelle, une juridiction appelée par Joinville *plaid de la porte* ou *requêtes du palais*. La division de la cour féodale en deux institutions indépendantes produisit une division analogue dans les maîtres des requêtes : les uns, qu'on appela *maîtres des requêtes de l'hôtel du roi*, devinrent une partie accessoire du conseil, et j'en ai parlé p. 153 ; les autres devinrent partie du parlement, et ce fut la *chambre des requêtes* ou les *requêtes du palais*, dont je m'occupe ici.

Dès la seconde moitié du XIIIe siècle, les articles 1er et 2 de l'ordonnance du mois de novembre 1291 attestent qu'à chaque session de la cour le roi formait *pro requestis recipiendis et decidendis* deux commissions, l'une pour les requêtes relatives aux affaires des pays coutumiers, l'autre pour celles des pays de droit écrit. Ces commissions étaient composées de membres du parlement, qui ne consistait encore que dans la chambre du plaid ; mais on voit par des arrêts des 9 et 11 septembre

1310, 10 juillet et 28 septembre 1311, 23 décembre 1315[1], et par les ordonnances du 17 novembre 1318 et 3 décembre 1319, qu'alors il existait une chambre, appelée *chambre des requêtes*. Les arrêts qui viennent d'être cités nous apprennent que quelquefois cette chambre, en vertu d'autorisations du roi, jugeait, dans l'intervalle des sessions, des affaires de la compétence de la grand'-chambre : mais, d'après l'article 7 de l'ordonnance du 17 novembre 1318, sa principale attribution était la délivrance des *lettres de justice*.

On donnait cette dénomination à diverses espèces de lettres. D'abord elle s'appliquait à des lettres délivrées au nom du roi pour autoriser la partie requérante à porter sa cause et à appeler son adversaire devant le parlement. Cet usage se rattachait à des traditions, qui remontent à la première race : lorsqu'une personne voulait en appeler une autre devant le *placitum palatii*, elle obtenait de la chancellerie un mandement, appelé *indiculus*, par lequel le roi ordonnait à celle-ci de comparaître. Continué sous la seconde et la troisième race, cet usage acquit plus d'importance lorsque les appels eurent été introduits. L'appel était une véritable plainte contre les juges, qui avaient statué en première instance ; il avait été substitué à la faculté de les provoquer en champ clos : par une conséquence de l'ancien usage, on avait établi

[1] *Olim*, t. III, p. 502, 503, 624, 628, 1045.

la nécessité de les intimer devant la cour pour justifier et défendre leurs décisions. Comme dans un grand nombre de justices seigneuriales les procès étaient jugés par le seigneur, assisté de ses vassaux, il devait être requis de se rendre avec eux à la cour du roi : c'est ce que constatent un mandement royal du 4 juillet 1269, adressé à l'évêque de Chartres, que j'ai déjà cité, et un autre document du 23 août 1304[1]. L'appelant étant vassal du seigneur, dont la cour avait rendu le jugement attaqué, on trouvait peu conforme aux règles de la féodalité et aux convenances que de son autorité propre il intimât son seigneur. Il en était de même lorsque le jugement d'une justice seigneuriale avait été rendu par un *bailli*, car cet officier représentait le seigneur ; de même encore, quand le jugement attaqué était celui d'un bailli, d'un prévôt, d'un sénéchal royal. L'intimation directe, que l'appelant lui aurait donnée, eût été considérée comme un acte irrespectueux. On établit donc la règle que les juges, et par accessoire la partie qui avait gagné sa cause, devaient être intimés en vertu de lettres délivrées par la chambre des requêtes.

Ces lettres de justice n'étaient pas délivrées sans vérifications préalables : ainsi, en cas d'appel, il fallait que celui qui les demandait prouvât, à l'appui de sa requête, qu'il avait déclaré son appel

---

[1] D. Morice, *Preuves de l'Histoire de Bretagne*, t. I, fol. 1191.

dans le délai fixé par la loi ou par la coutume ; et comme il pouvait se faire que, par une cause quelconque, il n'y fût plus recevable, son adversaire avait le droit de s'opposer à la délivrance des lettres. Lors même qu'il s'agissait d'affaires portées directement devant le parlement, *omisso medio,* il fallait vérifier si le demandeur avait le droit d'agir ainsi, soit par la nature de l'affaire, soit en vertu du privilége appelé *committimus*. L'article 7 de l'ordonnance du 17 novembre 1318 déclare que, dans le cas d'opposition à la délivrance des lettres de justice, les gens des requêtes doivent *oir les parties à la fin se ilz donront lettres de justice ou non*. L'article 3 de la troisième section de l'ordonnance de décembre 1320 ajoute que s'il arrivait quelque difficulté, par l'effet de laquelle *ilz ne pussent bonement despechier les parties,* ils en parleront aux gens du parlement (la grand'chambre) après l'audience, ou même, si une délibération étendue paraissait nécessaire, pendant la durée de cette audience. C'est probablement à cet usage qu'on peut rattacher diverses notices contenues dans un registre, auquel M. Beugnot donne le nom de *Mémorial*[1]. D'après les extraits que ce savant en a publiés, on voit qu'après avoir entendu les parties, la cour, *curia præcepit ut appellatio... videatur et judicetur*. On peut aussi conclure d'un arrêt rendu en 1316, le mardi après les fêtes de la pentecôte[2],

---

[1] *Olim,* t. II, p. 888.
[2] *Ibid.,* t. II, p. 624 et suiv.

qu'il entrait dans les attributions de la chambre des requêtes de statuer sur des conflits de juridiction, entre les tribunaux inférieurs, mais que la partie mécontente de la décision pouvait la déférer à la grand'chambre, qui jugeait souverainement.

Des lettres de justice étaient encore nécessaires lorsqu'un demandeur désirait obtenir l'autorisation d'employer le ministère d'un procureur pour plaider sa cause, ce qui ne pouvait avoir lieu que par *grâce*. Dans ce cas, ainsi que dans une multitude d'autres, dont le recueil des Ordonnances, les *Olim*, les vieux livres de pratique, donnent de nombreux exemples, il fallait demander des lettres à la chambre des requêtes, qui les faisait expédier par des notaires spéciaux attachés à son service, après quoi on les présentait au sceau. La plupart de ces formalités devinrent sans objet, quant aux appels, lorsque les seigneurs et les juges ne durent plus être intimés pour défendre leurs décisions, et que le soin en fut laissé à la partie qui avait gagné en première instance; quant aux procurations, lorsque des officiers en titre eurent été établis pour représenter les parties en justice, et même que l'emploi de leur ministère devint obligé. Cependant l'usage de demander et de délivrer des lettres de justice dans ces cas et dans beaucoup d'autres, où elles n'étaient plus qu'une formalité bursale, se conserva jusqu'en 1789.

Les attributions de la chambre des requêtes furent peu à peu étendues, et ne restèrent plus bornées à statuer sur l'admissibilité des requêtes et la délivrance des lettres de justice. Elle devint juge en première instance, et sauf l'appel à la grand'-chambre, des causes civiles personnelles et mixtes des privilégiés, c'est-à-dire des personnes et des établissements, qui, en vertu des lois générales ou de concessions spéciales, jouissaient de ce qu'on appelait droit de *committimus*.

Des lois rendues dans les derniers temps qu'embrasse la collection des Ordonnances parlent d'une chambre du parlement nommée *Tournelle*. L'ordonnance du 28 octobre 1446 (XIII, 371), articles 10 et 11, est la première qui en fasse mention comme distincte des autres chambres, mais elle ne l'institue pas; ces articles constatent la possession où elle était déjà de juger les procès criminels. Nous ne connaissons point jusqu'à présent l'époque précise de cette création[1]. Ce qui paraît certain, c'est que la Tournelle n'avait pas une consistance spéciale, et qu'elle était formée de conseillers pris dans chacune des trois chambres. On voit même qu'en 1446 elle ne jugeait pas les procès criminels emportant la peine capitale : ce droit était réservé à la grand'-chambre.

Cette organisation, qui nous représente le parlement si différent de ce qu'avait été la cour féodale

---

[1] La *Somme rurale*, publiée par Bouthilier au commencement du xv° siècle, et qui n'est qu'un remaniement de livres de procédure plus anciens, ne parle encore de la division du parlement qu'en trois chambres, et ne fait aucune mention de la *Tournelle*.

jusqu'au xiiie siècle, et même de ce que fut la section judiciaire dans les premiers temps de sa formation, conserva cependant quelques usages qui rappelaient son origine : ainsi l'article 15 de l'ordonnance du 17 novembre 1318 constate que le roi pouvait choisir des membres du parlement pour faire partie de son conseil, et se bornait à indiquer des mesures pour que cette faculté ne nuisît pas à l'expédition des affaires judiciaires ; ainsi le roi se réservait le droit de venir siéger et juger au parlement chaque fois qu'il le voulait : ainsi, comme on l'a vu page 145, il envoyait quelquefois son conseil au parlement, délibérer sur des lois ou des actes d'administration ; ainsi, lorsqu'il le jugeait à propos, il faisait siéger le parlement hors de la capitale, et les *Olim* en fournissent plusieurs preuves des années 1303, 1304, 1308, 1309, 1310, 1311, 1312, 1313, 1314 [1].

De même encore, quoique depuis longtemps sédentaire à Paris, le parlement n'exerçait point ses fonctions d'une manière permanente ; il tenait à certaines époques de l'année des assises ou sessions, qu'on appelait *parlements*. L'article 10 de l'ordonnance du 17 novembre 1318 l'atteste par ces mots : *lorsque le parlement finira, on indiquera la tenue d'un nouveau* ; parce qu'en effet il fallait bien que les plaideurs connussent à quelle époque

---

[1] T. III, p. 119, 132, 275, 348, 353, 608, 615, 620, 621, 629, 840, 884, 892.

ils seraient sûrs de trouver leurs juges réunis. Ce texte sert à faire bien comprendre l'article 62 de l'ordonnance du 25 mars 1302. Le roi annonce dans cet article, que pour le bien de ses sujets et la prompte expédition des procès, il se propose de faire tenir à Paris deux parlements par année, *proponimus ordinare quod duo parlamenta Parisius.... tenebuntur in anno.* L'époque de cette tenue des parlements n'est point indiquée ; mais une autre ordonnance de la même année, sans date de jour ni de mois (XII, 353), vraisemblablement postérieure à celle du 25 mars et rendue pour l'exécution de l'article 62 de celle-ci, porte que l'un de ces deux parlements tiendra aux *vuitaines* de la toussaint, c'est-à-dire après l'octave de cette fête, et l'autre aux trois semaines de pâques, c'est-à-dire après l'expiration des trois semaines de cette solennité, qui commençaient le dimanche des rameaux : c'est ce qu'explique un règlement sans date, inscrit au registre *Croix* de la chambre des comptes, à la suite de l'ordonnance de décembre 1320, portant qu'il y aura deux parlements, *l'un commencera aux octaves de pâques, et l'autre aux octaves de la toussaint, et ne durera chacun que deux mois.* Les *Olim* attestent, il est vrai, des tenues de parlements à d'autres époques que la toussaint et pâques : on en trouve *de l'épiphanie, de la purification ou chandeleur, de la pentecôte, de l'assomption*, etc. ; mais c'étaient évidemment des subdivisions ou des prorogations des sessions indiquées par l'article 62 de l'ordonnance du 25 mars 1302.

Ces dispositions n'eurent plus d'objet lorsque, les travaux du parlement s'accroissant toujours, l'année judiciaire finit par n'être partagée qu'en deux semestres, séparés par les vacances de pâques et les grandes vacances, qui, commencées le 8 septembre, duraient jusqu'à la saint Martin, 11 novembre.

Il est toutefois important de remarquer que ces sessions ou parlements ne se tenaient pas de plein droit, ou d'après l'indication qu'en faisait la cour. On conserva longtemps un usage qui se rattachait au mode ancien de convoquer la *curia solemnis*. Le parlement, une fois sa session terminée, ne pouvait se réunir de nouveau qu'en vertu des ordres du roi. C'est ce qui explique plusieurs mentions des *Olim*, qui attribuent à la guerre ou à d'autres circonstances le défaut de convocations du parlement. Des lettres données par le dauphin, depuis Charles V, le 18 octobre 1358 (IV, 723), lorsqu'il était régent pendant la captivité de Jean II, prouvent qu'on attachait une grande importance à la convocation du parlement par le roi. Le prince déclare que les circonstances et les troubles de la capitale n'ont pas permis de prendre cette mesure, en publiant ce qu'on appelait alors *certas assignationes*, mais qu'un grand nombre de demandes lui ayant signalé les inconvénients d'une trop longue suspension de la justice, il permettait aux présidents et aux conseillers, qui avaient assisté aux précédents parlements et se trouvaient à Paris, de se réunir le lendemain de l'octave de la saint Martin pour juger les affaires restées indécises, sans pouvoir en commencer de nouvelles, jusqu'à ce que le roi son père ou lui-même en eussent ordonné autrement. Il paraît cependant, par le témoignage de Pasquier[1], que le même Charles dauphin avait annoncé dans la séance des états généraux du 8 février 1356 l'intention que les chambres du parlement *se tinssent à l'avenir sans discontinuation;* mais il remarque avec grande raison que ce projet n'eut pas de suite, et les lettres de 1358, que je viens de citer, en donnent la preuve.

Le principe qu'une fois une session terminée, ou, comme on disait, *un parlement fini*, les magistrats ne pouvaient plus s'assembler pour prononcer des arrêts sans y être autorisés par le roi, se maintint après que le parlement eut pris l'habitude de se réunir de plein droit après l'expiration des vacances. La durée de ces vacances ayant été légalement fixée, le parlement se croyait sans pouvoir pour rendre la justice, tant qu'elles n'étaient pas finies, à moins que le roi ne l'y autorisât. C'est ce qui explique des lettres du 24 août 1405 (IX, 86), 2 octobre 1414 (X, 223), 15 septembre 1454 (XIV, 331), 3 août 1457 (XIV, 442), 6 septembre 1513 (XXI, 518), qui permettent au parlement de procéder

---

[1] *Recherches,* liv. II, chap. III.

pendant les vacances à l'expédition des affaires arriérées : lors même qu'une chambre de vacations eût été instituée, elle n'eut jamais que des attributions très-limitées, et les autres chambres n'avaient pas le droit de s'assembler sans la permission du roi.

On voit par là combien les traditions anciennes, surtout lorsqu'elles se rattachent à quelques points de la constitution primitive d'un État, sont lentes à s'effacer ; combien elles laissent subsister d'usages, qu'on est porté à considérer comme insignifiants parce qu'on en ignore l'origine, et qu'il est facile d'expliquer dès qu'on remonte à cette origine.

Mais tout ce qui vient d'être dit ne s'appliquait pas à la chambre des enquêtes ; elle pouvait, d'après l'article 6 de l'ordonnance du mois de décembre 1320, travailler en tout temps ; c'est la grand'chambre seule, qui est désignée sous le nom de *parlement* dans les lois que j'ai citées.

Cette règle, qu'une fois la session du parlement terminée, il ne pouvait reprendre ses fonctions sans y être autorisé, fut-elle tout ce qui subsista de l'usage ancien, suivant lequel le roi formait une section judiciaire pour chaque session, en faisant dresser une liste de service, où il était maître de ne conserver aucune des personnes qui avaient siégé à la session précédente ? La question est d'un véritable intérêt historique, puisqu'elle conduit à rechercher les premières traces de l'inamovibilité des membres du parlement. La rareté, l'insuffisance des documents, qui pourraient nous servir de guides, l'obscurité de ceux qu'il y aurait lieu d'invoquer, en rendent la solution difficile. Sans doute, si l'on s'en tient à une théorie rigoureuse et absolue, depuis que les principes du gouvernement monarchique avaient triomphé de la féodalité, depuis que la suzeraineté de la couronne, après avoir servi aux rois pour faire cette importante conquête, s'était convertie en une véritable souveraineté, on peut dire que le roi était le grand justicier de son royaume, sauf les restrictions résultant des droits de juridiction sur certaines parties du territoire, appartenant à des seigneurs ou à des villes en vertu de titres consentis ou reconnus par lui, et toujours à la charge d'appel devant les juges royaux. On peut en conclure que le roi était libre de faire exercer le pouvoir judiciaire par tels délégués qu'il lui plaisait de choisir ; qu'après avoir nommé un parlement, il était maître d'en former un autre composé de nouveaux magistrats. Mais tout ce que l'autorité, même la plus absolue, pourrait faire, n'est pas toujours opportun ; souvent cette autorité trouve ses limites dans l'état et les besoins de la société qu'elle gouverne. Je ne doute pas que depuis la transformation de la cour féodale, que j'ai fait connaître dans le titre 1er, une garantie contre les destitutions et les changements arbitraires des membres du parlement n'ait été l'un des plus importants besoins, auxquels l'autorité royale ait reconnu la nécessité de donner satisfaction. En effet, après les

Ordonnances de 1319 et 1320, par lesquelles le parlement fut organisé en trois chambres, et pour l'exécution desquelles le roi en nomma les membres, nous ne trouvons plus dans la collection des ordonnances de listes de service sessionnaire. L'article 7 d'une ordonnance du 8 avril 1342 (II, 173) semble même attester que le roi reconnaissait l'inamovibilité des membres de la cour, en se bornant à établir entre eux un roulement, qui est encore prescrit à nos tribunaux. Voici les termes de cet article : « Quand nostre dit parlement sera
« finy, nous manderons nostre dit chancelier, les
« trois maistres presidents de nostre dit parlement
« et dix personnes, tant clercs comme lais, de nos-
« tre conseil, tels comme il nous plaira, lesquels
« ordenneront selon nostre volenté de nostre dit
« parlement, tant de la grand'chambre de nostre dit
« parlement et de la chambre des enquestes comme
« des requestes, pour le parlement advenir; et
« jurront par leurs serments qu'ils nous nomme-
« ront les plus suffisants *qui soient en nostre dit par-*
« *lement*, et nous diront quel nombre de person-
« nes il devra suffire pour ladite grand'chambre,
« pour les enquestes et requestes. » Cette disposition, et notamment les mots, *qui soient en nostre dit parlement*, me semblent démontrer qu'à chaque session le roi ne formait pas un nouveau parlement et qu'il était seulement question de répartir par voie de roulement les membres de la cour entre les trois chambres. On pourrait m'objecter que l'or-

donnance du 11 mars 1344 (II, 219) contient un tableau des présidents et des conseillers, assez semblable aux anciennes listes du service sessionnaire, dont j'ai dit cependant que l'usage me paraissait avoir été abandonné; mais l'objection se dissipe, lorsqu'on apprécie l'objet de cette ordonnance. Depuis l'organisation de 1319 et 1320, le nombre des membres du parlement s'était accru considérablement et d'une manière *effrénée*, suivant l'expression de Pasquier[1]. C'était à qui entrerait dans cette cour, dont la grandeur future semblait s'annoncer déjà. Il en résultait de graves inconvénients pour le trésor, surchargé des traitements qu'exigeaient tous ces conseillers. L'ordonnance du 11 mars 1344 y porta remède : elle fixa le nombre des membres de chaque chambre; elle désigna les conseillers qui resteraient dans ces chambres et *prendraient gages;* mais en même temps elle conserva aux autres leur titre et leur droit de participer à l'expédition des affaires, à condition qu'ils ne prendraient pas de gages; elle détermina comment ces surnuméraires seraient, en cas de vacances, appelés à remplacer les conseillers gagés. Tout cela, ce me semble, n'aurait pas été nécessaire si le roi avait conservé l'usage de changer à chaque session le personnel de la cour.

Toutefois cette inamovibilité, car je crois l'expression exacte, n'était relative qu'à la durée

---

[1] *Recherches,* liv. II, chap. III.

de la vie du roi qui avait institué les magistrats. A chaque changement de règne, le parlement était réputé dissous; il était nécessaire que le nouveau roi le confirmât. Le premier exemple qu'en offre la collection des Ordonnances se trouve dans des lettres du 28 novembre 1359 (III, 390), émanées du dauphin comme lieutenant général du roi Jean II, fils et successeur immédiat de Philippe de Valois. Ce même dauphin, devenu roi sous le nom de Charles V, accorda une semblable confirmation aux cours souveraines le 28 avril 1364 (IV, 418). Charles VI, son fils, en fit autant par ses lettres du 5 février 1388 (VII, 233). On ne doit point être surpris de n'en pas trouver de Charles VII : ainsi que je l'expliquerai plus loin, il ne reconnaissait point comme légitime la cour qui se disait parlement de Paris à l'époque du décès de son père ; le véritable parlement était à Poitiers, où il avait été colloqué par lui-même le 21 septembre 1418. Mais ce qui mérite d'être remarqué, c'est que des lettres du 5 décembre 1422 (XIII, 8), faites au nom du roi d'Angleterre, se disant roi de France et légitime successeur de Charles VI, confirmèrent le prétendu parlement qui résidait à Paris. A la mort de Charles VII, des lettres de Louis XI, son successeur, du 8 septembre 1461 (XV, 13), prononcèrent une semblable confirmation; Charles VIII fit de même le 12 septembre 1483 (XIX, 125), et Louis XII, le 13 avril 1497 (XXI, 20). Enfin on trouve encore dans la première année du règne de François Ier des lettres du 2 janvier 1514, par lesquelles ce prince donne une confirmation semblable à celles de ses prédécesseurs. Il est bien vrai que par leurs ordonnances ces rois maintinrent sur leurs listes les magistrats qui avaient exercé sous leurs prédécesseurs, et se contentèrent de pourvoir aux places vacantes; mais par cela même qu'une confirmation était nécessaire, on ne peut s'empêcher de reconnaître que le nouveau roi aurait pu agir autrement et changer le parlement d'une manière absolue.

Quelle a été l'origine de cet usage, qui n'a cessé qu'à l'époque où la vénalité des offices ne permettait plus de le suivre? Il ne me paraît pas qu'on puisse chercher cette origine dans l'usage ancien de dresser des listes de service à chaque tenue de la *curia solemnis*. Ce mode n'était plus suivi depuis que les ordonnances du 3 décembre 1319, de décembre 1320 et du 8 avril 1342 avaient donné au parlement le caractère d'une institution fixe, dont le roi ne révoquait et ne remplaçait plus les membres à sa volonté; je crois l'avoir démontré. Mais cette sorte d'inamovibilité dut être conciliée avec le principe qu'un roi, dans toutes les concessions de dons, priviléges, places, qu'il accordait, pouvait bien s'engager irrévocablement, mais non pas obliger son successeur; et, comme le dit Loyseau, « ces concessions n'avaient plus de valeur « aussitôt que le roi qui les avait faites était décédé[1]. »

---

[1] *Traité des Seigneuries*, chap. XVI, n. 92.

A compter du xive siècle, époque où l'autorité royale se trouva assez affermie pour étendre son influence et exercer ses droits sur toutes les parties de l'administration publique, la collection des Ordonnances contient une multitude de confirmations par les rois, après leur avénement, de dons, grâces, places, accordés par leurs prédécesseurs, et certainement tous ces actes confirmatifs sont la conséquence du principe que je viens d'énoncer; quelques-uns même le proclament expressément[1].

On pourrait demander néanmoins si cette théorie, que je crois vraie, n'a pas été modifiée et même abolie, quant à son application aux offices royaux de judicature, par les lettres de Louis XI du 21 octobre 1467 (XVII, 25), dans lesquelles ce prince déclare qu'il ne donnera aucun office, s'il n'est vacant par mort, démission ou jugement de forfaiture contre les titulaires. Je ne le crois pas, malgré l'opinion assez générale que Louis XI a le premier établi l'inamovibilité des offices. Dans les lettres, dont je viens d'indiquer la date, ce roi reconnaît que, par des importunités de tout genre, il a souvent donné des offices non vacants; et à cet égard le désordre avait été porté à un tel point, qu'un mandement du 14 juin 1464 (XVI, 212) fut nécessaire pour régler la marche à suivre, lorsque le même office avait été accordé à plusieurs personnes, entre lesquelles il fallait décider la préférence.

---

[1] Lettres du 15 septembre 1483 (XIX, 133).

Les lettres du 21 octobre 1467 me semblent n'être qu'un engagement pris par Louis XI de rentrer dans l'observation des règles suivies depuis longtemps, d'après lesquelles un roi, qui avait institué des magistrats, ne pouvait plus les révoquer arbitrairement. Mais je crois, par suite des explications précédentes, que son successeur n'était point lié par cet engagement; et ce qui le prouve, ce sont les confirmations données par Charles VIII, Louis XII, François Ier, confirmations, qui, dans toute autre hypothèse, n'auraient été que des nonsens.

Je suis naturellement conduit à rendre compte de ce que la collection des Ordonnances nous apprend sur le choix des membres du parlement. D'après l'article 14 de l'ordonnance du 25 mars 1302, les nominations étaient faites par le roi, de l'avis de son conseil; et comme cette ordonnance a été plusieurs fois reproduite par les successeurs de Philippe le Bel, notamment par Jean II au mois d'octobre 1351 (II, 450) et au mois de mai 1355 (III, 2), Pasquier a pu dire avec raison qu'à cette époque encore la nomination était faite directement par le roi et son conseil [1]. Mais cet état de choses fut changé vers la fin du xive siècle. Une ordonnance du 7 janvier 1400 (VIII, 409) porte, art. 18, qu'en cas de vacances de places de présidents ou de conseillers dans le parlement, la nomi-

---

[1] *Recherches*, liv. IV, chap. xvii.

nation du remplaçant sera faite par les autres membres, en présence du chancelier; cette règle est confirmée par une ordonnance du 8 mai 1408 (IX, 327). Il est même probable, ainsi que le pense Secousse[1], qu'elle se trouvait plus anciennement dans une ordonnance de 1388, dont le texte ne nous a pas été conservé. Elle fut souvent violée pendant les troubles qui agitèrent le règne de Charles VI. Pasquier assure cependant qu'elle ne fut pas abrogée. Mais une lettre de Charles VII, adressée de Poitiers au chancelier, le 2 mars 1437, et transcrite sur les registres du parlement le 2 avril suivant[2], nous apprend que le droit d'élection fut

---

[1] *Ordonnances*, t. IX, p. 327, n. *b*. Dans l'opinion de ce savant, c'est de cette ordonnance qu'a été extraite une disposition sur l'élection des membres du parlement, que, sur la foi de Fontanon, il a publiée à la date de 1406 (IX, 188).

[2] En voici le texte, que je dois à l'obligeance de mon savant confrère, M. de Wailly :

« A nostre amé et feal chancellier, l'arcevesque de Reims.

« DE PAR LE ROI. Nostre amé et féal : pour aucunes causes
« qui nous meuvent, lesquelles nous vous dirons, nous voulons,
« vous mandons et commandons que doresnavant vous ne in-
« stituez aucuns officiers quelxconques en nostre court de par-
« lement pour quelconque election que icelle court ait faite ou
« face, ne aussi en nos chambres de comptes et des generaux de
« la justice pour quelxconques retenues ou dons que ayons
« faiz; car nous en retenons à nous toute l'ordonnance et dis-
« position. Et le faictes savoir à nos gens de nos dites court et
« chambres, afin que n'en puissent prétendre ignorance, et
« que par eulx en vostre absence ou sans vostre sceu ne feissent
« au contraire.

« Donné à Poictiers le second jour de mars. »

(Volume du conseil, n° XVI, fol. 70 v°. Archives nationales, section judiciaire).

retiré à cette cour. On peut croire toutefois que ce fut une mesure provisoire, dictée par les circonstances. Nous lisons, en effet, dans l'article 1ᵉʳ de l'ordonnance du 28 octobre 1446 (XIII, 471), que le parlement désignait au roi un, deux ou même trois sujets, avec l'indication de celui qui lui paraissait être le plus digne. L'ordonnance du 12 novembre 1465 (XVI, 441) maintint cette règle; mais les intrigues des courtisans et la tendance de Louis XI vers un gouvernement absolu la firent souvent enfreindre. Cependant l'article 88 de l'ordonnance du mois de juillet 1493 (XX, 386) constate que le parlement procédait à des élections. Les mêmes dispositions sont reproduites dans l'article 31 de l'ordonnance de Louis XII, du mois de mars 1498 (XXI, 177); et de plus l'article 30 de cette ordonnance porte que le pourvu, après avoir obtenu la provision royale, ne pouvait être installé qu'en subissant un examen devant la cour. C'est dans ce système de présentation que l'article 4 de l'ordonnance du 8 juin 1499 (XXI, 228) réglait le mode de scrutin, et prescrivait qu'il fût fait en public et à haute voix.

Les lois, dont je viens de faire connaître les dispositions, tout en donnant lieu à l'examen de quelques questions, qui ne sont pas sans importance historique, n'étaient relatives qu'à l'organisation du parlement, et je n'ai pas cru devoir traiter des questions secondaires, qui se rattachent à des changements ou à des perfectionnements dont toutes les institutions humaines sont susceptibles. Mais, encore qu'il n'entre pas dans mon plan de me livrer à des discussions relatives aux événements politiques, je ne crois pas pouvoir me dispenser de parler du sort qu'éprouva le parlement pendant la démence de Charles VI jusqu'à la rentrée de Charles VII dans sa capitale.

Cette cour s'était comportée avec prudence pendant les troubles qui agitèrent la France, et surtout Paris, dans les premières années du xve siècle. Ce n'était point en vertu de condamnations prononcées par elle qu'avaient eu lieu les sanglantes exécutions qui firent périr un nombre infini d'innocents; elle n'avait joué qu'un rôle passif dans la publication des lois que chaque faction imposait tour à tour au roi. Elle avait même reçu de ce prince, dégagé du joug des séditieux, une marque de haute confiance, par des lettres du 3 octobre 1415 (X, 247), qui lui attribuèrent extraordinairement le soin de veiller à la défense de la capitale, menacée par une armée anglaise; mais sa conduite et ses sentiments connus prouvaient qu'elle ne serait jamais favorable à l'avilissement de l'autorité royale, et surtout au projet que le duc de Bourgogne et Isabelle, épouse impudique non moins que mère dénaturée, avaient conçu, de perdre le dauphin Charles.

Ce projet fut consommé pour quelque temps par l'acte du 21 mai 1420 (XI, 86), dit *traité de Troyes*, qui, en privant le dauphin de son droit héréditaire, transférait la couronne à un prince anglais. Pour couvrir cette énormité du manteau des formes judiciaires, on alla jusqu'à faire rendre le 3 janvier suivant un arrêt, qui déclarait le dauphin déchu de toutes ses seigneuries et banni à perpétuité. Le comte de Boullainvilliers appelle cet arrêt *la honte éternelle du parlement de Paris*[1]. Voltaire[2] et plusieurs écrivains l'ont copié. Mais est-ce au parlement de Paris que doit être attribué, comme le dit Boullainvilliers, cet acte, qu'en effet on ne saurait trop flétrir? Les faits, que je vais exposer, et qui, étant fondés sur des documents contenus dans la collection des Ordonnances, appartiennent au tableau de l'administration de la justice pendant cette funeste époque, mettront le lecteur à même de décider.

Le parlement, après avoir traversé avec sagesse, souvent même avec courage, les événements qui venaient d'ensanglanter la capitale, vaquait à l'accomplissement de ses devoirs ordinaires, lorsque la dissolution de cette compagnie fut prononcée, le 16 février 1417, par des lettres intitulées : « Isa-« belle, royne de France, ayant pour l'occupa-« tion de monseigneur (le roi) le gouvernement « et l'administration de ce royaume par octroy « irrévocable à nous fait sur ce par mon dit « seigneur[3]. » Il était défendu aux membres du parlement de continuer leurs fonctions, sous peine

---

[1] *Hist. de l'ancien gouvernement de la France*, t. III, p. 33.
[2] *Hist. du parlement*, chap. vi.
[3] Ordonnances, X, 436.

d'être réputés traîtres et rebelles ; et les mêmes lettres annonçaient qu'il serait formé un nouveau parlement séant à Troyes, où il était ordonné à tous les justiciables de venir plaider leurs causes, avec menace de peines et de nullités s'ils continuaient de les porter au parlement, dont la dissolution était prononcée. La dernière partie de ce projet ne fut pas exécutée; probablement on craignit de mécontenter la capitale, en la privant du siége de la cour de justice. D'autres lettres du 22 juillet 1418 (X, 459), intitulées au nom du roi, de l'avis de la reine et du duc de Bourgogne; proclamèrent les noms de ceux qui devaient former à Paris une nouvelle cour souveraine. La plupart des membres du parlement cassé par les lettres du 16 février 1417 refusèrent d'en faire partie ; et plusieurs d'entre eux, victimes de leur fidélité, périrent dans les massacres dont fut accompagnée l'entrée de la reine et du duc de Bourgogne à Paris.

Les lettres d'Isabelle étaient radicalement nulles. Il est bien vrai que, le 26 avril 1403 (VIII, 577), le roi l'avait chargée de l'administration, d'une manière limitée et temporaire; mais elle n'en avait jamais usé, lorsque, par des lettres du 14 juin 1417 (X, 416), le roi donna les pouvoirs de lieutenant général pour tout le royaume à Charles, qu'il appelait l'unique héritier du trône ; et même d'autres lettres du 6 novembre suivant (X, 424), portant qu'elles révoquaient « certain pouvoir jà pieçà « donné à notre très-chere et très-amée com-

« pagne la royne, comme par nos autres lettres de
« révocation peut apparoistre, » renouvelèrent
cette nomination du dauphin. La reine, dont les
pouvoirs du 26 avril 1403 avaient été révoqués les
14 juin et 6 novembre 1417, n'avait donc aucun
droit de donner des lettres le 16 février suivant[1],
portant cassation du parlement. Les membres de la
nouvelle cour n'avaient aucune autorité légitime;
le dauphin, en accueillant et en installant à Poitiers les magistrats, qui s'étaient retirés auprès de
lui, avec des membres de l'université et un grand
nombre de Français fidèles, avait eu raison de déclarer, dans ses lettres du 21 septembre 1418
(X, 477), « qu'il n'y avait en ladite ville de Paris
« aucun vrai parlement. » Comme l'a très-bien dit
de Bréquigny, à l'occasion des mesures prises en
1436 par Charles VII pour sa rentrée dans Paris,
les magistrats retirés et installés à Poitiers étaient
« le véritable parlement, recueilli, protégé par
« l'héritier naturel de la couronne, qui non-seule-
« ment pouvait, à ce titre, prétendre au gouverne-
« ment pendant la maladie du roi son père, mais
« qui avait été expressément nommé l'année pré-
« cédente son lieutenant général pour tout le
« royaume[2]. »

Le parlement formé à Paris par suite des lettres
d'Isabelle, et composé de créatures du duc de Bour-

---

[1] On sait qu'alors l'année commençait à pâques.
[2] Ordonnances, XIII, Préface, p. 63.

gogne, ne seconda que trop bien les projets de ses maîtres. Lorsque la haine des ennemis du dauphin préparait les moyens de le déshériter, ce fut dans un conseil tenu au sein de ce prétendu parlement que furent faites les lettres du 19 février 1419 (XII, 278), surprises à la démence du malheureux Charles VI, qui déclaraient criminels d'État les Français réunis autour de la personne du *soi-disant dauphin*. Lorsque, par un dernier excès, le traité du 21 mai 1420 eut déclaré le roi d'Angleterre héritier de la couronne de France, ce parlement s'empressa, dès le 31 du même mois, d'en jurer l'exécution (XII, 284 et 285); ce fut lui, enfin, qui prononça cet arrêt du 3 janvier, dont j'ai parlé plus haut, qui dégradait le dauphin et le bannissait du royaume.

On peut juger, par cet exposé, s'il était permis au comte de Boullainvilliers et à ceux qui ont reproduit son assertion, de rejeter l'odieux d'une telle conduite sur le parlement de Paris, et je ne peux mieux faire que de dire avec de Bréquigny : « C'est une grande satisfaction pour nous d'avoir « occasion de justifier le véritable parlement de « Paris contre ceux qui l'ont accusé de s'être *cou-* « *vert d'une honte éternelle* en abrogeant autant « qu'il était en lui la loi salique et en trahissant le « sang de ses maîtres. Le vrai parlement n'existait « qu'à Poitiers, et il était bien loin de mériter un « tel reproche[1]. »

[1] *Ordonnances*, XIII, Préface, p. 66.

Le prétendu parlement de Paris n'eut pas même le courage de ses opinions. Quoique, pendant les phases diverses de la lutte que Charles VII soutenait contre les Anglais, il eût souvent renouvelé ses serments à l'usurpateur; quoique ses registres, notamment depuis le 7 janvier 1436, c'est-à-dire au moment même où le retour de Charles VII paraissait assuré, constatent ses efforts pour conserver Paris au monarque anglais; quoiqu'il eût solennellement renouvelé, le 5 mai, le serment de maintenir le traité de Troyes; aussitôt que les habitants de Paris eurent ouvert leurs portes au connétable, « le « style des gens du parlement, dit de Bréquigny, « changea comme la fortune : non-seulement ils « donnèrent à Charles VII le titre de roi de France « et leur souverain seigneur (registres du 13 avril « et jours suivants), mais ils louèrent avec affecta-« tion le zèle et la conduite des bourgeois de Paris, « qui avaient repoussé dans la Bastille les Anglais « et leurs partisans; ils se hâtèrent de remercier « Dieu de ce que, par sa miséricorde, il avait per-« mis que l'union et la paix fussent rétablies dans « la capitale sans effusion de sang : repentir tar-« dif, puisqu'il était forcé; qui ne les rendait que « vils, parce qu'il était l'effet de la crainte, et qui « achevait de les rendre indignes des grâces qu'ils « mendièrent[1]. »

Le roi ne se laissa point prendre à ces apparen-

---

[1] Ordonnances, XIII, Préface, p. 69.

ces. Dès le 15 mars 1435 (XIII, 216), il avait donné des lettres, par lesquelles, *préférant l'équité à rigueur de justice*, il validait, de sa propre autorité, les jugements rendus et les procédures faites « par les gens eulx disant tenir le parlement du feu « roi notre pere, puis notre département de notre « ville de Paris jusqu'au decès de notre dit seigneur « et pere, que après icelui decès, le parlement de « son ennemi le roi d'Angleterre, » en tant que ces jugements avaient été rendus entre personnes tenant le parti rebelle, et qu'ils ne nuisaient pas à ses serviteurs. Mais lorsque le prétendu parlement lui présenta une supplique pour être confirmé, il répondit qu'il en avait un à Poitiers, qu'il comptait transférer à Paris. Jusqu'à ce que cette translation pût être opérée, il nomma par des lettres du 22 mai 1436 (XIII, 218) une commission pour statuer souverainement sur les affaires les plus urgentes; et en vertu d'autres lettres du 6 novembre (XIII 229), le connétable et le chancelier procédèrent le 1er décembre à la réintégration du véritable parlement.

Cette cour s'empressa d'exposer au roi : « Que « par l'effet des guerres, divisions et autres maux, « dont le royaume avait été affligé, les ordonnances « précédentes avaient été mal observées ; qu'il était « convenable d'en reproduire les dispositions, d'y « faire quelques corrections et interprétations. » Et d'après cette supplique le roi rendit, le 28 octobre 1446 (XIII, 471), une ordonnance, dont les sages dispositions ne cessèrent plus d'être en vigueur, et reçurent leur perfectionnement par celles du même roi Charles VII du mois d'avril 1453 (XIV, 284), de Charles VIII du mois de juillet 1493 (XX, 386), de Louis XII des mois de mars 1498 (XXI, 177), juin 1499 (XXI, 228) et juin 1510 (XXI, 420).

Mais l'étendue du territoire juridictionnel du parlement fut restreinte par l'établissement de ceux de Toulouse et de Bordeaux. Depuis longtemps il entrait dans les projets de la royauté de créer à Toulouse une cour souveraine pour la vaste partie du royaume qu'on appelait *Languedoc*. On a vu plus haut que les tentatives faites par Philippe III et Philippe IV n'avaient pas eu de suite, et que les justiciables des sénéchaussées de cette province continuèrent de porter leurs appels au parlement établi à Paris, où l'on tenait des séances particulières pour les affaires qui devaient être jugées d'après le droit écrit. Charles VII, lorsque les factions l'obligèrent de résider hors de la capitale, et qu'il venait d'installer le parlement de Paris à Poitiers, en créa un à Toulouse pour le Languedoc et la Guienne, par des lettres du 20 mars 1419 (XI, 59), et rendit, le 6 novembre 1421 (XI, 137 et 138), deux ordonnances pour l'organiser. Par suite de divers événements, il le transféra à Béziers, et même il le réunit au parlement qui siégeait à Poitiers, par des lettres du 7 octobre 1428 (XIII, 140). Mais lorsqu'il eut repris possession de sa capitale, il se rendit aux vœux des trois états du Languedoc, et des lettres du 18 avril 1437 (XIII, 234) ordonnèrent l'établissement d'un parlement à Toulouse. Il paraît toutefois, par d'autres lettres du 30 janvier 1437 (XIII, 257), qu'il n'avait encore à cette époque formé qu'une commission provisoire, et que la création définitive eut lieu seulement le 11 octobre 1443 (XIII, 384). Le parlement de Paris ne vit pas sans déplaisir ce démembrement; des lettres du 14 novembre 1454 (XIV, 332) semblent avoir eu pour objet de donner une sorte de consolation à son amour-propre, en annonçant que le parlement de Toulouse n'était qu'une espèce de fraction de celui de Paris, et que les membres des deux cours auraient droit de séance réciproque l'une chez l'autre. L'établissement d'un parlement à Bordeaux, par des lettres du 10 juin 1462 (XV, 500)[1], en diminuant d'une manière assez notable le ressort du parlement de Toulouse, enleva aussi quelques portions de territoire à celui de Paris.

Je n'ai à parler que pour ordre des parlements de Dauphiné, de Bourgogne, de Bretagne, de Provence[2]; leur établissement n'ayant été qu'une substitution aux anciennes juridictions supérieures de

---

[1] Miraulmont assure, p. 63, que ce parlement ne fut établi que par Louis XII en 1499; mais il s'est évidemment trompé.

[2] Voir les ordonnances, pour le Dauphiné, du 12 juillet 1409 (IX, 447), pour la Bourgogne, du 18 mars 1476 (XVII, 252); pour la Bretagne, du 27 novembre 1475 (XX, 488); pour la Provence, de juillet 1501 (XXI, 280).

ces provinces, après qu'elles eurent été réunies à la couronne, n'enleva, à proprement parler, aucune partie de territoire au parlement de Paris. Il est bien vrai que la Bourgogne et la Bretagne ayant été toujours considérées comme des fiefs de la couronne, le parlement de Paris avait conservé la prétention de recevoir les appels du conseil supérieur de Bourgogne et des grands jours de Bretagne ; mais des conventions politiques avaient depuis longtemps rendu ces prétentions illusoires, et, dans la réalité, le parlement de Paris ne perdit rien par ces institutions.

Son pouvoir fut plus notablement diminué par l'érection de l'échiquier de Normandie en parlement, qui eut lieu par un édit de Louis XII du mois d'avril 1499 (XXI, 215). Depuis la réunion de cette province à la couronne, le parlement de Paris, la considérant comme dans sa dépendance, prétendait y exercer, et de fait y exerçait souvent, le droit de ressort. L'édit du mois d'avril 1499 éleva l'échiquier au rang et à l'indépendance des autres parlements, et ne laissa plus de prétextes aux prétentions de celui de Paris, contre lesquelles les peuples de la Normandie ne cessaient de réclamer.

Ainsi ce parlement, qui avait eu originairement l'exercice du pouvoir judiciaire suprême sur la totalité du royaume, en perdait peu à peu une grande partie ; et quoique conservant encore un territoire juridictionnel beaucoup plus considérable que celui de chacun des autres, il se trouvait avoir des égaux, après n'avoir eu que des subordonnés. Il lui resta toutefois une sorte de caractère de la supériorité qu'il avait héritée de la cour primitive du roi ; il fut exclusivement juge des pairs de France, tant en matière criminelle qu'en matière civile. Trois ordonnances de Louis XI, des 13 octobre 1463 (XVI, 87), 14 décembre 1464 (XVI, 278) et 15 janvier 1465 (XVI, 454), le décidèrent ainsi ; et nonobstant quelques objections, qui furent toutes sans succès, il a conservé jusqu'en 1789 le droit exclusif de juger les pairs, et même de les convoquer à ses délibérations, sans qu'une autorisation préalable du roi fût nécessaire.

Pour terminer ce qui concerne la juridiction du parlement de Paris, je ne dois pas manquer de faire remarquer qu'il continua d'avoir sous son ressort la Champagne et la Brie par la tenue des assises locales, qu'on appelait les *grands jours de Troyes*, même après que Jean II eut, par des lettres du mois de novembre 1361 (IV, 312), réuni cette province à la couronne d'une manière définitive et irrévocable. Mais ces grands jours, qui jusqu'au règne de Philippe le Bel avaient été, ainsi que je l'ai dit plus haut, la juridiction d'un grand vassal de la couronne, perdirent ce caractère ; et comme le fait très-bien observer Pithou, « ils « n'étaient pas tant les grands jours du comte de « Champagne que ceux du roi de France ; ils se « tenaient par ceux qui avaient été départis et en- « voyés par le roi à cet effet, choisis et élus du

« corps de sa cour de parlement et autres de son
« conseil ordinaire.... et non les pairs et barons
« du comté de Champagne, ainsi qu'on avait ac-
« coutumé auparavant et qu'il pourrait sembler
« avoir été gardé et observé jusqu'à ce temps (celui
« de la réunion définitive prononcée en 1361)[1]. »
Ce mode d'administrer la justice en Champagne
par des grands jours, que tenaient des commissaires
pris dans le sein du parlement, subsistait évidemment après 1361, ainsi que le prouvent des lettres
du 22 juin 1394 sur l'office du grand maître souverain des eaux et forêts, que je citerai plus bas, et
une ordonnance du 9 juin 1404 (IX, 11), qui, en
érigeant en pairie le duché de Nemours au profit
de Charles III, roi de Navarre, lui accordait le
droit d'y tenir des grands jours, à condition qu'ils
n'auraient pas lieu pendant la tenue de ceux de
Champagne. Nous avons une preuve plus complète
de la tenue de ces grands jours jusqu'à la fin du
règne de Louis XII, et même au delà, par une
série de registres, contenant les arrêts rendus
dans ces grands jours depuis 1337 jusqu'en 1535,
qu'on trouve aux archives nationales, section judiciaire[2].

La constitution actuelle des cours chargées de la
distribution de la justice ne paraîtrait pas complète

---

[1] *Mémoires des comtes de Champagne*, p. 566.
[2] L'inventaire constate que ces registres étaient au nombre
de 10; mais j'ai acquis la certitude que les 9e et 10e manquent
depuis longtemps.

sans un ministère public, c'est-à-dire sans des agents spéciaux, nommés par le roi et toujours révocables, institués pour servir d'intermédiaire entre le gouvernement et la cour près de laquelle ils sont placés, en même temps qu'ils sont chargés de poursuivre la punition des crimes et des délits, d'assurer l'exécution des jugements et de divers autres services qui intéressent la société.

Les lois sur l'administration de la justice des XIVe, XVe et XVIe siècles constatent qu'il existait un ministère public auprès du parlement, et lui donnent le nom de *gens du roi*. En fut-il ainsi au XIIIe siècle? On trouve certainement ce nom de *gens du roi* dans un grand nombre de lois de cette époque; mais longtemps il a désigné simplement les membres des tribunaux, et même des fonctionnaires de l'ordre administratif. Ainsi, dans des lettres des mois de juin 1394 (VII, 625) et janvier 1395 (VIII, 35), le roi appelle des prévôts, des baillis royaux, *gentes nostras*; et même avant que la chambre des comptes fût constituée, il donne cette qualification aux personnes de son conseil, qui connaissaient de la comptabilité, ainsi que le prouvent des lettres de 1256 (I, 82, 83) et du 20 avril 1309 (I, 460); il la donne aussi aux trésoriers des troupes dans des lettres du mois de juin 1338 (II, 120). Ce qu'aujourd'hui nous appelons le ministère public, *gens du roi*, ne paraît point avoir existé dès les premiers temps de la formation du parlement. Sans doute le roi, qui était le plus grand propriétarie de son royaume, dut avoir, comme les rois des deux premières races, des agents chargés de la conservation et de l'administration de ses domaines, ainsi que de suivre en son nom les contestations qui pouvaient s'élever à ce sujet : mais l'article 15 de l'ordonnance du 25 mars 1302, que j'ai souvent citée, est le premier document, où j'aie trouvé la preuve de procureurs du roi près des bailliages ; et le serment qu'ils devaient prêter en entrant en fonctions, semblable à celui des baillis, porte à croire qu'ils n'étaient pas simplement défenseurs des intérêts pécuniaires du roi, mais qu'ils veillaient aussi au maintien de l'ordre public. Pendant longtemps ces mandataires ou procureurs du roi n'ont pas dû exercer les attributions, qui, de nos jours, constituent le ministère public, c'est-à-dire la poursuite des crimes et des délits au nom du roi et de la société. A une époque où cette poursuite était laissée à l'intérêt privé, je pourrais même dire à la vengeance individuelle, où le combat judiciaire et les épreuves décidaient de la culpabilité et de l'innocence, il serait difficile de concevoir l'existence et l'action d'un ministère public, tel qu'on l'entend aujourd'hui. Néanmoins La Marre, auteur estimable et dont on ne saurait trop consulter l'ouvrage, parce qu'il contient beaucoup de choses curieuses puisées à des sources authentiques, assure[1] qu'on trouve sous le règne de Philippe

---

[1] *Traité de la police,* t. I, p. 199.

Auguste des avocats et des procureurs du roi en titre d'office. Il est mieux démontré qu'au commencement du xive siècle il existait auprès du parlement un ministère public, chargé de poursuivre les crimes : on en trouve une preuve dans un arrêt de 1314[1], et dans les actes du procès de Robert d'Artois, où on lit que ce seigneur fut, en 1329, ajourné devant les pairs, à la requête du procureur du roi. Le plus ancien document de la collection des Ordonnances, où nous trouvions constatée l'action en matière criminelle du procureur du roi près le parlement, sont des lettres du mois de février 1335 (II, 106). On y voit que les capitouls de Toulouse ayant prononcé une sentence à mort, qu'ils firent exécuter nonobstant l'appel, le parlement, à la requête du procureur du roi, *procuratore nostro pro nobis,* condamna les capitouls à des dommages-intérêts, et priva la ville de Toulouse de ses priviléges, que le roi du reste lui restitua bientôt[2]. Une preuve plus générale et plus explicite résulte de l'article 7 de l'ordonnance du mois de décembre 1344 (II, 210), dont l'objet est de réformer l'abus qu'on faisait de lettres obtenues sous le nom du procureur ou procureur général, car les deux dénominations sont employées indistinctement, pour procéder à des informations secrètes contre des particuliers non suspects. Un grand nombre d'autres documents postérieurs nomment

---

[1] *Olim*, t. II, p. 646.
[2] La Faille, *Annales de Toulouse*, Pr. p. 75.

très-souvent le procureur général du roi au parlement. Je ne vois aucune utilité à les citer.

Une dernière institution était nécessaire pour compléter la cour : c'était celle d'un greffe, où les minutes des arrêts, signées soit des juges qui y avaient assisté, soit du président, fussent conservées, à l'effet d'en délivrer des expéditions aux parties qui viendraient les requérir. Aucune mesure de ce genre n'avait été prise avant la seconde moitié du XIIIe siècle. Lorsque la cour du roi avait rendu une décision, elle était rédigée en forme de charte, qu'on remettait à la partie qui l'avait obtenue ; mais si, par une cause quelconque, cette partie ne s'en faisait pas faire la délivrance, ou si elle la perdait, il n'y avait d'autre moyen que d'obtenir des juges une déclaration de ce qu'ils se souvenaient avoir été décidé. Le célèbre arrêt de 1216, au sujet du comté de Champagne, dont j'ai parlé plus haut, a été publié d'après l'attestation du roi, qui mande aux autres membres de sa cour d'en donner une semblable[1] ; c'était une des formes de ce que nos anciens praticiens appelaient *record de cour*, c'est-à-dire recours à la mémoire des juges.

Les inconvénients de ce mode d'opérer, qui avaient pu n'être ni remarqués ni appréciés tant que la cour du roi n'eut que des attributions féodales, durent être vivement sentis lorsque l'introduction des appels et la nouvelle procédure, en

---

[1] Chantereau Lefebvre, *Traité des fiefs*, Pr. p. 70-85.

substituant les preuves au combat judiciaire, nécessitèrent des défenses par écrit, des enquêtes, etc. Il fallut prendre des mesures pour la conservation de tous ces documents. Le recueil des *Olim* les constate à la fin du XIIIe siècle, et l'ordonnance du 3 décembre 1320 pour le commencement du XIVe. La conservation des arrêts rendus par la cour ne devait pas paraître moins nécessaire. L'article 4 de l'ordonnance du 7 janvier 1277 parle bien d'un *clerc des arrêts*, expression qui, suivant du Cange, (v° *Clericus placitorum*), signifie *greffier de la cour*; et les articles 5, 6 et 7 nous apprennent que les faits articulés par les parties, sur lesquels il y avait par conséquent des enquêtes à faire, étaient consignés par écrit. On voit aussi par les *Olim* qu'il existait un registre de la cour [1]; un auteur estimable, Klimrath, assure même que le recueil, qui nous est parvenu sous ce nom, est un registre authentique du genre des plumitifs en usage dans nos tribunaux [2]. Mais M. Beugnot, qui a discuté cette question [3], croit que le premier des quatre registres, lequel contient des arrêts depuis 1255 jusqu'à 1273, n'est qu'un ouvrage privé, fait par Jean de Montluc, membre de la cour de 1260 à 1273 [4], pour son utilité propre et pour celle de ses

---

[1] *Olim*, t. II, p. 88, n° 3.
[2] *Travaux sur l'histoire du droit français*, t. I, p. 83.
[3] *Olim*, t. I, Préface.
[4] Montesquieu, *Esprit des lois*, liv. XXVIII, chap. XXXIX, le fait vivre sous le règne de Philippe le Bel.

collègues : il présume même que les trois autres volumes furent composés dans une intention semblable par Pierre de Bourges, qui était aussi membre de la cour, et cette opinion me paraît préférable à celle de Klimrath. Néanmoins l'établissement d'un greffe ne pouvait tarder d'avoir lieu. Déjà l'article 13 de l'ordonnance de juillet 1304 (I, 416) et l'article 12 de celle du 1er avril 1315 (I, 553) attestent l'existence de notaires établis par le roi, qui portaient les arrêts sur leurs registres de protocoles, et qui en délivraient des expéditions aux parties sous le scel de la chancellerie établie près de la cour. Les ordonnances de 1319 et de 1320 ayant donné au parlement une organisation permanente, cette organisation dut naturellement être complétée par l'établissement d'un greffier, dont parle l'article 10 de la dernière de ces ordonnances ; or c'est précisément à cette époque que finit le recueil des *Olim*.

Je ne crois pas devoir terminer cette section sans faire connaître ce que la collection des Ordonnances contient relativement à l'envoi des lois, qui était fait au parlement, pour qu'il en opérât la transcription sur ses registres, et au droit de remontrances, qui lui avait été accordé ; objets, qui dès le xvie siècle, mais surtout pendant les minorités de Louis XIII et de Louis XIV et pendant la seconde moitié du xviiie siècle, donnèrent lieu à de vives discussions entre les ministres du roi et les cours souveraines. Ces questions ne durent point s'élever, et même elles n'étaient pas possibles, tant que la seule cour féodale servit de conseil au roi pour la confection des lois, le gouvernement et l'exercice du pouvoir judiciaire. Mais après que cette cour eut été transformée en deux institutions distinctes, le conseil qui rédigeait les lois, le parlement qui en faisait l'application dans le jugement des procès; après que de nouvelles transformations eurent donné lieu à la création d'autres cours souveraines, telles que la chambre des comptes, la chambre des aides, etc., il devint nécessaire que les lois fussent envoyées aux diverses autorités judiciaires, et même aux autorités administratives, qui devaient les exécuter : c'était, en outre, le moyen de donner à ces lois la seule publicité possible à une époque où, l'imprimerie n'étant pas encore inventée, on ne pouvait ni les afficher, ni en multiplier les copies. Le recueil des *Olim* constate que vers la fin du xiiie siècle les lois envoyées au parlement étaient insérées dans le registre des arrêts, *registrata inter arresta*, comme on le voit par l'ordonnance de 1287. Encore faut-il remarquer que les *Olim* contiennent rarement des transcriptions littérales et complètes; on n'y trouve presque toujours que de simples notices analytiques, dont l'éditeur du premier volume de la collection des Ordonnances a été obligé de se contenter, dans l'impossibilité où il était de retrouver les textes complets. Mais le nombre des lois se multiplia; et quoiqu'il s'en fallût de beaucoup que toutes fussent envoyées au parlement, il est certain que cette cour avait, au xive siècle, un registre spécial pour les transcrire. C'est ce que nous apprend la copie des lettres du 10 juillet 1336 (II, 117), qui sont terminées par le certificat suivant : *Lecta per cameram, registrata in curia parlamenti, in libro ordinationum regiarum,* f⁰ 50 ; malheureusement ce registre n'a pas été conservé.

Des témoignages plus anciens, notamment l'article dernier de l'ordonnance du mois de décembre 1320, constatent l'enregistrement des lois à la chambre des comptes : ce n'étaient pas seulement les lois qui concernaient cette chambre, ou les dons, les priviléges et les autres concessions, dont elle était chargée de vérifier la régularité ; c'étaient encore les ordonnances générales. Des lettres du 16 février 1315 (I, 617), concernant les monnaies, lui furent envoyées avec ordre de les transmettre aux baillis et sénéchaux, pour qu'ils les fissent exécuter dans leurs ressorts. On lui adressait aussi les ordonnances relatives à la police du royaume et à l'ensemble de la législation, même celles qui concernaient l'organisation du parlement. Nous en trouvons une preuve très-remarquable dans des lettres closes du roi, adressées au parlement, relatives à une ordonnance du 11 mars 1344 (II, 219) sur l'organisation de cette cour. Le roi y annonce qu'il a fait certaine ordonnance sur le fait des chambres de parlement (grand'chambre), des enquêtes et des requêtes, par délibération du grand conseil, « laquelle, dit-il, nous avons

« envoyée, sous le scel de notre seau enclose, à
« nos gens des comptes, qui vous en bailleront la
« copie. » Peut-être néanmoins cette ordonnance
n'a-t-elle été envoyée à la chambre des comptes
que parce qu'elle contenait des règles sur le
payement des gages des conseillers; et probablement elle fut aussi envoyée au parlement, qui la fit
transcrire sur son registre, actuellement perdu. Au
surplus, il n'y eut longtemps rien de fixe et de régulier sur les moyens de conserver les lois pour y
recourir au besoin. La collection des Ordonnances
en contient un nombre très-considérable, dont on
voit que l'envoi était fait directement aux baillis, aux
sénéchaux, au châtelet de Paris et à d'autres juridictions, qui ne possédaient pas l'exercice de la justice
souveraine, afin qu'elles en eussent connaissance
et qu'elles en fissent la publication dans leur territoire. Peu à peu cependant quelques règles s'introduisirent. Les ordonnances, qui concernaient les
matières du ressort du parlement, furent adressées,
sinon exclusivement, du moins le plus souvent, à
cette cour, qui en envoyait des copies vidimées aux
tribunaux inférieurs.

S'il fallait en croire du Cange (V°. *Homologare*),
cet enregistrement des lois au parlement n'aurait
commencé que sous le roi Jean : *Cujus quidem*
usus tùm primum cœpit, quum, Johanne rege capto
et in Angliam abducto, Carolus filius regni vicarius
et regens dictus est : litteris enim regiis quibus ea
dignitas Carolo attributa, adscripta hæc verba le-

guntur in regesto parlamenti signato C et D : Lecta et præsentata in camera parlamenti, 3 *martii anni* 1356, *quum ante hæc tempora vix regias litteras in acta parlamentaria relatas videre sit.* J'ai dû transcrire ce passage, tant à cause de la grande autorité qui s'attache au nom de du Cange, que parce qu'il paraît avoir été pour les savants auteurs de l'*Art de vérifier les dates* la source de ce qu'ils ont dit, que Charles, dauphin, avait été nommé régent par son père. Mais du Cange a probablement été induit en erreur par quelque extrait inexact qu'on lui avait fourni. Il n'existe point de lettres du 3 mars 1356, ni d'aucune autre date, par lesquelles le roi Jean ait conféré la régence à son fils. Celui-ci, dès l'instant où son père, devenu prisonnier, se trouva dans l'impossibilité d'administrer le royaume, prit de sa propre autorité le titre de lieutenant du roi, et convoqua les états généraux. Des lettres du 2 octobre 1356 (III, 85), relatives à la ville de Lille, sont le premier acte qu'il ait fait en cette qualité, sous laquelle il continua d'administrer jusqu'au 14 mars 1357, jour, où, suivant la chronique de Saint-Denis, il prit le titre de régent. Les lettres du 18 mars (III, 212), par lesquelles il nomma Dormans pour son chancelier, déclarent expressément « qu'après grande et mûre délibération avec « le conseil et de notables personnages, il s'est, « par l'effet de la nécessité et pour le bien du « royaume, attribué cette régence ; » et le très-ancien registre de la chambre des comptes, qui contient ces lettres, porte en marge : *Ici commence le dit Charles se nommer regent, et par avant se nommoit lieutenant.* Il n'y a donc pas eu, comme le dit du Cange, des *litteræ regiæ, quibus fuerit ea dignitas Carolo attributa*. En second lieu, on trouve bien dans la collection des Ordonnances un document, à la fin duquel sont les mots rapportés par du Cange : *Lecta et præsentata in camera parlamenti die 3 martii anni* 1356 (III, 146); mais c'est l'ordonnance rendue sur la demande des états, qui, loin de nommer le dauphin régent, s'emparèrent de l'autorité, destituèrent divers conseillers du roi, et contraignirent le dauphin à publier le résultat de leurs délibérations, ce qu'il fit en simple qualité de *lieutenant* de son père. Enfin, l'ordonnance dont parle du Cange, en supposant qu'elle existât, ne serait point le premier exemple d'un enregistrement de lois au parlement. Nous en avons d'autres, qui remontent à la fin du xiiie siècle ; mais ces enregistrements n'étaient qu'un moyen de rendre la loi notoire, et, suivant la disposition finale d'une ordonnance du 17 décembre 1392 (VIII, 113), *pour en avoir mémoire au temps à venir.*

Surtout, on doit le remarquer, rien ne porte à croire, ni que les rois considérassent cet enregistrement comme une partie constitutive du caractère de la loi, ni même que le parlement eût cette prétention. Ce qui le démontre, c'est la très-grande

variété de cours, tribunaux ou autres autorités, à qui l'envoi des lois était fait, avec ordre de les publier. Juvénal des Ursins [1] donne à ce sujet un renseignement très-curieux dans ce qu'il dit des ordonnances, que la faction, dite *Cabochienne*, força Charles VI de publier au parlement, le 27 mai 1413 (X, 70). « Afin que parmi le royaume on cuisdast
« que ce qu'on faisoit étoit pour le bien du royaume,
« ceux du conseil de dessus dit (les chefs de la
« faction) firent chercher et querir ès chambres
« des comptes, du tresor, et au chastelet, toutes
« les ordonnances royaux anciennes, et sur icelles
« en formerent de longues et prolixes, où il y avoit
« de bonnes et notables choses prises sur les an-
« ciennes, dont ils firent faire la publication au
« parlement, où ils avoient forcé le roi de se rendre
« revestu des insignes de la sedition. » Le même auteur ajoute que « peu de jours après le roi ayant
« recouvré sa liberté, abrogea ces nouvelles or-
« donnances [2], combien qu'il y eust de bonnes
« choses, parce qu'elles étoient l'ouvrage de la vio-
« lence, aussi que les anciennes suffisoient bien et
« n'en falloit aucune autre. »

Ce récit d'un auteur grave et contemporain nous apprend donc que des ordonnances générales et d'une grande importance, qu'on avait été obligé d'aller chercher à la chambre des comptes, au

---

[1] *Histoire de Charles VI*, p. 254.
[2] Lettres du 5 septembre 1413 (X, 170).

trésor[1], au châtelet, étaient considérées comme obligatoires, quoiqu'elles n'eussent pas été enregistrées au parlement; que par conséquent la formalité de l'enregistrement n'avait pas été nécessaire pour leur donner le caractère de loi.

Ces détails sur l'envoi des lois aux tribunaux et sur leur enregistrement me conduisent à parler de ce qui concerne les remontrances, que les magistrats furent autorisés à faire. Les rois durent prévoir que leur conseil pouvait se tromper; qu'une loi pouvait avoir des inconvénients généraux ou locaux, dont ils avaient intérêt à être informés. Ce fut d'abord à l'occasion des dons ou concessions, si faciles à surprendre, qu'ils établirent quelques règles pour que la vérité leur fût connue. L'article 25 de l'ordonnance du mois de janvier 1319 (I, 703) s'exprime ainsi : « S'il advient que, par
« erreur ou oubliance, si comme aucune fois ad
« vient, nous passissions et octroissions aucune
« chose contre l'entente de nos ordonnances des-
« sus dites, nous voulons qu'il ne soit mis à exé-
« cution, mais soit délayé et retardé jusqu'à temps
« qu'on nous ait avisé pour en dire et esclaircir
« notre finale entente; et ce meisme entendons-

---

[1] Ce mot me paraît s'entendre du *Trésor des chartes*, établissement très-ancien, puisque des lettres de Philippe le Bel, du 18 avril 1307 (Trésor des chartes, reg. 476, n. 1), en avaient confié la garde à Pierre d'Étampes, et que Charles V, par des lettres du mois d'août 1376 (Biblioth. nat., manuscrits Dupuy, t. DCCXLIV, f° 1, et fonds Saint-Victor, 269, f° 11 v°) avait érigé cette place en titre d'office.

« nous de toutes nos autres ordonnances. » Quoique cet article ne semble fait que pour les dons ou autres concessions à des établissements ou à des particuliers, que des lois expresses soumettraient à la vérification et à l'enregistrement de la chambre des comptes, les autres cours souveraines, et surtout le parlement, pouvaient très-bien trouver dans la disposition finale l'autorisation de suspendre l'enregistrement des lois qui leur étaient adressées, en faisant des remontrances au roi. Mais il est évident, et le texte ne laisse aucune incertitude, que cet article n'accordait qu'une suspension provisoire, jusqu'à ce que le roi eût été *avisé pour en dire et esclaircir sa finale entente*. Il est même assez remarquable que cette faculté de faire des remontrances et de suspendre la publication d'une loi, jusqu'à nouvel ordre du roi, n'était pas uniquement attribuée aux cours souveraines : l'article 20 de l'ordonnance du 25 mars 1302 l'avait aussi accordée aux grands baillis et aux sénéchaux. La conséquence logique de ces dispositions était donc que si le roi, invité à un nouvel examen par les remontrances des magistrats, déclarait, dans ce qu'on appelait des *lettres de jussion,* qu'il n'admettait pas ces remontrances, et qu'il entendait que la loi fût enregistrée, ou sans modifications ou avec les seules modifications auxquelles il voulait bien accéder, les magistrats ne pouvaient se dispenser d'en faire l'enregistrement, et de s'y conformer dans leurs arrêts.

C'est ce que Gibert a très-bien expliqué, en disant que l'envoi des lois aux magistrats avait pour objet qu'ils « pussent découvrir et faire connaître
« aux princes les inconvénients qui pouvaient s'y
« trouver : ils délibéraient, non pour les admettre
« ou les rejeter, mais pour examiner s'ils y trou-
« vaient quelque disposition, qui leur parût préju-
« diciable à l'État, en avertir le roi et lui repré-
« senter ce qu'ils estimaient nécessaire au bien de
« son service ; mais c'était au roi à juger ensuite si
« les considérations, qu'ils lui proposaient, méri-
« taient de l'arrêter[1]. » Lorsque le parlement essaya d'aller plus loin, les rois s'y opposèrent d'une manière très-expresse. C'est ce que nous apprennent des lettres du 19 octobre 1371 (V, 430). Des nobles du Languedoc, que le roi avait assujettis à payer certaines impositions, se pourvurent devant le parlement pour faire réformer l'ordonnance ; le roi déclara ces appels nuls et abusifs, et défendit d'y donner suite. On trouve un exemple semblable dans des lettres du 24 octobre 1383 (VII, 28).

La collection des Ordonnances, pendant l'espace de temps qu'elle renferme, c'est-à-dire jusqu'à la fin du règne de Louis XII, présente peu d'exemples d'enregistrements suspendus par le parlement au moyen d'un envoi de remontrances au roi ; mais le petit nombre de ceux qu'on y trouve justifie ce que je viens de dire, et l'opinion de Gibert que

---

[1] *Mémoires de l'Académie des inscriptions*, t. XXX, p. 607.

j'ai citée. C'est ce qu'on va reconnaître : des lettres du 6 mai 1453 (XIV, 256) avaient ratifié les provisions d'offices données en Normandie par le duc de Bretagne, lorsqu'il soumit cette province au roi Charles VII. Le parlement, à qui elles furent adressées, ne les enregistra qu'en y joignant des réserves, qu'on appelait *modifications* ; mais, par des lettres du 25 août (XIV, 261), le roi déclara qu'il ne les admettait pas, et les lettres furent enregistrées par le parlement sans nouvelles objections. Par des lettres du mois de novembre 1461 (XV, 210), Louis XI avait donné au comte d'Harcourt la haute justice et le droit de tiers et danger dans les bois du comté de Tancarville ; le parlement ne voulut les enregistrer qu'avec des modifications importantes ; d'autres lettres des 8 et 10 juin 1462 ordonnèrent l'enregistrement pur et simple, et le parlement obéit le 28 juin (XV, 498, 499). Au mois de décembre 1463 des lettres patentes du même roi (XVI, 150) avaient établi une université à Bourges, et d'après les oppositions des universités de Paris et d'Orléans, fondées sur des raisons futiles, le parlement avait décidé qu'elles ne seraient pas exécutées ; par des lettres de jussion des 6 décembre, 22 février et 20 mars 1469 (XVII, 264), le roi lui enjoignit de les enregistrer ; il obéit le 31 mars.

Je ne crois pas devoir citer d'autres exemples, qui n'apprendraient rien de plus. On a quelquefois invoqué, à l'appui de la prétention que l'enregistrement était indispensable pour compléter le caractère des lois, des lettres patentes du 16 mai 1419 (XI, 3), dans lesquelles nous lisons que d'autres lettres du 9 septembre 1418 (X, 471) n'avaient dû commencer à produire effet que du jour de leur enregistrement au parlement. Un court exposé, en faisant bien comprendre l'objet et le motif de ces lettres, prouvera qu'elles ne fournissent rien à l'appui de la prétention que je viens d'énoncer. Pendant les divisions religieuses, qu'on a appelées *schisme d'Occident*, Charles VI avait donné au mois de mars 1418, après pâques, commencement de l'année (X, 445), des lettres, qui rétablissaient les églises de France et du Dauphiné dans les droits d'élection; il les révoqua par d'autres du 9 septembre. Mais quelques chapitres avaient fait des élections, avant que l'enregistrement de ces dernières lettres leur eût fait connaître le changement de volonté du législateur. La question de savoir si ces élections étaient valables fut soumise au roi; et les lettres du 6 mai 1419, fondées sur cette règle de jurisprudence et même de simple bon sens, qu'une loi ne peut obliger tant qu'elle n'est pas connue ou réputée connue par la promulgation, validèrent ces élections.

Les documents que je viens de citer conduisent évidemment aux conséquences suivantes : 1° l'envoi des lois aux cours souveraines avait pour but que les magistrats en eussent connaissance, et les fissent connaître à leurs justiciables; 2° il leur était permis de suspendre l'enregistrement, en faisant parvenir au roi leurs remontrances sur les inconvénients généraux ou partiels de ces lois; 3° si le roi ne croyait pas devoir accueillir ces remontrances, soit en retirant les lois, soit en y faisant des changements, il ordonnait l'enregistrement pur et simple, ou modifié selon qu'il le jugeait convenable, et le parlement n'avait plus le droit de le refuser.

Les lois postérieures n'ont point changé cet état de la législation, qui existait à la fin du règne de Louis XII. Les réclamations du parlement contre l'édit de 1516, relatif au concordat, donnèrent, comme on le sait, lieu à la réponse de François Ier, « que son parlement voulait s'ériger en sénat de « Venise, et qu'il ne le souffrirait pas[1]. » Le parlement obéit, et cette loi a reçu son exécution jusqu'à nos jours. L'article 2 de l'ordonnance de 1566, dite de Moulins, prescrivit aux cours l'enregistrement immédiat des lois, sauf à faire des remontrances. Pendant la minorité de Louis XIII et de Louis XIV, les prétentions contraires ne furent jamais admises par la royauté; et une déclaration du 24 février 1673 prescrivit l'enregistrement avant les remontrances, de même que l'avait fait l'ordonnance de 1566. Il est bien vrai qu'au commencement du règne de Louis XV, le régent, voulant se concilier la faveur du parlement, fit rendre,

---

[1] Gaillard, *Histoire de François Ier*, (édit. de 1769), t. V, p. 73.

le 15 septembre 1715, une déclaration qui permettait les remontrances avant l'enregistrement; mais cette concession vague fut expliquée par des lettres patentes du 26 avril 1718, que le parlement n'hésita point à enregistrer. Ces lettres fixaient un délai dans lequel les remontrances devaient être adressées au roi, faute de quoi les lois seraient réputées avoir été enregistrées. Elles ajoutent que si après avoir reçu les remontrances, le roi ordonnait que l'enregistrement eût lieu, il devait être pur et simple, sinon réputé fait; et dans l'un et l'autre cas, les lois devaient être envoyées par le procureur général aux juridictions inférieures. Tel était l'état de la législation, lorsque commencèrent les célèbres discussions survenues dans le xviiie siècle entre les ministres du roi et les parlements, discussions qui n'ont eu de terme qu'à l'époque où la révolution de 1789 ne permit plus qu'elles pussent se renouveler.

Les parlements jouissaient autrefois d'une prérogative qui est maintenant interdite aux cours de justice souveraine, même à la cour de cassation : il leur était permis de faire, sous le nom d'*arrêts de règlement*, des espèces de lois provisoires sur des points que la législation positive n'avait pas encore prévus, ou sur lesquels de nouveaux besoins avaient révélé la nécessité de réformer cette législation. Ils ordonnaient que ces arrêts seraient envoyés à tous les tribunaux de leur ressort, pour lesquels ils avaient un véritable caractère de loi.

En général ces arrêts contenaient la formule, qu'il en était ainsi ordonné par la cour, *sous le bon plaisir du roi,* et jusqu'à ce qu'il eût déclaré une volonté contraire. Cet usage, dont les exemples ont été fréquents dans le xv⁰ siècle et les suivants, était beaucoup plus ancien; on ne peut douter que le parlement, dès les premiers temps où il fut séparé du conseil et reçut le caractère d'une institution *sui generis,* n'ait exercé ce pouvoir. Un arrêt de 1290 en fournit la preuve[1]. Il s'agissait d'une question très-importante, relative aux obligations passées dans les foires de Champagne. Le parlement ne se borna point à rendre un arrêt entre les parties qui plaidaient devant lui, arrêt qui, sans le moindre doute, aurait été une grave autorité pour les juges inférieurs, à qui une question semblable aurait été soumise. L'arrêt, dont il s'agit, ne juge pas un procès *né et existant;* il déclare, de la même manière et dans les mêmes formes impératives que celles dont userait un législateur, ce qui doit être observé à l'avenir; il commande à tous les baillis et juges, *præceptum fuit omnibus baillivis et magistris nundinarum;* il leur prescrit ce qu'ils seront tenus de faire, ce dont ils doivent s'abstenir. Cet exemple, qui peut-être, si nous en considérons la date, est le premier arrêt de règlement fait par le parlement, qui du moins est très-ancien, ne pouvait être omis dans des re-

[1] *Olim,* t. II, p. 303.

cherches relatives aux attributions de la cour de justice souveraine, qui venait, depuis un petit nombre d'années, d'être démembrée de l'ancienne cour féodale. Il est inutile d'en donner d'autres, dont le nombre serait infini, parce que jamais ce droit ne fut contesté aux parlements sous l'ancienne monarchie, le roi pouvant toujours réformer les arrêts de règlement, ou les rendre inutiles en faisant une loi.

SECTION TROISIÈME.

DE LA CHAMBRE OU COUR DES COMPTES.

Tant qu'il n'exista auprès du roi qu'une réunion de ses vassaux, faisant, pour me servir des termes en usage, le *service de conseil et de cour,* tout ce qui tenait à la comptabilité des revenus et à la conservation des domaines royaux dut être du ressort de cette réunion, et l'on ne concevrait pas même qu'il eût pu en être autrement [1]. La transformation de la cour féodale en deux institutions distinctes, l'une administrative, l'autre judiciaire, dut avoir pour effet de préparer une division d'attributions. La première section, le conseil, fut chargée de tout ce qui tenait à l'action et aux droits du gouvernement et de l'administration ; à la section judiciaire appartenaient la réception, le règlement, l'apure-

[1] Pasquier, *Recherches*, liv. II, chap. v.

ment des comptes et le jugement de toutes les contestations, non-seulement à l'égard des receveurs et des comptables, mais encore lorsqu'il s'agissait de décider si des tailles et autres charges de ce genre étaient dues par des communes ou des particuliers.

Un certain nombre de membres de cette section, désignés par le roi, en étaient particulièrement chargés; c'est ce que fait très-bien entendre l'ordonnance de saint Louis de 1256 (I, 83), le plus ancien monument de législation qui ait soumis les bonnes villes aux règles de la comptabilité des deniers royaux. L'article premier porte : *Statum et compotum villæ afferant majores et probi homines ad gentes nostras, quæ ad nostros compotos deputantur.* Ce texte ne désigne point évidemment une institution spéciale et distincte de la section judiciaire. Ces mots, *quæ ad nostros compotos deputantur*, ne peuvent s'entendre que d'une commission prise dans la cour du roi. Les membres de cette commission, qui tenaient leurs séances au Temple, lieu où était déposé le trésor royal, participaient aux autres travaux de la cour, lorsqu'ils avaient terminé ce qui concernait l'objet de leur délégation particulière. Les décisions qu'ils rendaient étaient considérées comme des arrêts de cette cour, ainsi que le prouvent très-explicitement sept arrêts, que nous a conservés le rédacteur des *Olim*[1].

---

[1] Tome I, p. 347.

Les objets, dont la section judiciaire connaissait par elle-même, et le plus souvent par les commissaires dont je viens de parler, n'étaient pas seulement des questions de pure finance; c'étaient quelquefois, ainsi que je l'ai déjà fait entendre, des questions de droit très-importantes. En voici un exemple [1]. Pendant que le roi tenait en régale les revenus de l'évêché de Châlons-sur-Marne, une femme mainmortable mourut dans cette ville. Les gardiens de la régale, *custodes regalium*, revendiquèrent la succession de cette femme, à l'exclusion de ses enfants, lesquels n'étaient pas dans la *mainbournie* de leur mère à son décès. Les habitants de Châlons s'opposèrent à cette prétention, qui les menaçait tous du même sort. La cour du roi ordonna une enquête pour vérifier si l'évêque était en *saisine*, c'est-à-dire en possession du droit prétendu par les gardiens des régales; le résultat de l'enquête ayant prouvé la possession de l'évêque, un arrêt, dont la date n'est point énoncée, rendu *per magistros curiæ, qui erant in compotos apud Templum*, adjugea leur prétention aux agents du roi. Lorsque ceux-ci voulurent l'exécuter, une nouvelle opposition eut lieu de la part des habitants de Châlons, et fut portée devant la cour, où les percepteurs invoquaient la décision précédente, dont les habitants niaient l'existence. Un record fut ordonné, et dans le parlement des octaves de la

---

[1] *Olim*, t. I, p. 397.

toussaint de l'année 1272 intervint un arrêt en ces termes : *Recordata est curia, quod alias per inquestam terminatum et ordinatum fuerat eo modo quo proponebant custodes prædicti, et præceptum fuit eis quod dictam manum mortuam levarent et expletarent pro rege.*

Ce document donne lieu à plusieurs réflexions : 1° on y voit que la commission chargée de la matière des comptes connaissait des affaires, qui, tout en étant relatives aux perceptions de deniers royaux, présentaient de véritables questions de droit ; car il s'agissait de savoir si les enfants d'un mainmortable, lorsqu'ils étaient sortis de la *mainbournie*, c'est-à-dire de la puissance de leur père ou mère, étaient inhabiles à leur succéder. La plupart des anciennes coutumes le décidaient ainsi, et n'admettaient à la succession que les enfants *en celle*, c'est-à-dire demeurant avec leur père ou mère mainmortable ; s'il n'y en avait aucun dans ce cas, le seigneur prenait toute la succession, ce qui est très-bien expliqué par Laurière[1]. Les habitants de Châlons prétendaient que telle n'était pas la coutume, et évidemment ils avaient tort ; car la règle consacrée par l'arrêt de la cour a toujours été observée dans cette ville, comme le prouve l'article 7 de la coutume rédigée officiellement au XVIᵉ siècle. Mais ce qu'il est bon de remarquer, c'est l'impor-

---

[1] *Institutes coutumières*, note sur la règle 83 du titre Iᵉʳ du livre Iᵉʳ.

tance de la question de droit, qui s'élevait à l'occasion de la prétention des gardiens de la régale. 2° La contestation entre les agents du fisc royal et les habitants de Châlons avait été portée devant la cour, qui avait ordonné une enquête sur la possession alléguée d'une part et déniée de l'autre, *de mandato curiæ facta est inquesta.* 3° D'après les résultats de cette enquête, une décision favorable au fisc avait été rendue *per magistros curiæ, qui erant in compotos apud Templum,* ce qui prouve que ces commissaires faisaient partie de la cour, et rendaient des arrêts considérés comme son ouvrage. 4° Il y eut, sur la question de savoir si cet arrêt avait été réellement rendu, une contestation devant la cour, qui ordonna un record, *partibus super hoc sibi fieri recordum curiæ petentibus;* d'après le résultat de ce record, la cour déclara que l'arrêt avait été réellement rendu, et ordonna aux gardiens de la régale de l'exécuter.

Cette commission de membres de la cour, chargée des affaires relatives à la comptabilité, est appelée *camera compotorum* dans un mandement du roi du 20 avril 1309 (I, 460) adressé au bailli de de Rouen, où se lisent ces mots : *Dudum... provida et diligenti super hoc deliberatione præhabita per gentes nostras in camera compotorum, quasdam utiles ordinationes fieri fecimus.* Des ordonnances des 21 janvier 1310 (I, 476), 3 janvier 1316 (I, 628), 16 novembre 1318 (I, 668), désignent indistinctement ces commissaires par les mots *gens de nos comptes* et *notre chambre des comptes;* et deux arrêts de 1314 et 1317, en nommant cette chambre *magistros cameræ computorum Parisius,* constatent qu'elle avait des registres, dans lesquels on fit des vérifications pour arriver aux décisions prononcées[1]. Mais ces documents considèrent encore la chambre des comptes comme partie intégrante du parlement; on voit, par l'article 8 de l'ordonnance du 3 janvier 1316, que les affaires jugées par elle étaient instruites à la chambre des enquêtes.

Bientôt l'ordonnance du mois de janvier 1319 établit une organisation, dont les développements ultérieurs constituèrent la chambre des comptes. Originairement elle connut de la perception et de la comptabilité des deniers royaux, de l'administration et conservation du domaine, ainsi que des monnaies. Mais, dans la suite, quelques-unes de ces attributions furent déléguées à la chambre du trésor, aux généraux des monnaies, aux généraux des aides, dont je parlerai dans les sections IV, V et VI; il ne sera donc question ici que de ce qui concerne spécialement la chambre des comptes.

L'article 12 de l'ordonnance du mois de janvier 1319 portant que les membres de cette chambre travailleraient le jeudi de chaque semaine aux enquêtes et aux requêtes du parlement, on aurait pu supposer qu'elle faisait encore partie de ce

---

[1] *Olim,* t. II, p. 615 et 637.

corps; mais l'article 16 d'une autre ordonnance du mois de novembre 1323 (I, 776) restreignit cette collaboration aux seules affaires qui concernaient les comptes, et même cet usage ne tarda pas à tomber en désuétude.

La séparation du parlement et de la chambre des comptes amena naturellement quelques modifications aux lois précédentes. Jusqu'alors les baillis et sénéchaux prêtaient devant la cour du roi un serment unique, relatif à la fois à leurs fonctions judiciaires et à leur qualité de comptables des revenus royaux, qu'ils percevaient dans leurs arrondissements ; mais la chambre des comptes ayant dans ses attributions la surveillance et l'action sur tous les comptables indistinctement, ces différents officiers furent tenus particulièrement, en vertu de l'article 21 de l'ordonnance du mois de novembre 1323, de prêter serment devant elle ; et même l'article 20 de celle du mois de décembre 1320 (I, 727) déclarait que le greffier du parlement serait tenu d'envoyer chaque samedi à la chambre des comptes l'état des amendes prononcées dans la semaine. Une autre ordonnance du 24 mars 1390 (XII, 177) prescrivit aux comptables de la Normandie, qui avaient conservé l'usage de rendre leurs comptes à l'échiquier, de ne plus les rendre qu'à la chambre qui siégeait à Paris.

Quelques autres ordonnances, dont les plus développées et les plus importantes sont des 23 décembre 1454 (XIV, 341), 20 mars 1500 (XXI, 272) et du mois de décembre 1511 (XXI, 457), complétèrent cette organisation. Elles constatent que la chambre était chargée d'examiner, corriger, apurer, clore et juger les comptes de tous les officiers et agents, qui, à un titre quelconque, recevaient les deniers royaux ou ceux des bonnes villes; de vérifier et enregistrer les ordonnances et autres lois générales relatives aux finances, qui lui étaient adressées par ordre du roi, les lettres de concessions d'apanages, d'érections de duchés ou d'autres terres titrées, d'aliénations, échanges ou engagements du domaine, les donations de rentes, pensions, capitaux à prendre sur le trésor royal; elle recevait les actes de foi et hommage dus à la couronne, vérifiait et enregistrait les lettres de noblesse, naturalisation, grâces, priviléges, sauvegardes, amortissements, et avait diverses autres attributions, qu'il serait trop long d'énumérer. Dans tous ces cas, le devoir lui était imposé de faire connaître au roi ce qu'elle trouvait être contraire aux ordonnances générales ou léser les droits et les intérêts du domaine.

Les motifs d'intérêt public, qui avaient porté le roi à attribuer l'autorité de la chose jugée en dernier ressort aux décisions du conseil et aux arrêts du parlement, étaient naturellement applicables à celles de la chambre des comptes, et la nécessité d'offrir aux parties un remède contre l'erreur possible des magistrats était la même. L'article 23 de l'ordonnance du mois de janvier 1319 y pourvut,

et je crois convenable de le transcrire, parce qu'il a été souvent invoqué, et qu'en effet il devait l'être dans les contestations, auxquelles a donné lieu très-longtemps la prétention du parlement au droit de recevoir les appels des arrêts de la chambre des comptes et de les réformer : « Nous voulons et or-
« denons que, ou cas que aucun se plaindroit de-
« vers nous d'aucuns griés et d'aucunes sentences
« qui aroient esté données contre euls en la ditte
« chambre, on ne doint commission, ne ne fasse
« l'en autres commissaires que de ladite chambre;
« mais voulons et nous plaist que on prengue deux
« ou trois ou quatre personnes de nostre parle-
« ment, sages et souffisans, selon ce que les cas
« requereront, qui avec les gens de nostre ditte
« chambre soient toutes fois que mestier sera. Et
« se on y treuve aucune chose à corriger ou aman-
« der, qu'il soit fait en leur présence; quer les
« choses de la chambre covient-il tenir secrettes
« pour eschiver le mal qui s'en pourroit ensuivre
« qui autrement le feroit, quer moult de inconve-
« nients sunt aucune fois venus du contraire. »

Le parlement, qui ne pouvait oublier le temps où il avait été investi du jugement des affaires relatives à la comptabilité, ne parut pas se contenter de la participation occasionnelle, et dépendante d'ailleurs de la volonté royale, que cet article lui donnait à la révision des arrêts de la chambre des comptes. Les légistes prétendirent, par des arguments assez spécieux, qu'il fallait faire une distinction : que la chambre des comptes avait sans doute le droit de vérifier souverainement la situation des comptables, de fixer le chiffre de leurs débets ; mais que les condamnations au payement d'un reliquat entraînant des contraintes contre les personnes et les biens des débiteurs, c'était au parlement seul qu'il appartenait de les prononcer; qu'en conséquence, les personnes condamnées à des payements ou à des amendes par la chambre des comptes étaient en droit de se pourvoir par appel devant lui. Le texte qu'on vient de lire décidait évidemment le contraire, et c'est ce que déclarèrent plusieurs ordonnances, dont je vais faire l'exposé sommaire.

Par un mandement du 7 août 1375 (VI, 140), Charles V, rappelant les ordonnances de ses prédécesseurs, défendit qu'il fût délivré des lettres d'ajournement sur des pourvois contre des arrêts de la chambre des comptes devant aucune autre juridiction que cette chambre. La notice, qui précède ce mandement dans le registre qui l'a conservé, atteste en effet qu'un comptable, condamné par la chambre des comptes à des restitutions et à des amendes, avait tenté d'en porter appel au parlement; et comme à cette époque, ainsi que je l'ai dit plus haut, il fallait pour saisir cette cour des lettres dites *lettres de justice*, accordées par la chambre des requêtes et expédiées ensuite par le chancelier, ce fut pour approuver le refus de cet officier de sceller les lettres que le mandement fut donné.

On ne peut douter que cette tentative d'appel n'eût été encouragée par le parlement : aussi le roi crut-il devoir convertir en loi générale, par des lettres du 28 janvier 1383 (VII, 48), ce que le mandement du 7 août 1375 n'avait décidé que pour un cas spécial. De nouvelles lettres encore plus explicites, du 25 juin 1407 (IX, 243), portent qu'en aucun cas et sous aucun prétexte il n'était permis d'interjeter appel au parlement des arrêts de la chambre des comptes. Les mêmes dispositions furent encore reproduites presque textuellement dans des lettres du mois de mars 1408 (IX, 418). Nonobstant des lois aussi formelles, le parlement persistait dans ses prétentions; les rédacteurs de la fameuse ordonnance *cabochienne*, du 27 mai 1413, voulant sans doute plaire à cette compagnie et se la rendre favorable, insérèrent dans l'article 150 une disposition, qui lui attribuait le droit de juger les appels des décisions rendues par la chambre des comptes; mais on sait que cette ordonnance fut abrogée le 5 septembre suivant. Cependant le parlement continuait de recevoir les appels, et de nouvelles défenses lui furent faites par des lettres du 12 avril 1459 (XIV, 489) et du mois de décembre 1460 (XIV, 510), qui renouvelèrent celles des 25 juin 1407 et mars 1408, en développant tous les inconvénients d'un système contraire.

Un changement de règne, qui survint immédiatement, fournit au parlement l'occasion d'obtenir de Louis XI la révocation des dernières lettres de son père. Le procureur général près la cour des comptes, craignant que les lettres du mois de décembre 1460 n'eussent perdu leur force, faute d'avoir été expédiées avant le décès du roi qui les avait données, crut nécessaire d'en demander de nouvelles, ce qu'il obtint le 23 novembre 1461 (XV, 191); mais le parlement, dès qu'il en eut connaissance, envoya au roi une députation, dont les sollicitations obtinrent d'autres lettres contraires du 5 février suivant (XV, 319). Bientôt Louis XI, éclairé sur les inconvénients de cette mesure, les révoqua par celles du 26 février 1464 (XVI, 297).

On peut croire que la résistance du parlement fut renouvelée sous le règne de Charles VIII, d'après l'indication que M. de Pastoret a donnée (XX, 435) d'un document sous ce titre : *Jugement sur les contestations si souvent renouvelées entre le parlement et la cour des comptes;* mais ce savant n'ayant point dit d'après quel ouvrage ou d'après quel dépôt ce document lui était connu, on ne peut en déterminer le caractère et l'objet précis. Ce qu'il y a de certain, c'est que l'ordonnance du 20 mars 1500, déjà citée, a renouvelé les dispositions des lettres du 26 février 1464 et de toutes celles qui avaient précédemment maintenu l'article 23 de l'ordonnance du mois de janvier 1319.

Des crimes ou des délits pouvaient être commis à l'occasion de la comptabilité des deniers publics; il paraît que d'abord la répression en fut laissée aux juridictions ordinaires : c'est du moins ce qui résulte des lettres du 16 septembre 1374 (VI, 39); mais on en exceptait les cas où le roi nommait des commissions extraordinaires, sous le nom de réformateurs, investies de pleins pouvoirs. Plus tard, la chambre des comptes fut autorisée à faire le procès aux comptables, qui dans le maniement des deniers royaux avaient commis des faux, des détournements frauduleux ou d'autres crimes et délits, et de les condamner; seulement des lettres du 4 février 1450 (XIV, 122) et du 23 octobre 1461 (XV, 137) lui imposaient l'obligation de s'adjoindre quelques membres du parlement.

L'institution d'un ministère public auprès de la chambre des comptes n'était pas moins nécessaire qu'auprès du parlement. Si l'on en croit Pasquier, qui, ayant été procureur général à la cour des comptes, a pu en connaître les traditions et en consulter les registres, ces fonctions furent longtemps remplies par les mêmes officiers, qui représentaient le roi au parlement[1]. Cela paraît, en effet, résulter de l'article 49 des lettres du 23 décembre 1454 (XIV, 341), portant approbation d'un règlement pour la chambre des comptes. Cet article indique la nécessité d'un procureur du roi, qui n'ait point de rapports avec le parlement; et l'article 28 parle d'une de ses attributions. Le même règlement parle aussi des fonctions des greffiers de la chambre;

---

[1] Pasquier, *Recherches*, liv. II, chap. v.

des lois bien plus anciennes contenaient déjà des dispositions sur cet objet[1].

La nature des affaires, dont la chambre des comptes connaissait, et au sujet desquelles les lois, notamment l'article 13 du règlement du 23 décembre 1454, commandaient le secret le plus absolu, exigeait que pour l'apport et la communication des pièces on employât des hommes dignes de confiance. Ces considérations donnèrent lieu à l'institution de messagers, laquelle paraît avoir été fort ancienne. Un édit du mois de septembre 1514 (XXI, 567) déclare que ces messagers, au nombre de dix-huit, étaient « de tel et si long temps qu'il
« n'est mémoire de contraire, ordonnés, establiz
« et institués messagiers, pour à moindre frais por-
« ter tous les commissions des gens des comptes et
« des trésoriers de France aux baillis, sénechaux,
« vicomtes, receveurs particuliers et autres offi-
« ciers, etc. » Cet édit entre dans de très-longs détails sur leurs fonctions et confirme leurs priviléges, ainsi que l'avaient déjà fait des lettres du mois d'avril 1508 (XXI, 368).

Je termine en faisant observer que tout ce qui a été dit sur l'inamovibilité des membres du parlement, et cependant aussi sur la nécessité qu'ils fussent confirmés à chaque changement de règne, est applicable aux membres de la chambre des comptes et aux autres institutions, qui en furent

[1] Pasquier, *Recherches*, liv. II, chap. v.

démembrées et dont je vais m'occuper dans les sections suivantes.

SECTION QUATRIÈME.
DE LA CHAMBRE DU TRÉSOR.

La source primitive des revenus du roi était le domaine, et par ce mot il ne faut pas entendre seulement le produit des immeubles, des redevances fixes ou casuelles, connues sous les noms de droits féodaux, cens, rentes, ou autres que payaient les vassaux, les colons, les serfs, tous objets de nature à composer des fortunes privées, mais encore divers produits résultant des droits de la puissance publique, tels que les émoluments du sceau, des greffes et chancelleries, des actes judiciaires, des amendes, confiscations, aubaines, bâtardises, etc.

Le montant des recettes, qu'en faisaient les prevôts et d'autres préposés, ou le prix de ferme qu'ils en payaient, était versé dans un lieu qu'on appelait le *Trésor*, ainsi que nous l'apprennent les articles 16 et 17 de l'ordonnance de 1190 (I, 187). Ils y étaient reçus par un agent central, appelé *changeur du trésor*, sous l'inspection et le contrôle d'un clerc du roi. L'ordre, l'état et le montant des dépenses à faire étaient déterminés au conseil. Un trésorier ordonnançait les payements, après avoir vérifié les titres et les droits des parties prenantes; le changeur du trésor acquittait les états de payement, les mandats, les rescriptions, qu'il portait ensuite dans ses comptes. C'est ce que constatent plusieurs dispositions des ordonnances du 3 janvier 1316 (I, 628) et du mois de novembre 1323 (I, 776), les premières que nous connaissions sur la gestion du trésor. L'ordonnance de 1323 nous apprend que ces officiers étaient encore sous la direction de la chambre des comptes, et qu'ils ne pouvaient faire des compositions ni établir des commissaires sans son approbation; c'était aussi cette chambre, qui réglait la forme des écritures du trésor.

Mais les rois s'étant trouvés dans la nécessité d'établir des impôts, d'abord temporaires, puis permanents, les dépenses et les recettes s'étant accrues considérablement, un seul trésorier ne suffisait plus; il fallut en établir plusieurs, dont le nombre a varié, ainsi qu'on le voit dans les ordonnances du 27 janvier 1359 (III, 385) et du 13 juillet 1381 (VI, 604). On donna à cette institution le nom de *chambre du trésor*.

Indépendamment de leurs attributions relatives à la rentrée, à la garde et à l'emploi des deniers royaux, les trésoriers furent chargés de surveiller l'administration et la conservation du domaine. La plus ancienne loi, qui parle de cette attribution, est celle du 1er mars 1388 (VII, 236); elle fut développée par une autre du 12 août 1445 (XIII, 444), dont les dispositions sont reproduites et amplifiées par celles des 9 octobre 1489 (XX, 200) et 20 octobre 1508 (XXI, 375).

Il n'entre point dans mon plan de donner plus de détails sur ces opérations administratives : on ne peut mieux faire que de consulter le savant discours placé par M. de Pastoret en tête du tome XVI de la collection des Ordonnances. Mais d'autres documents nous apprennent que les trésoriers avaient des attributions judiciaires, et je dois d'autant moins me dispenser d'en parler, que M. de Pastoret ne s'en est pas occupé, et qu'il s'est borné à indiquer la date de quelques ordonnances relatives à cet objet.

Dans l'origine, toutes les contestations, qui pouvaient s'élever à l'occasion de la perception des produits du domaine, étaient jugées par la cour du roi; et après qu'elle eut été divisée, elles furent jugées par la section judiciaire. Assez longtemps la chambre du trésor fut en quelque sorte annexée à la chambre des comptes, ainsi que la chambre des monnaies, dont je parlerai dans la section suivante; et quoiqu'elle eût sa spécialité, il existait beaucoup de circonstances, dans lesquelles elle délibérait avec la chambre des comptes, comme on le voit par une ordonnance du 17 mars 1390 (VII, 408), et surtout par une autre du 31 janvier 1395 (XII, 186), qui approuve un règlement de l'une et l'autre chambre pour réduire à un seul les notaires ou greffiers de celle du trésor.

On peut croire que, dans les dernières années du xive siècle, il y avait parmi les trésoriers quelques membres, qui statuaient sur les affaires contentieuses ; c'est ce que prouve l'article 13 d'une ordonnance du 7 janvier 1400 (VIII, 409), ainsi conçu : « Nous aurons seulement deux tresoriers.... et « auront la connoissance de toutes choses appar« tenant à notre tresor, et n'y aura plus aucuns « tresoriers sur la justice ; et s'il survient aucun « doute en la chambre de notre dit tresor, nos dits « tresoriers pourront avoir recours à nos gens de « nos dites chambres de parlement et des comptes, « et appeler de nos conseillers de nos dites cham« bres pour les conseiller en ce qu'ils auront à « faire. »

Ce texte prouve sans réplique que la suppression des trésoriers de justice ne faisait pas obstacle à ce que la chambre du trésor eût une existence propre et distincte de la chambre des comptes, et à ce qu'elle conservât des attributions contentieuses. Il est évident que l'ordonnance du 17 mars 1390 n'était plus en vigueur, quant à la disposition qui obligeait les trésoriers à traiter les affaires en commun avec la chambre des comptes ; celle du 7 janvier 1400 se bornait à lui accorder la faculté de consulter cette cour. Une ordonnance du 30 novembre 1403 (VIII, 619) rétablit le trésorier de justice, qui fut de nouveau supprimé le 4 juin 1404 (IX, 698), et l'article 12 d'une ordonnance du 7 janvier 1407 (IX, 279) remit en vigueur l'article 13 de celle du 7 janvier 1400.

Cet appel d'auxiliaires entraînait des retards et

causait des embarras, peut-être même des difficultés de préséance ; il paraît que les trésoriers, de leur propre autorité, et probablement avec l'autorisation tacite du roi, appelaient un légiste pour les éclairer de ses avis. Nous l'apprenons par une ordonnance du 11 mai 1407, que ne contient pas la collection, mais que Miraulmont a fait imprimer [1].

L'utilité de la mesure que les trésoriers avaient prise étant ainsi reconnue, le roi institua un conseiller légiste dans la chambre du trésor ; le nombre des conseillers fut successivement augmenté : des lettres du 4 août 1463 (XVI, 53) constatent qu'il était de quatre sous le règne de Louis XI. Cet état de choses subsista sous Charles VIII et Louis XII, puisqu'un édit de François Ier du 25 février 1522 le reconnaît encore.

Nous avons moins de notions sur les objets, qui étaient de la compétence de la chambre du trésor ; on voit seulement, par le préambule des lettres du 4 août 1463, que les conseillers de cette chambre ont été établis « pour cognoistre, juger et détermi-
« ner des causes, procès, questions et débats qui y
« sont pendants. » Une ordonnance du 15 novembre 1454 (XIV, 333) nous apprend que les contestations relatives à la collecte des deniers du roi étaient portées devant les tribunaux ordinaires,

---

[1] Miraulmont, *De l'origine et establissement du parlement*, p. 269.

mais que du moment où le droit était contesté, l'affaire devait être renvoyée par eux devant les trésoriers de France, c'est-à-dire évidemment à la chambre du trésor[1].

Il ne faut pas toutefois se méprendre sur le sens de ces mots, *deniers du roi*, et supposer que la chambre du trésor connût de tout le contentieux relatif aux diverses perceptions, dont se composa successivement le revenu du trésor royal; on doit en excepter les perceptions connues sous le nom d'*aides et gabelles*, dont les produits, quoique consacrés à l'acquit des dépenses publiques et versés dans le trésor, furent administrés par des *généraux*, puis *cour des aides*, qui feront l'objet de la section sixième.

Il est bon aussi de remarquer que cette compétence de la chambre du trésor était limitée aux contestations relatives à la *collecte des deniers du roi*, c'est-à-dire aux produits fixes ou casuels du domaine; mais si une question de propriété s'était élevée entre les agents du roi, prétendant que tel ou tel fonds de terre, telle ou telle redevance faisait partie du domaine, et un particulier, qui s'en disait propriétaire, la chambre du trésor n'en aurait pas été juge. Les articles 1 et 19 de l'ordonnance du mois de décembre 1363 (III, 649) et l'article 5 de

---

[1] Des lettres du 31 mars 1394 (VII, 702) avaient modifié cette règle pour le Languedoc; mais elles annoncent que c'est une exception en faveur des habitants de ce pays, très-éloigné de la capitale.

celle du mois d'avril 1453 (XIV, 284) portent expressément que ces sortes d'affaires doivent être portées, *omisso medio,* au parlement.

SECTION CINQUIÈME.

DES GÉNÉRAUX, DEPUIS CHAMBRE ET COUR DES MONNAIES.

La direction et la surveillance de la fabrication des monnaies rendaient nécessaire l'établissement de délégués spéciaux; il en exista évidemment sous la première et la seconde race; et pour ce qui concerne la juridiction, seul objet dont je me propose de parler, il est probable qu'elle était la même que celle qu'attestent les documents de la troisième race. Les plus anciennes lois de cette époque, où il en soit question, sont deux ordonnances du 26 novembre 1211 (I, 30; II, 140) et du mois de juin 1296 (XI, 385). Un mandement du 16 mai 1311 (I, 481), l'instruction qui y est jointe en note, et plusieurs autres, qu'il est inutile d'indiquer, offrent de semblables notions.

Les premiers documents relatifs à la chambre des comptes attestent que des officiers, appelés *maîtres,* puis *grands maîtres des monnaies,* y exerçaient leur juridiction de même que les trésoriers; mais on ne peut en conclure une fusion absolue des trois corps. Chacun s'occupait privativement des affaires, dont sa dénomination indiquait l'objet, quoique très-certainement, dans beaucoup de circonstances, surtout quand les affaires présentaient une sorte de caractère mixte, ils délibérassent et décidassent en commun ; c'est ce qui explique pourquoi on trouve des lois relatives aux monnaies adressées à la chambre des comptes, ainsi que des instructions sur cette matière rédigées et envoyées par cette chambre.

Une séparation plus tranchée devait être dans la suite le résultat du perfectionnement progressif des diverses institutions publiques. Une ordonnance du 18 septembre 1357 (III, 182) atteste qu'à cette époque les généraux des monnaies formaient une juridiction spéciale, complétement séparée de la chambre des comptes et des trésoriers.

Le nombre de ces généraux a extrêmement varié. Il n'était originairement que de trois ; comme il s'était plus tard considérablement accru, il fut réduit à quatre par l'ordonnance du 18 septembre 1357 (III, 182) ; des lois postérieures l'augmentèrent, et il en existait huit au commencement du règne de Louis XII, ainsi que le prouve l'ordonnance du 8 juin 1498 (XXI, 34), qui mérite d'être remarquée, parce qu'elle est la première de la collection, qui donne à cette chambre le nom de *cour*.

Les attributions des généraux des monnaies, sous les rapports administratifs, étaient extrêmement étendues. Il n'entre pas dans mon plan de les énumérer ; on peut consulter à ce sujet les ordonnances indiquées dans la Table chronologique et alphabétique. Je me bornerai à ce qui concerne leur juridiction contentieuse. Elle embrassait tout ce qui concernait la fabrication des monnaies, les baux à ferme des entreprises de cette fabrication et la réception des cautions des fermiers, le poids, aloi et remède des monnaies, leur cours et le règlement du prix du marc d'argent ; elle s'exerçait sur les changeurs, orfévres, orbateurs, joailliers, et sur toutes les personnes travaillant ou trafiquant l'or et l'argent, en ce qui concernait l'exécution des lois et des règlements de ces diverses industries, et les délits ou contraventions, dont ces personnes pouvaient se rendre coupables. Quant aux maîtres, prévôts, officiers et ouvriers de toute espèce, qui travaillaient à la fabrication des monnaies, non-seulement cette juridiction s'exerçait sur eux quant à leurs travaux et à leurs fonctions, mais il paraît résulter assez clairement de nombreux documents relatifs aux priviléges de ces employés, qui étaient connus sous la dénomination générique de *monnayeurs*, qu'ils jouissaient d'un *committimus*, en vertu duquel leurs procès, quoique sans rapport avec la fabrication des monnaies, étaient portés devant les généraux maîtres. Le plus ancien de ces documents est l'ordonnance déjà citée du 26 novembre 1211, où on lit : *Quod coram nullo judice possint conveniri, nec in judicium evocari, nisi coram magistro monetæ eorumdem, nisi in tribus casibus, videlicet in homicidio, raptu et combustione ignis*. Cette disposition a été reproduite dans l'ordonnance du mois de juin 1296 (XI, 385) et dans plusieurs autres.

Quoique le siége de la chambre des monnaies fût à Paris, au moins depuis l'époque où les principales autorités judiciaires y devinrent sédentaires, il ne faut pas croire que toutes les personnes comprises dans la catégorie de ses justiciables fussent obligées de venir plaider dans la capitale. Les généraux maîtres faisaient des tournées, ainsi que nous l'apprennent plusieurs des lois relatives à leurs fonctions; et c'était dans le cours de ces tournées qu'ils statuaient sur les affaires de leur compétence. On avait même pris très-anciennement des mesures encore plus utiles pour rapprocher la justice des justiciables : les prévôts ou chefs de chaque hôtel des monnaies reçurent le pouvoir de juger, comme lieutenants des généraux, sauf l'appel devant ces derniers. C'est ce qu'atteste une charte du mois d'août 1263, citée par Constans, contenant ces expressions : *Scientes quod in omnibus debent jus recipere coram præpositis suis sigillatim... et si plenum jus coram dictis præpositis in eisdem non possint convenire partes supradictæ, ad magistrum monetæ possunt plenarie appellare.* La même disposition se trouve dans une commission donnée le 1er juin 1335 par les généraux aux prévôts des monnaies, par laquelle ils les constituent leurs lieutenants pour l'exercice de leur juridiction [1].

---

[1] Constans, *Traité de la juridiction de la cour des monnaies*, p. 14 et 17.

On ne voit pas d'une manière très-expresse que les décisions rendues par les généraux des monnaies fussent en dernier ressort. Constans l'assure, en invoquant l'article 44 d'une ancienne ordonnance, dont il n'indique point la date, mais qu'il dit avoir vue au trésor des chartes et qu'il cite en ces termes : « Item, que les généraux maistres des « monnoyes facent leurs offices sans ce que on les « puisse empescher ne connoisse de leur faict et à « leurs perils et charge et passent du roi à leur « relation[1]. » On peut en conclure que les jugements rendus par ces officiers ne pouvaient être attaqués que dans les mêmes formes que ceux de la chambre des comptes. Il paraît toutefois que ce pouvoir de juger souverainement n'était pas bien reconnu, et donnait lieu à de fréquentes contestations[2]. Peut-être n'a-t-il été établi d'une manière certaine que vers la fin du règne de Charles VIII, époque où la chambre des monnaies a dû recevoir la qualification de *cour,* que lui donnent les lettres de Louis XII du 8 juin 1498, citées plus haut.

---

[1] Mon savant confrère, M. de Wailly, a bien voulu faire rechercher cette ordonnance aux archives ; mais ses recherches n'ont produit aucun résultat.

[2] Nouveau Denisart, v° *Cour des monnaies.*

SECTION SIXIÈME.

DE LA CHAMBRE OU COUR DES AIDES.

Secousse, l'un des plus laborieux et des plus habiles coopérateurs de la collection des Ordonnances, a dit dans les additions du tome III, (p. 189, col. 2), qu'ayant eu l'intention de se livrer à des recherches sur l'origine de la *cour des aides*, il y renonça, instruit que M. Boulin, conseiller à cette cour, s'en occupait lui-même. Mais l'ouvrage annoncé n'a pas été publié, et la bibliothèque historique de Lelong, augmentée par Fontette, ne l'indique point. Je vais essayer de suppléer à ce que Secousse avait eu le projet de faire, et je puiserai tout ce que je me propose de dire dans les documents que contient la collection.

On a vu qu'originairement les revenus du roi ne consistèrent que dans le produit des terres, seigneuries et autres immeubles, qui composaient ce qu'on appelait le *domaine*, des redevances féodales, fixes ou casuelles, qui en dépendaient, d'un assez grand nombre d'autres droits résultant de la justice, tels qu'émoluments de chancellerie, sceaux, greffes, amendes, confiscations, ou de la souveraineté, tels que concessions de grâces et priviléges, amortissements, francs fiefs. Mais cette sorte d'âge d'or du système financier ne fut pas de longue durée. Les besoins publics mirent les rois dans la nécessité de créer des taxes ou impôts, d'abord temporaires, bientôt permanents. Peu à peu les tailles, les aides, dont le roi ne pouvait exiger la prestation que dans certains cas prévus par les usages de la féodalité, furent augmentées, d'abord en vertu de concessions volontaires et temporaires faites par les habitants des diverses provinces, puis par des lois générales, soit en conservant ces dénominations, soit sous d'autres noms, tels que *feux*, *gabelles*, etc. Ces impôts formèrent des revenus réguliers destinés aux besoins généraux de l'État, dont le roi était le chef, et non le propriétaire, comme il l'était de ses terres et seigneuries.

Plus ces impôts s'étendaient et se multipliaient, sous toutes sortes de dénominations, plus on reconnut qu'il était indispensable d'aviser aux moyens de faire juger les contestations, qui pouvaient résulter de leur perception. Dans l'origine ces contestations avaient été de la compétence de la cour du roi, comme le prouvent plusieurs arrêts contenus dans les *Olim*, notamment un du parlement de la toussaint 1278[1]. Elles furent ensuite soumises à la chambre des comptes et quelquefois à des commissions spéciales et temporaires. Nous en trouvons une preuve dans l'ordonnance du 17 février 1349 (II, 318), portant établissement d'une imposition sur les denrées et les marchandises dans la ville de Paris, qui attribue au prévôt des marchands et aux

---

[1] *Olim*, t. II, p. 20.

échevins le droit de statuer sur les contestations relatives à cette perception, et *au cas où ils ne les pourraient accorder,* les défère à la chambre des comptes.

Mais les événements, qui donnèrent lieu à l'établissement d'aides générales, rendirent nécessaire la création de *généraux*, appelés depuis *chambre* et *cour des aides*, dont je me propose de parler dans cette section. On peut, avec certitude, faire remonter cette institution à l'ordonnance du 28 décembre 1355 (III, 19), rendue d'après la délibération des états généraux, qui accordèrent une aide au roi Jean. En vertu de l'article 2 de cette ordonnance, les états nommèrent neuf commissaires superintendants pour opérer le recouvrement et surveiller l'emploi du produit de l'aide concédée. L'article 3 attribue à ces commissaires une pleine juridiction, « voulant que ce qui sera ordonné par
« eux vaille et tienne comme arrêt du parlement, sans
« que l'on en puisse appeler, ou que sous ombre de
« quelconque appel l'exécution de leurs sentences et
« ordonnances soit retardée en aucune manière. Des lois postérieures reproduisirent ces dispositions, et le roi donna à ces élus des commissions et des instructions, dont les principales furent celles du 26 mai 1356 (III, 53), 14 mai 1358 (III, 219, 221), et quelques autres qu'il est inutile de citer. Mais les motifs de défiance, qui avaient porté l'assemblée des états à s'attribuer la nomination de ces officiers, ayant cessé, les généraux furent choisis par

le roi, et devinrent une institution publique, sous la direction de laquelle étaient perçues les nouvelles aides, les gabelles, les autres impositions de ce genre, et même, ainsi qu'on le voit dans des lettres du 24 janvier 1386 (VII, 761), divers produits du domaine, tels qu'amendes et droits de justice, que les trésoriers avaient eus d'abord dans leurs attributions. Les articles 13 des lettres du 24 janvier 1372 (V, 576) et 31 de celles du 21 novembre 1379 (VI, 440) reconnaissent même à ces généraux une compétence en matière criminelle, et constatent qu'il y avait un procureur du roi auprès d'eux. Le droit de rédiger et de publier des règlements et des instructions, qui devenaient obligatoires à l'égal des lois, leur fut accordé par une ordonnance du 3 avril 1383 (VII, 752). D'autres lettres du 26 janvier 1382 (VI, 705), confirmant les dispositions des précédentes en ce qui concerne la juridiction, déclarèrent qu'en cas de réclamations, d'allégation d'erreurs, ou d'autres griefs contre leurs décisions, auxquelles ces lettres ainsi que celles des 9 février 1387 (VII, 762), dernier jour de février 1388 (VII, 228), 11 avril 1390 (VII, 336), et 11 mars 1390 (VII, 404), accordèrent une autorité égale à celle des arrêts du parlement et de la chambre des comptes, il y serait fait droit par ces mêmes généraux, avec l'adjonction de six ou au moins de quatre membres du conseil du roi. D'autres ordonnances, qu'il est inutile d'énumérer, maintinrent ces attributions, et n'opérèrent que quelques changements dans le nombre du personnel.

Le roi envoyait quelquefois dans cette chambre une commission de son conseil pour délibérer sur des lois relatives aux impôts. La collection des Ordonnances en fournit de nombreux exemples. Le plus ancien est l'ordonnance du 15 décembre 1394 (VII, 687), portant qu'elle fut rendue *à la relation du conseil, étant à la chambre des aides*. Une ordonnance du 23 janvier 1411 (IX, 669) lui donne la qualification de chambre de justice sur le fait des aides ; une autre du 22 octobre 1425 (XIII, 105) l'institua en cour souveraine ; et des lettres du 29 juillet 1474 (XVIII, 32), en lui confirmant cette qualification avec les prérogatives des cours souveraines, maintinrent le droit qu'elle avait obtenu en 1383 d'interpréter les ordonnances sur les matières confiées à ses soins. Quelques difficultés s'étant élevées au sujet de ses pouvoirs, sa compétence fut de nouveau confirmée par des lettres des 8 septembre 1486 (XIX, 669), 11 octobre suivant (XIX, 670) et 24 juin 1500 (XXI, 256). Enfin, une ordonnance du 11 novembre 1508 (XXI, 385), la dernière de la collection qui concerne la chambre des aides, réunit dans un seul corps tout ce qui était épars dans les précédentes, et tout ce qui concernait la perception des tailles, aides et gabelles [1].

---

[1] On trouve encore dans la collection plusieurs ordonnances,

Les motifs, qui avaient décidé Charles VII à établir un parlement à Toulouse pour le Languedoc, le conduisirent naturellement à créer une chambre des aides dans ce pays. De premiers essais furent faits par des ordonnances des 20 avril 1437 (XIII, 232) et 21 juillet 1444 (XIII, 407); celle du 12 septembre 1467 (XVII, 10) compléta l'institution. Fixée d'abord à Montpellier, puis à Toulouse, elle le fut définitivement dans la première de ces deux villes. On trouve dans les ordonnances des 8 juillet 1495 (XX, 476), 19 juillet 1512 (XXI, 479) et 15 octobre 1513 (XXI, 522), un grand nombre de dispositions ayant pour objet de mettre ses attributions en harmonie avec celles de la cour des aides de Paris.

Des lettres patentes du 15 septembre 1483 (XIX, 132), par lesquelles Charles VIII, à son avénement au trône, confirma les membres de la cour des aides de Normandie, sont le seul des documents de la collection, qui nous révèle l'existence de cette cour. Elles nous apprennent, du reste, qu'elle avait la même organisation et la même compétence que celle de Paris.

des 11 octobre 1407 (IX, 710), juin 1460 (XIX, 496) et 18 février 1490 (XX, 382), qui ont pour objet de régler la procédure devant cette cour et d'en simplifier les formes.

TITRE DEUXIÈME.

DES JURIDICTIONS ROYALES NON SOUVERAINES.

Les juridictions royales, dont il a été question dans le titre précédent, portaient la qualification générique de *cours souveraines*. Elles jouissaient de la prérogative de rendre des décisions, qui n'étaient pas susceptibles d'appel, et que, par ce motif, on nommait *arrêts*. La faculté d'attaquer ces arrêts en cassation devant le roi n'apportait aucune modification à cette règle, parce que la voie extraordinaire du recours en cassation, établie bien plus dans l'intérêt public que dans l'intérêt privé, n'a jamais été considérée comme un degré de juridiction. Si l'on excepte certains cas, où, par l'effet d'évocations, de *committimus* et d'autres priviléges de ce genre, des procès étaient portés directement devant les cours souveraines, pour y être jugés sans avoir subi le degré du premier ressort, la véritable attribution de ces cours était de prononcer sur les appels des jugements rendus par des juridictions inférieures.

Ce sont ces juridictions royales, non souveraines, qui vont être l'objet du présent titre. Elles peuvent être distinguées en deux classes. Les unes statuaient en première instance sur un nombre considérable d'affaires, qu'à raison de leur nature ou de leur importance on n'avait pas cru devoir attribuer aux juridictions de la seconde classe ; elles étaient en outre juges d'appel à l'égard de celles-ci, qui restèrent essentiellement juges de première instance, sauf dans quelques cas particuliers d'exceptions.

Je me propose de traiter de ces deux classes de juridictions dans deux chapitres distincts.

CHAPITRE PREMIER.

DES JURIDICTIONS ROYALES NON SOUVERAINES DE PREMIÈRE CLASSE.

Les juridictions de cette classe, dont il est parlé dans la collection des Ordonnances, sont :

1° les grands bailliages ;
2° les grandes sénéchaussées ;
3° l'amirauté ;
4° le grand maître des eaux et forêts.

Quoique la plupart du temps ces juridictions fussent juges d'appel à l'égard des juridictions inférieures, dont il sera parlé dans le chapitre suivant, les décisions qu'elles rendaient sur ces appels étaient elles-mêmes soumises à l'appel devant les cours souveraines.

SECTION PREMIÈRE.

DES GRANDS BAILLIAGES.

J'ai déjà fait remarquer que le nombre trop considérable des contestations et l'étendue du territoire, où elles s'élevaient, obligèrent les rois à prendre des mesures pour rapprocher la justice des justiciables, et principalement pour statuer sur les procès, qui, n'ayant aucun rapport avec la féodalité, n'étaient pas de nature à être jugés par les mêmes principes. C'est ce qui donna lieu à l'établissement de juges locaux, connus sous les noms de *prévôts, vicomtes, baillis,* dont je traiterai dans le chapitre suivant. Ces juges connaissaient-ils originairement de toutes les contestations qui s'élevaient entre les roturiers dans leur arrondissement ? Leurs décisions étaient-elles irrévocables ? Nous ne trouvons rien qui résolve ces questions d'une manière satisfaisante pour le temps qu'embrassent les premiers règnes de la troisième race. On peut, avec une grande vraisemblance, conjecturer que les parties intéressées avaient le droit de s'adresser au roi, toujours maître de retenir à sa cour les affaires qui lui paraissaient présenter le plus de difficultés ou exiger un examen plus approfondi, et surtout d'y appeler ses officiers et de réformer leurs décisions.

Philippe Auguste conçut le projet d'établir dans les pays du domaine de la couronne (*pays d'obéis-*

sance) un ordre de choses plus régulier ; et d'autres causes, qu'il n'est pas hors de propos de faire connaître, concoururent à lui en signaler le besoin. Les progrès de la civilisation, qui, sous le règne de ses deux prédécesseurs, Louis VI et Louis VII, avaient produit l'affranchissement individuel ou collectif d'un nombre infini de serfs, en multipliant les hommes libres et les propriétaires, augmentaient les procès dans la même proportion ; ces procès faisaient naître très-souvent des questions importantes, difficiles, pour la solution desquelles les juges locaux ne possédaient pas assez de lumières, et que, d'un autre côté, on ne pouvait attirer directement à la cour royale, sans la surcharger d'occupations et sans exposer les plaideurs à des déplacements dispendieux. Les établissements de communes avaient donné lieu à la formation de justices municipales, qui se trouvaient fréquemment en conflit avec les justices des seigneurs : ceux-ci essayaient de reconquérir par le fait et par les usurpations de leurs officiers un pouvoir qu'ils avaient abdiqué en droit ; les juges municipaux, de leur côté, cherchaient à étendre leur compétence au delà des limites fixées par les chartes. Or, c'était au roi, garant de ces chartes et protecteur des communes, qu'il appartenait de statuer sur ces conflits.

On ne peut se dissimuler combien il était onéreux pour les plaideurs de venir devant la cour royale, non pas même la plupart du temps pour être jugés, mais pour faire décider quels seraient leurs juges. A ces considérations s'en joignait une plus puissante aux yeux de la politique, celle de rapprocher de l'autorité royale, par une intervention protectrice et habituelle, les peuples, que le système féodal en tenait isolés. Tel devait être et tel fut, en effet, le résultat de l'institution des *grands bailliages*, qui appartient, sans contredit, à Philippe Auguste. Le premier acte de cette création n'a pas été conservé; seulement l'article 4 de l'ordonnance de 1190 (I, 18) contient ces expressions remarquables, quoiqu'elles ne soient pas complétement satisfaisantes : *In terris nostris, quæ propriis nominibus distinctæ sunt, baillivos nostros posuimus.* Ces mots se rapportent sans doute à un fait antérieur à 1190, mais ce fait est annoncé comme personnel à Philippe Auguste; et ce roi étant monté sur le trône en 1180, l'incertitude sur l'époque précise de la création des grands bailliages n'est pas considérable.

L'ordonnance, que je viens de citer, ni aucun autre document ne nous apprennent où furent colloqués les premiers grands baillis. Loyseau [1] assure que ce fut à Vermand, à Sens, à Mâcon et à Saint-Pierre le Moutier. Mais Brussel [2] et après lui l'abbé Bertin [3] ont élevé des doutes sé-

---

[1] *Traité des Seigneuries*, chap. VIII, n° 40.
[2] *Usage des fiefs*, p. 686.
[3] *Mémoires de l'Académie des inscriptions*, t. XXIV, p. 737.

rieux, et dans mon opinion bien fondés, sur cette désignation, qu'un grand nombre d'auteurs ont cependant répétée. Je ne crois pas qu'il soit indispensable de discuter la question; il est plus important de faire connaître comment l'institution des grands baillis devint pour les rois un des plus puissants moyens d'administration et d'ordre public, en leur donnant partout des délégués, qui n'agissant que dans une circonscription limitée, rendaient sans cesse présente et accessible l'autorité royale, dont le rôle, bien compris par Louis VI et surtout par Philippe Auguste, était de se constituer protectrice des opprimés, et de délivrer les peuples des exactions et de l'arbitraire des officiers des seigneurs. Cette pensée féconde, déposée dans l'ordonnance de 1190, se développa à l'aide du temps et de l'expérience. Les premiers détails sur les droits et les devoirs des grands baillis se trouvent dans les ordonnances de saint Louis, du mois de décembre 1254 (I, 65) et de 1256 (I, 76), qui évidemment se réfèrent à un état de choses antérieur. Ces lois ont été complétées par la célèbre ordonnance de réformation de Philippe le Bel, du 25 mars 1302 (I, 354), à laquelle se réfèrent différentes autres lois des règnes suivants.

Nous n'avons aucune connaissance sur les premiers choix des grands baillis. Il est difficile de croire qu'ils n'aient pas été faits avec assez de soin pour que la confiance publique entourât la nouvelle institution ; la sagesse de ceux que fit saint Louis nous est révélée par les noms de Pierre de Fontaines et de Beaumanoir. On sait, du reste, qu'ils étaient presque toujours pris parmi les membres du parlement, dont les *Olim* attestent la science et l'équité. L'ordonnance du 25 mars 1302 prouve que Philippe le Bel n'apportait pas moins de maturité dans ses choix ; il décida qu'ils seraient faits, ainsi qu'on le lit dans l'article 14, *ex deliberatione magni consilii,* en se fondant sur le motif qu'il importe que *per sapientes et fideles personas.... in regno nostro justicia servetur illæsa.* Les articles 38 à 55 contiennent les plus sages dispositions sur les devoirs des baillis, sur les engagements qu'ils prenaient par un serment public et solennel, et sur les moyens de prévenir les abus d'autorité, dont ils pourraient se rendre coupables. Il leur était interdit d'exercer leurs fonctions dans les lieux où ils étaient nés (art. 18) ; de contracter des mariages et de faire des acquisitions dans leur ressort (art. 51). En leur confiant le choix des prévôts et des autres juges royaux inférieurs, le roi leur défend de nommer leurs parents à ces places (art. 22), et leur prescrit d'exercer leurs fonctions en personne, sans pouvoir se substituer des lieutenants, hors les cas de nécessité urgente et prouvée ou d'absence pour le service du roi (art. 26).

Si l'on étudie attentivement cette ordonnance, dont la base se trouvait déjà dans celles de saint

Louis, que Philippe le Bel affectait sans cesse de prendre pour modèle en fait de législation, et si on en compare les dispositions avec celles du Digeste, relatives aux présidents et aux magistrats envoyés dans les provinces par les empereurs, on ne peut s'empêcher de reconnaître quelle était alors la prodigieuse influence du droit romain sur la législation française, et combien ce droit devait être l'objet des études habituelles des personnes, à qui les rois confiaient la rédaction de leurs ordonnances.

On adressait aux baillis toutes les lois susceptibles d'ê re exécutées dans leurs ressorts ; il leur était prescrit de les faire publier et d'en assurer l'exécution immédiate, ou si les circonstances les obligeaient à y apporter quelque retard, d'en rendre sur-le-champ compte au roi et à son conseil (art. 20). La collection des Ordonnances contient une multitude de lois ou de mandements envoyés aux baillis et relatifs à des mesures d'ordre public, de défense du pays, de convocation du ban et arrière-ban, aux levées d'impôts et à la perception des revenus royaux, aux monnaies. Ainsi les fonctions de ces officiers peuvent être assimilées à ce qui, beaucoup plus tard, constitua celles des gouverneurs de provinces, puis des intendants : elles ont quelque analogie avec celles des préfets dans notre organisation actuelle ; mais à la différence immense et fondamentale, qu'outre ces attributions d'administration véritablement illimitées, les baillis exerçaient le pouvoir judiciaire, pouvoir qui ne cessa de s'accroître par des causes, que l'objet spécial de ce travail m'impose l'obligation d'expliquer avec plus de développement.

Ils avaient sous leur surveillance tous les juges royaux de l'arrondissement, dont quelques-uns portaient le nom de *ballivi minores* ou *petits baillis*, ainsi que les juges seigneuriaux et municipaux, et statuaient sur les appels des sentences rendues dans ces juridictions.

De même que pour leurs fonctions administratives ils étaient sous la surveillance du conseil ou des commissaires extraordinaires, que le roi envoyait dans les provinces, et surtout de la chambre des comptes pour ce qui concernait la recette des deniers publics, de même, sous les rapports judiciaires, ils étaient sous l'autorité et la censure du parlement, où ils devaient se rendre à certaines époques, lorsqu'on jugeait les appels de leurs sentences; ils y avaient même séance et droit de délibération, chaque fois qu'il ne s'agissait pas des affaires de leurs bailliages. Ces règles, attestées par un grand nombre d'arrêts contenus dans les *Olim* et très-expressément par l'ordonnance du 7 janvier 1277, étaient, sans le moindre doute, en vigueur sous le règne de saint Louis, c'est-à-dire à l'époque où les fonctions judiciaires des baillis acquirent un développement considérable par les ordonnances de 1254-1256, et surtout par celle de 1260, qui rendit les appels plus faciles et plus multipliés.

L'exercice des fonctions judiciaires des baillis avait lieu dans des formes analogues à celles qu'on suivait primitivement à la cour du roi. L'ordonnance de 1190 donne à leurs sessions le nom d'*assises*; mais pendant longtemps ces assises n'eurent pas de siége fixe : ils les tenaient, pour me servir des expressions de l'article 26 de l'ordonnance du 25 mars 1302, *in circuitu bailliviarum suarum*, et dans les lieux qui leur paraissaient le plus convenables.

Originairement l'assise était composée d'un certain nombre d'hommes, pairs des parties; le bailli la présidait; le jugement était formé par la réunion des avis de ces hommes, et il en assurait l'exécution; c'était, comme on le sait, l'usage sous les deux premières races[1]. Les articles 23 et suivants de l'ordonnance de 1254-1256, les chapitres 105 du livre Ier et 15 du livre II des *Établissements de saint Louis*, les articles 28 et 30 de l'ordonnance du 7 janvier 1277, l'attestent expressément; et leurs dispositions se trouvent reproduites dans les articles 18 et 19 d'une ordonnance du 30 mars 1350 (II, 391.), et 53 de celle du mois de mars 1356 (III, 121). Je donnerai plus loin quelques détails à ce sujet.

Mais peu à peu les mêmes causes, qui avaient substitué des clercs ou gens de loi aux vassaux membres de la cour du roi, exercèrent leur in-

---

[1] Voir mon ouvrage sur la loi Salique, p. 571 et suiv.

fluence sur les juridictions des baillis. Ils prirent pour assesseurs des avocats, des praticiens, qui finirent par être les conseillers des bailliages, de même que les clercs avaient fini par composer presque exclusivement la cour royale, le parlement.

Les détails, que je me réserve de donner dans la seconde partie de cet ouvrage sur les moyens employés par les baillis pour assurer le triomphe de la juridiction royale sur celles des seigneurs, démontreront quelle influence l'institution des grands bailliages eut sur cette partie de l'organisation judiciaire. Elle n'en exerça pas moins sur la jurisprudence, c'est-à-dire sur les principes, d'après lesquels les procès étaient ou devaient être jugés.

L'article 2 de l'ordonnance de 1254, ou 1er de celle de 1256, prescrivait aux baillis de rendre la justice dans leurs assises, *secundum usus, jura et consuetudines in locis singulis approbatas*. On ne saurait induire de ces expressions qu'il existât généralement des coutumes écrites et revêtues d'une sorte de caractère officiel. Cela n'était vrai que pour un très-petit nombre de communes, dont les chartes contenaient des coutumes; partout ailleurs, et même dans ces communes, les points, que les chartes n'avaient pas prévus, étaient décidés par des usages traditionnels.

On ne peut que proposer des conjectures sur la manière dont s'étaient établis ces usages, et sur les éléments qui avaient servi à les former. Personne n'ignore que sous la dynastie mérovingienne les hommes libres avaient le droit d'être jugés par leur loi d'origine; et quels que dussent être les embarras dans l'application de ce principe, lorsqu'avec le temps les races se confondirent, ce droit était en pleine vigueur pendant la seconde race : les capitulaires parlent de l'obligation imposée aux comtes, chefs de justice, d'avoir chacun dans sa chancellerie un exemplaire du recueil des différentes lois, *libri legales*, afin de les consulter pour appliquer à chacun la loi qu'il avait le droit d'invoquer. C'est ce système qu'on a appelé la *personnalité des lois*, essentiellement différent de la *territorialité*, c'est-à-dire de l'empire de la loi locale sur tous les hommes qui habitent le pays.

Mais, à côté de cette personnalité, des causes dignes d'être remarquées préparaient depuis longtemps un système de territorialité, qui ne pouvait manquer de finir par prévaloir. Quelques ordonnances des rois mérovingiens, peu nombreuses il est vrai, les capitulaires de la seconde race plus multipliés, exerçaient leur autorité sur toute l'étendue de l'empire franc. Le droit romain, qui d'abord n'avait été que la loi personnelle des anciens habitants connus sous le nom de *Romains* et du clergé, était devenu, par une sorte de nécessité, le supplément des lois barbares pour la rédaction, l'interprétation, l'exécution des contrats, sur lesquels ces lois gardaient le silence : sous ce rapport il n'était plus simplement la loi d'une race d'hommes; dans la réalité et par la force des choses il était territorial.

Tels durent être, sans le moindre doute, les éléments qui servirent à former les premières coutumes. L'expérience de tous les siècles atteste que l'empire des usages, par lesquels les habitants d'un pays ont été régis pendant longtemps, survit aux révolutions politiques. Lors même que ce pays subit le joug de la conquête, à moins que les vainqueurs n'abolissent d'une manière expresse l'ancienne législation et ne la remplacent par une nouvelle, cette ancienne législation subsiste dans les souvenirs, dans les mœurs, dans la conscience du peuple, comme règle nécessaire et coutume d'une utilité évidente. Il dut, à bien plus forte raison, en être ainsi lors de l'établissement du régime, qu'on a appelé *féodal*, établissement qui ne fut point l'effet d'une conquête étrangère, mais la modification d'une société, dont les membres étaient restés les mêmes, et entre lesquels il n'y eut qu'un classement nouveau des propriétés et des personnes. On peut donc dire, avec une sorte d'assurance, que le droit suivi dans les tribunaux dès les premiers temps de la troisième race fut en partie formé des débris, ou si l'on veut des réminiscences, de celui qui était en vigueur sous les deux premières races. Il existait encore aux xie et xiie siècles quelques anciens usages, qui sembleraient avoir dû le plus promptement tomber en désuétude. Des diplômes de Henri Ier de 1052[1] et 1057[2], de Louis VI de 1109[3], constatent que ces rois ont conféré la liberté à des serfs, *excussis denariis more regio*, c'est-à-dire par la forme symbolique du jet du denier, dont il est parlé dans le chapitre xxviii de la loi Salique et dans plusieurs formules des viie et viiie siècles; F. Pithou en a donné, dans son commentaire sur cet article, un autre exemple, qui appartient aussi à la troisième race. L'usage de la justification d'un accusé par un certain nombre de conjurateurs et par le combat est attesté dans la charte de la commune d'Athyes de 1212 (XI, 298). Un examen détaillé des premières rédactions des coutumes, contenues dans les chartes de communes des xiie et xiiie siècles, donnerait, sans le moindre doute, l'occasion d'y signaler des dispositions, qui n'ayant été puisées ni dans le droit romain ni dans les décrétales, n'ont pu l'être que dans les lois barbares; telles étaient la communauté conjugale, les douaires des femmes, la distinction des biens en propres et acquêts, les traditions par le *vest* et *devest*, le retrait lignager, qui ont subsisté jusqu'à nos jours.

Toutefois, on ne doit pas se le dissimuler, ces emprunts n'ont pu être très-nombreux. La majeure partie des codes barbares est relative à un état de

---

[1] *Rer. Gall. et Franc. Script.*, t. XI, p. 590.
[2] Martène, *Thesaurus anecdot.*, t. I, col. 183.
[3] Mabillon, *Annales ordinis S. Benedicti*, t. V, p. 533.

personnes que la féodalité avait fait disparaître, à la police, à la répression des délits, à la procédure ; et la forme de la société étant changée, de nouvelles règles sur ces matières avaient dû être adoptées.

Mais un grand nombre d'autres causes, que je crois inutile de signaler ici, parce que je les ai développées dans un mémoire lu à l'Académie des inscriptions en 1829[1], s'opposèrent à ce que les coutumes parvinssent à la perfection et à l'uniformité, qu'une bonne administration de la justice pouvait faire désirer. Le désordre et l'arbitraire régnaient partout ; ils avaient introduit une variété infinie d'usages bizarres, déraisonnables, dont les tribunaux de chaque localité tenaient à ne pas se départir ; et Beaumanoir atteste que de son temps, à la fin du XIIIe siècle, *on ne pourroit pas trouver el royaume de France deux chastelenies qui de toz uzassent d'une meisme coustume* [2]. Loin qu'on pût espérer quelque remède à ce mal, tout devait faire craindre qu'il ne s'augmentât de plus en plus. Heureusement les baillis se trouvèrent assez instruits pour faire pénétrer la lumière dans ce chaos, et assez forts pour vaincre les résistances.

On n'a point conservé de recueils de leurs jugements, comme les *Olim* nous en fournissent à compter de 1254 pour les arrêts de la cour du roi ; mais, ainsi que je l'ai dit plus haut, les baillis assis-

---

[1] *Nouveaux Mémoires*, t. X, p. 682 et suiv.
[2] *Coutumes de Beauvoisis*, Prologue.

taient à cette cour, et participaient à ses arrêts dans un grand nombre de circonstances. Ils étaient donc animés du même esprit, et cet esprit consistait surtout à faire établir une sorte de droit commun, en abrogeant les coutumes injustes et mauvaises, qui s'en écartaient; à étendre de plus en plus l'empire des compilations de Justinien, devenues, dès le xiie siècle, l'objet des études les plus usuelles des magistrats et des praticiens, et celui du droit canonique, dont on faisait usage pour modifier ou compléter le droit romain, ainsi que le prouve le livre connu sous le titre d'*Établissements de saint Louis*.

On ne saurait trop remarquer aussi la part que les baillis eurent au rétablissement de l'autorité royale dans l'administration de la justice. Sans contredit, les jurisconsultes, dont la cour du roi était composée, n'étaient pas moins dévoués que les baillis à la consolidation et à l'extension de cette autorité; mais très-certainement, s'il n'eût pas existé des baillis, exerçant chacun leur action sur une partie assez étendue du territoire et se rattachant à la cour, toutes les justices, tant royales que seigneuriales et municipales, seraient restées dans l'isolement; l'arbitraire aurait continué d'y régner; la cour aurait nécessairement ignoré les abus; l'incurie des prévôts royaux, établis dans des territoires exigus, et leur peu de force ne leur auraient jamais permis de disputer avec succès à ceux des seigneurs la connaissance des affaires, dont l'ordre public exigeait que la décision appartînt à des officiers institués par le roi et jugeant en son nom.

SECTION DEUXIÈME.

DES GRANDES SÉNÉCHAUSSÉES.

Le nom de *sénéchaussée*, comme celui de *bailliage*, était générique ; il servait à désigner à la fois des juridictions absolument inférieures et des juridictions d'un ordre plus relevé, qui, dans certaines parties de la France, ont eu des attributions tout à fait semblables à celles des grands bailliages ; c'est de cette sorte de sénéchaussées qu'il va être ici question.

Celles du Languedoc sont les premières qui figurent dans l'histoire de notre ancien ordre judiciaire. Mais avant d'être juridictions royales, elles existaient du temps où, le Languedoc formant un grand fief de la couronne, le roi n'y exerçait point directement le pouvoir judiciaire. Ce fut la guerre dite *des Albigeois*, qui donna lieu à la transformation de ces juridictions, purement seigneuriales jusqu'alors, en juridictions royales.

Simon de Montfort avait conquis les comtés de Béziers, Carcassonne et Nîmes, qui formaient deux sénéchaussées, l'une dite de Beaucaire, l'autre de Carcassonne. Sa mort, arrivée en 1249, ayant transmis ses états à son fils Amaury, ce prince, qui ne se trouvait pas assez fort pour les conserver, céda tous ses droits au roi de France Louis VIII par un traité de 1226, qu'il ratifia en 1229 par un nouveau traité avec saint Louis. Le comté de Toulouse, dont Raymond VII n'avait pas été dépouillé, après être passé par sa mort à Jeanne sa fille, épouse d'Alphonse, frère de saint Louis, fut, lors du décès de cette princesse, en 1271, réuni à la couronne de France.

Les institutions judiciaires, qui existaient avant cette réunion, furent maintenues, et le pays se trouva divisé en trois sénéchaussées, savoir: celles de Beaucaire, de Carcassonne, de Toulouse. A la tête de chacune d'elles était un officier du roi, sous l'ancienne qualification de *sénéchal*, qui, indépendamment de l'administration civile, militaire et financière, était chef de la justice, et en cette qualité présidait les assises, où étaient portées les affaires trop importantes pour qu'on eût cru devoir les laisser aux juges inférieurs, appelés *viguiers*, etc., et qui en même temps statuait sur les appels des jugements de ces derniers.

On voit par ce peu de mots quelle était l'extrême ressemblance entre les grands sénéchaux et les grands baillis, dont il a été question dans la section précédente. La position sociale des sénéchaux fut peut-être même plus relevée que celle des baillis, parce qu'ils gouvernaient un territoire plus étendu, et qu'étant moins rapprochés du siége du gouvernement central, ils durent nécessairement avoir une autorité plus grande. Mais au fond la similitude est parfaite, au point que les ordonnances de 1254-1256, dont j'ai parlé avec étendue à l'occasion des baillis, et toutes les lois postérieures, qui les ont développées et complétées, nomment toujours à la fois les baillis et les sénéchaux dans les dispositions relatives aux droits et aux devoirs de ces officiers.

La juridiction des sénéchaux n'était point souveraine. Quand on supposerait qu'avant la réunion du Languedoc à la couronne ils eussent jugé sans appel, il ne pouvait plus en être ainsi du moment que les sénéchaux étaient devenus officiers du roi et rendaient la justice en son nom; les ordonnances de 1254-1256 les assimilant en tous points aux baillis, leurs jugements durent être soumis à l'appel devant la cour. A la vérité, l'extrême éloignement de ces provinces aurait pu donner lieu à l'établissement, dans un lieu central, d'une section de cette cour chargée de prononcer sur les appels des jugements rendus par les assises des sénéchaussées. J'ai dit que cette tentative avait été faite par Philippe III, dès les premières années qui suivirent la réunion du Languedoc sous l'autorité directe du roi; qu'elle fut renouvelée par Philippe le Bel, mais qu'elle resta sans résultat, d'après le vœu des habitants eux-mêmes, qui paraissent avoir pendant longtemps préféré la juridiction suprême de la cour séante à Paris, quelque éloignée qu'elle fût.

Le Languedoc n'est pas la seule province dans laquelle il y eut des sénéchaussées organisées comme celles dont je viens de parler. Des institutions semblables existaient dans l'Aquitaine ou Guienne, pendant que ces pays étaient inféodés aux rois d'Angleterre. Ce fait est constaté par un assez grand nombre d'ordonnances, dans lesquelles il est parlé des sénéchaux du roi d'Angleterre; on voit même par les *Olim*[1], que dans quelques parties de la Guienne, où le roi de France avait conservé des droits, ses officiers supérieurs portaient le nom de *sénéchaux*. Il en existait aussi dans le Dauphiné.

Lorsqu'au xive siècle la Guienne eut été entièrement réunie à la couronne, et que le Dauphiné, qui n'en était pas un fief, eut été donné aux rois de France, les sénéchaussées, qui n'y étaient que des juridictions seigneuriales, furent maintenues, et prirent le caractère de justices royales.

SECTION TROISIÈME.

DE L'AMIRAUTÉ.

Les auteurs, qui ont essayé de nous donner quelques notions sur la juridiction de l'amirauté, s'accordent tous à citer une ordonnance du 7 décembre 1400 (VIII, 640), comme la première relative à cet objet. On verra bientôt que la loi, qu'ils désignent par cette date, est du 7 décembre 1373, et

---

[1] Tom. II, p. 37.

ce qu'il importe de remarquer, qu'il y en a de plus anciennes, où l'existence d'une juridiction de l'amirauté est attestée. On verra aussi que ces auteurs n'en ont pas connu d'autres, rendues sous les règnes de Charles VIII et de Louis XII, qui complétèrent l'institution.

Les côtes maritimes de la France avaient été, longtemps avant l'établissement de la troisième race, le théâtre d'une navigation très-active. Les incursions des Normands et l'anarchie purent l'entraver, non l'anéantir. Mais pendant les xe, xie et xiie siècles, le littoral du royaume ayant été soumis à des grands vassaux, dans les domaines desquels les rois n'exerçaient pas de juridiction, on chercherait vainement des ordonnances royales sur cet objet, rendues à cette époque. Les seigneurs, à qui appartenaient ces provinces ou ces villes littorales, durent naturellement prendre des mesures relatives à la sûreté des côtes et des lieux d'embarquement et de débarquement. Ils durent établir pour les expéditions des navires des règles, qui permissent de ne pas confondre les armateurs légitimes avec les pirates ; qui maintinssent la subordination des matelots envers leurs chefs ; d'après lesquelles on pût décider la validité des prises faites sur les ennemis, procurer des secours aux naufragés, et déterminer les rapports de la navigation privée avec l'État. On peut supposer avec vraisemblance que ce soin avait été confié par eux à des agents, tels que ceux que, sous la seconde race, les capitulaires appelaient *custodes maritimi*, gardiens des ports, puis amiraux. Il n'est pas possible de constater comment, à cette époque, étaient jugées les contestations privées, auxquelles le commerce maritime devait nécessairement donner lieu. Je présenterai quelques conjectures à ce sujet dans le chapitre suivant.

Mais dès le xiiie siècle les rois devinrent maîtres d'une partie assez considérable du littoral. En 1202 la condamnation de Jean sans Terre permit à Philippe Auguste de recouvrer la Normandie et l'Aquitaine. A la fin du xiie siècle le Languedoc fut réuni à la couronne, et la France commença à devenir une puissance maritime. Les rois conservèrent nécessairement les agents, que les seigneurs avaient chargés des mesures d'ordre et de police ; mais quelles qu'eussent été et continué d'être pendant longtemps les juridictions locales investies du droit de juger les contestations privées relatives à la navigation, on ne dut pas tarder à s'apercevoir que ces contestations étaient fréquemment mélangées de questions relatives à la police de la navigation et à divers objets attribués aux officiers, dont j'ai parlé plus haut. On se décida à leur en confier le jugement ; et c'est ainsi que se forma la juridiction dite de l'*amirauté*.

Le manque absolu de documents contemporains et le silence des auteurs, qui ont écrit sur l'ordre judiciaire, ne permettent pas de rien affirmer sur l'époque précise ou même approximative de cette réunion de fonctions administratives et de fonctions judiciaires, relatives à la navigation. Peut-être cela eut-il lieu lors de l'établissement de l'office d'amiral de France, dont tous les auteurs s'accordent à dire que Pierre le Miége a été pourvu le premier en 1327. Jusqu'alors, en effet, il y avait eu des amiraux, mais dont la mission était passagère et finissait avec l'objet de leurs expéditions. Ce qui est incontestable, c'est l'existence de la juridiction de l'amiral et de ses lieutenants dans la Normandie avant 1350. On lit dans l'article 22 de l'ordonnance du 5 avril de cette année (II, 400), que les appels des jugements rendus par eux seront portés devant l'échiquier, qui était alors la juridiction souveraine de la province : l'article 23 a pour objet de réprimer des empiétements de juridiction, que les lieutenants établis par l'amiral dans différents lieux commettaient au préjudice des tribunaux ordinaires. Mais cette ordonnance, précieuse sans doute pour faire connaître que la juridiction de l'amirauté existait déjà, non plus que l'article 35 de celle du mois de mars 1356 (III, 121), rendue d'après les cahiers des états généraux, où il est question de l'office de l'amiral et de ses droits sur les prises maritimes, n'entre dans aucun détail sur les attributions de l'amirauté sous les rapports judiciaires. C'est dans l'ordonnance du 7 décembre 1373 qu'on trouve les premiers renseignements, et cette loi remarquable a été le fondement de toutes celles qui ont été ultérieurement rendues sur le même objet.

J'ai dit plus haut qu'elle était citée par tous les auteurs sous la date du 7 décembre 1400, date évidemment fausse, puisqu'elle est intitulée *Charles*, et datée de la 10ᵉ année du règne ; or, le roi qui régnait en 1400 était Charles VI, mais dans la 21ᵉ année de son règne. Cette considération avait conduit Secousse à supposer une erreur, que du reste il n'avait alors aucun moyen de corriger. La découverte d'un très-ancien texte, faite en Angleterre (*British musæum*, manuscrits Sloane, n° 2428), m'a prouvé que la date réelle de notre ordonnance est du 7 décembre 1373, année qui effectivement était la 10ᵉ du règne de Charles VI.

Indépendamment des détails étendus qu'elle contient sur la direction des forces navales, la police des mers, la répression, la poursuite des pirates, les droits de l'amiral sur les prises et les choses échouées, cette ordonnance déclare, art. 2, que la juridiction de l'amirauté s'étend sur toutes les affaires de la mer et dépendances, *criminellement et civilement*. J'ai dit plus haut que l'amiral avait des lieutenants dans différents lieux, et je me propose d'en parler ultérieurement. L'article 13 de l'ordonnance du 7 décembre porte qu'il pourra être appelé de leurs décisions, mais il n'énonce point où ces appels seront portés. A cet égard une distinction paraît nécessaire : lorsqu'il s'élevait des réclamations contre les actes faits par l'amiral ou ses lieutenants dans le cercle de leurs attributions administratives, c'était au roi en son conseil qu'elles devaient être portées ; lorsqu'il s'agissait des jugements en matière civile ou criminelle, ces appels étaient portés devant un siége supérieur, qui se tenait au palais royal de justice, à un lieu appelé la *table de marbre*[1] : l'article 14 de l'ordonnance le fait entendre suffisamment, en déclarant que si les lieutenants de l'amiral ont à statuer sur des questions trop difficiles, ils sont autorisés à renvoyer les parties à se faire juger par le siége de la table de marbre, dont au surplus les jugements n'étaient pas souverains. L'ordonnance déjà citée ne s'explique pas, il est vrai, sur ce dernier point ; mais un arrêt du 13 juillet 1399[2] décida qu'on pouvait appeler devant le parlement des jugements rendus à la table de marbre ; et quoiqu'il ne paraisse pas que des difficultés sérieuses se soient élevées à ce sujet, l'article 2 de l'édit de 1543 le décida expressément. La même règle a été reproduite dans des lois postérieures.

Le pouvoir judiciaire de l'amiral ne s'étendait pas sur la totalité du royaume. La Normandie, la

---

[1] La salle du palais, qui portait ce nom, n'était pas exclusivement affectée aux audiences de la juridiction suprême de l'amirauté, on verra plus loin que la juridiction supérieure des eaux et forêts y tenait aussi, et deux ordonnances de 1356 et 1373, non contenues dans la collection, nous donnent la même preuve pour la juridiction des maréchaux de France, connue sous le nom de connétablie (*Justice militaire des connétables*, p. 1 ; Pinson, *Maréchaussée de France*, p. 5).

[2] Guénois, *Conférence des ordonnances*, t. I, p. 298.

Picardie, l'Aquitaine, y étaient seules soumises pendant le temps qu'embrasse la collection des Ordonnances. Dans les autres provinces maritimes les contestations étaient jugées par les juges royaux ordinaires, avec appel aux parlements. Les siéges d'amirauté n'ont été créés dans la Provence que par un édit de 1555; et dans le Languedoc, par un édit de 1630. Je ne dis rien de la Bretagne, qui, dans le fait n'a été réunie que sous le règne de François Ier, et où, du reste, les juridictions ordinaires ont toujours continué de juger les affaires maritimes, en prenant, ainsi que le prescrit un arrêt du conseil du 2 mars 1585, la qualification de *lieutenants de l'amiral*.

L'ordonnance du 7 décembre 1373, dont j'ai fait connaître les dispositions sous le rapport de la juridiction, objet spécial de mes recherches, a été complétée par celles des 2 octobre 1480 (XVIII, 583), 12 juillet 1490 (XXI, 370), août 1493 (XXI, 371), 15 juillet 1508 (XXI, 370), 10 décembre 1511 (XXI, 456), et 27 août 1512 (XXI, 484). Les quatre dernières ne contiennent point, à proprement parler, de dispositions nouvelles. La seule, qui doive être signalée particulièrement, est celle du 2 octobre 1480, portant qu'en cas d'appel des jugements rendus par les siéges locaux d'amirauté, dont je parlerai plus bas, cet appel ne sera point suspensif, et que ces jugements seront exécutés par provision.

SECTION QUATRIÈME.

DU GRAND MAITRE DES EAUX ET FORÊTS.

La plus ancienne mention qui soit faite, dans les ordonnances de la troisième race, d'agents supérieurs chargés de la conservation des eaux et forêts, se trouve dans l'article 14 de l'ordonnance du 25 mars 1302 (I, 354), portant que les *magistri custodes forestarum et aquarum* seront nommés par le roi en son conseil; mais cet article suppose évidemment une institution antérieure.

Leurs attributions judiciaires, les seules dont il entre dans mon plan de parler, nous sont connues par quelques ordonnances, que je vais indiquer. La première est celle du 25 février 1318 (I, 678), dont l'article 10 porte que ces maîtres connaissaient des délits et contraventions aux règlements et à la police des eaux et forêts; qu'ils devaient exercer cette juridiction en personne, sans pouvoir se substituer des lieutenants. Mais cette dernière disposition fut sans doute révoquée par quelque loi, dont le texte ne nous est pas parvenu; car on voit par une ordonnance du mois de juillet 1367 (V, 27), que les maîtres avaient des lieutenants à leur siége, qui se tenait au palais de justice dans le local appelé *table de marbre*.

Ces maîtres avaient sous leurs ordres des agents, qu'on appelait *verdiers*, *sergents*, *châtelains*, *gruyers*, sur lesquels l'article 17 de l'ordonnance du 2 juin 1319 (I, 654), reproduit dans l'article 16 de celle du 17 mai 1320 (I, 707), leur attribuait une surveillance et une juridiction exclusive; l'appel des jugements de ces agents était porté devant les maîtres.

J'ai dit que la juridiction forestière n'avait pour objet que la police des eaux et forêts et la répression des délits. On pourrait croire, il est vrai, qu'elle s'étendit sur des affaires civiles, si on s'en rapportait à des lettres du mois de novembre 1319, non contenues dans la collection, mais qui se trouvent dans le *Recueil des eaux et forêts* de Sainctyon. Ces lettres portent que les gardes de la forêt de Retz connaîtront *des causes de la marchandise de bois*. Mais il est probable que ce fut une mesure spéciale et exceptionnelle, dont nous ignorons l'espèce et le motif, puisque aucune disposition semblable ne se trouve dans les lois postérieures. En effet, une ordonnance du 15 juin 1320 (I, 715), porte très-expressément que les contestations relatives à la propriété des forêts et même au payement du prix des coupes et des ventes d'arbres sont de la compétence des tribunaux ordinaires. La même règle, énoncée dans une ordonnance du 29 mai 1346 (II, 244), fut reproduite et développée dans des lettres patentes du 14 mai 1362 (III, 566), dans les articles 7 et 8 d'une ordonnance du mois de juillet 1376, vidimée et publiée de nouveau par celle du mois de septembre suivant (VI, 222), enfin dans une ordonnance du 1er mars 1388 (VII, 770), et dans une déclaration du 30 juillet 1390 (XII, 178).

Le siége de la juridiction des maîtres des eaux et forêts étant à Paris, ainsi que je l'ai dit plus haut, il en résultait, pour les personnes qu'on y traduisait, des déplacements et des dépenses, qui durent donner lieu à de vives réclamations. L'ordonnance du mois de juillet 1367, publiée de nouveau en novembre 1381 (VI, 634), le 29 mai et le 4 novembre 1385 (VII, 121 et 139), décida que les pêcheurs, prévenus de quelques délits ou contraventions, ne pourraient être traduits hors de leur domicile ni condamnés sans le concours des juges civils et ordinaires de chaque localité. Il est probable, quoiqu'il ne nous soit point parvenu de lois expresses à ce sujet, que les mêmes considérations conduisirent à établir des règles semblables pour la poursuite des délits dans les forêts. Les maîtres durent donc se fixer, ou du moins se transporter dans les diverses localités, tant pour l'exercice de leurs attributions administratives que pour celui de leur juridiction. Mais les jugements qu'ils y rendaient pouvant être frappés d'appel, et les mêmes officiers qui avaient jugé en première instance ne devant point être investis du pouvoir de statuer sur l'appel de leurs propres décisions, la composition et la forme primitives du siége supérieur de la table de marbre à Paris éprouvèrent nécessairement une grande modification. Il paraît d'ailleurs qu'on reconnut le besoin d'établir une organisation centrale de l'administration forestière; ce qui donna lieu à l'institution d'un grand maître souverain, auquel étaient subordonnés les maîtres, dont l'article 4 d'une ordonnance du 13 juillet 1381 (VI, 604) nous apprend que le nombre s'élevait alors à dix.

On ne connaît pas exactement l'époque à laquelle fut créée cette charge : l'ordonnance que je viens de citer n'en parle point encore, mais certainement elle existait au milieu du xive siècle. Des lettres du 24 février 1358, publiées par D. Morice[1], attestent que Charles V, lorsqu'il était régent, pendant la captivité de son père, en fit don à Jean Gouequent, seigneur de Rouvette; d'autres lettres du 13 juillet 1384, citées par Miraulmont[2], constatent que le sieur de Castellin en était pourvu à cette époque. On trouve une preuve semblable dans des lettres du 22 juin 1394, publiées par Jacques Chauffoure[3]. Ces dernières sont adressées au comte de Melun, grand maître souverain des eaux et forêts. On y voit, indépendamment des pouvoirs les plus étendus sur l'administration et sur la réformation des abus, qui lui sont donnés, que le siége de la juridiction tenue par lui ou par son lieutenant était à la table de marbre à Paris, et que « les jugements « qui y seront rendus, tant en matière civile qu'en « matière criminelle, auront la même force que des

---

[1] *Preuves de l'Histoire de Bretagne*, t. I, col. 1528.
[2] *De l'origine et establissement du parlement*, p. 323.
[3] *Instruction sur les eaux et forêts*, p. 15.

« arrêts du parlement de Paris, de l'échiquier de
« Normandie et des jours de Troyes. »

Cette place de grand maître souverain des eaux et forêts subsistait encore sous le règne de Charles VIII, ainsi que le constatent des lettres patentes des 21 mai 1483 (XIX, 110) et 20 octobre 1495 (XX, 487), et sous celui de Louis XII, suivant des lettres du 8 juin 1498 (XXI, 36). Mais le droit que lui reconnaissaient celles du 22 juin 1394, de rendre la justice souverainement, ne fut pas maintenu; et il fut permis de porter au parlement les appels des décisions rendues à la table de marbre. Nous en trouvons la preuve dans des lettres patentes du mois de novembre 1508 (XXI, 398), dont l'objet est d'établir à Rouen, pour la province de Normandie, un siége de table de marbre semblable à celui de Paris; les jugements rendus par ce siége sont déclarés sujets à l'appel devant l'échiquier, de la même manière que ceux du siége de la table de marbre de Paris étaient portés au parlement.

C'était le commencement d'une véritable organisation, qui fut complétée par l'établissement de siéges semblables dans les autres parlements. Les ordonnances qui s'y rapportent appartiennent au règne de François Ier.

CHAPITRE DEUXIÈME.

DES JURIDICTIONS ROYALES NON SOUVERAINES DE SECONDE CLASSE.

Le caractère distinctif des juridictions, dont il sera question dans ce chapitre, était que leurs jugements fussent sujets à l'appel, soit devant les juridictions non souveraines de première classe, soit directement devant les cours souveraines, selon que cela était déterminé par les lois de leur institution ou par des priviléges particuliers.

On peut diviser ces juridictions de seconde classe en deux catégories : les unes avaient des attributions à la fois administratives et judiciaires ; les autres avaient des attributions purement judiciaires.

SECTION PREMIÈRE.

JURIDICTIONS QUI RÉUNISSAIENT DES ATTRIBUTIONS ADMINISTRATIVES ET JUDICIAIRES.

Les juridictions de cette espèce, dont il est parlé dans le recueil des Ordonnances, sont :

1° Les élections ;
2° Les amirautés ;
3° Les maîtrises des eaux et forêts ;
4° Les hôtels des monnaies.

ARTICLE PREMIER.

Juridictions connues sous le nom d'élections.

J'ai dit plus haut que l'article 2 de l'ordonnance du 28 décembre 1355, reproduit dans quelques lois postérieures, avait établi des commissaires superintendants pour la perception des aides, qui formèrent, avec le temps, l'institution connue sous le nom de *chambre*, puis de *cour des aides*. Une autre institution secondaire devenait indispensable. Il fallait que dans les différentes localités des sous-commissaires fussent chargés des opérations relatives à l'assiette et à la perception de l'impôt. On en trouva les éléments dans un état de choses, qui avait déjà existé du temps de saint Louis, et que constate une ordonnance de ce prince, sans date (I, 291), laquelle nous apprend que dans les villes, où le roi levait des tailles, les bourgeois élisaient des commissaires chargés de les répartir. Cette institution, qui avait été longtemps locale, et pour les seules villes, où il était dû des tailles au roi, fut généralisée par l'ordonnance du 28 décembre 1355, et devint l'origine des tribunaux qu'on a appelés *élections*, parce que primitivement ils avaient été composés d'hommes élus par leurs concitoyens. Leur compétence judiciaire consistait à prononcer sur toutes les contestations relatives à la perception des aides, en même temps que, dans l'ordre administratif, ils en faisaient opérer et surveillaient le recouvrement. Sous ces différents rapports ils étaient subordonnés aux généraux des aides, devant qui se portaient les appels de leurs jugements.

Tout ce qui concernait leurs attributions financières et administratives, leur juridiction et la procédure suivie devant eux, ainsi que leur subordination à la chambre des aides, fut réglé, développé et perfectionné par des ordonnances des 2 septembre 1370 (V, 348), 4 janvier 1392 (VII, 790), 19 juin 1445 (XIII, 428), 20 mars 1451 (XIV, 239), 26 août 1452 (XIV, 238), 3 juillet 1459 (XIV, 477), 6 août 1462 (XV, 536), 17 décembre 1464 (XVI, 280), et par celle du 11 novembre 1508 (XXI, 385), la dernière de la collection qui ait traité de cette matière, et dont les dispositions principales ont subsisté jusqu'à l'abolition de ces juridictions par la loi du 11 septembre 1790.

ARTICLE DEUXIÈME.

Juridictions des amirautés.

Il est impossible de supposer que le commerce maritime ne donnât pas lieu à des conventions; or ces conventions devaient avoir leurs juges. Mais aucune ordonnance antérieure à 1350 ne nous apprend quels étaient les tribunaux, à qui le jugement de ces affaires était confié. Toutefois il est vraisemblable que depuis longtemps il existait dans les ports, au moins dans ceux où le commerce maritime était le plus actif, une sorte de juridiction municipale ou arbitrale de *prud'hommes* ou *jurés de la mer*, qui statuaient sur les contestations auxquelles ce commerce donnait lieu. La partie des *Assises du royaume de Jérusalem*, qu'on appelle *assise de la cour des bourgeois*, parle de ces jurés de la mer, et l'on sait qu'en général ces assises ont été rédigées d'après les usages français. On y lit, dans l'article 40, que *bataille n'a point lieu devant la cour de mer;* ce qui naturellement nous reporte au moins à la première moitié du xiii° siècle, puisque le combat judiciaire n'a été aboli qu'en 1260 pour le domaine du roi, dont la plupart des ports français faisaient partie. L'usage de faire juger les contestations relatives au commerce maritime par des arbitres est attesté par le document appelé *Rôles d'Oléron*, qui paraît avoir été rédigé vers le xii° siècle, qui du moins n'est pas postérieur au xiii°, et qui d'ailleurs constate certainement des usages plus anciens.

Un ouvrage, composé probablement à la fin du xiii° siècle, connu sous le titre de *Livre de jostice et de plet*[1], pourrait porter à croire qu'à cette époque les prévôts, institués par le roi pour juger les procès entre les bourgeois, prononçaient sur les contestations maritimes. Mais cet ouvrage n'est qu'une traduction du Digeste, dans laquelle

---

[1] Cet ouvrage a été publié récemment par M. Rapetti dans la *Collection des Documents inédits relatifs à l'histoire de France*.

le traducteur a rendu le mot latin *prætor* par *li prévost*, comme il substituait aux noms des jurisconsultes romains, *Paulus*, *Pomponius*, etc., ceux de ses contemporains, *Jehan de Beaumont*, *Geoffroy*, etc.

Néanmoins d'autres conjectures conduisent à reconnaître que dès le milieu du xiii⁰ siècle, et même antérieurement, ces contestations n'étaient pas jugées, en Normandie du moins, par des prud'hommes municipaux ou jurés de la mer. L'article 23 de l'ordonnance du 5 avril 1350, que j'ai déjà citée, reconnaît très-expressément que cette juridiction était exercée par les lieutenants de l'amiral, et se borne à empêcher que sous prétexte d'intérêts maritimes ils n'empiètent sur la compétence des tribunaux ordinaires. La juridiction des lieutenants de l'amiral est plus expressément reconnue par l'article 13 de l'ordonnance du 7 décembre 1373, et l'on a vu que l'appel des sentences rendues par ces lieutenants était porté devant le siége supérieur de l'amirauté.

On pourrait peut-être induire du droit de nomination des juges inférieurs des amirautés, attribué à l'amiral, que leur juridiction n'était pas, à proprement parler, une juridiction royale. Mais l'induction ne me semblerait pas exacte. L'amiral était, comme le porte l'article 20, le représentant du roi pour tout ce qui concernait sa charge; c'était donc comme délégué du roi qu'il nommait des lieutenants; leur juridiction était donc royale.

On doit, au surplus, ne pas perdre de vue que l'amiral n'avait pas de lieutenants dans toutes les parties littorales du royaume. Cela n'eut lieu longtemps que pour les provinces de Normandie, de Picardie et d'Aquitaine. Dans les autres, les affaires maritimes étaient jugées par les justices royales de première instance, sauf l'appel aux baillis et sénéchaux, comme pour tous les autres procès. Je ne répéterai point ce que j'ai dit plus haut à ce sujet.

ARTICLE TROISIÈME.

Juridictions des maîtres particuliers des eaux et forêts.

On a vu, dans la section quatrième du chapitre précédent, que les maîtres des eaux et forêts avaient sous leurs ordres des officiers appelés *verdiers*, *gruyers*, *châtelains*, *sergents*, etc. Ces agents, indépendamment de leurs fonctions administratives, exerçaient une juridiction, dont l'article 69 de l'ordonnance du mois de septembre 1402 (VIII, 521) nous fait connaître l'objet. Ils étaient juges en premier ressort des délits pour lesquels les condamnations n'excédaient pas soixante sous, et l'appel de leurs jugements était porté devant les maîtres. On doit en conclure que pour les délits plus considérables, ceux-ci en connaissaient directement.

Lorsque la juridiction du grand maître souverain eut été établie et qu'elle eut reçu son développement, les maîtres cessèrent de tenir le siège de la table de marbre : sous la dénomination de *maîtres particuliers*, ils furent fixés dans diverses résidences pour mieux exercer leurs fonctions administratives, et devinrent juges de première instance en ce qui concernait la justice contentieuse des eaux et forêts. Longtemps les règles sur l'exercice de ces juridictions inférieures ne furent point uniformes. Il y avait des lieux, où les contestations étaient attribuées aux juges civils ordinaires. Nous en trouvons la preuve dans des lettres des mois de février 1369 (V, 261), mai 1391 (VII, 424), et avril 1393 (VII, 562), en faveur des habitants de Montauban : peut-être d'autres documents, qui ne nous sont pas encore connus, révéleront-ils des exceptions du même genre. La régularité n'a commencé à s'établir que sous le règne de François Ier ; et le système a été porté à sa perfection par la célèbre ordonnance de 1669, qui a conservé son empire jusqu'à la promulgation du Code forestier en 1827.

ARTICLE QUATRIÈME.

Juridictions des hôtels des monnaies.

Dans chaque ville, où des hôtels des monnaies étaient établis, des officiers royaux, chargés de surveiller la fabrication et de faire exécuter les lois et les règlements sur cette matière, avaient juridiction sur les fournisseurs de métaux, sur les fabricateurs et les ouvriers de tout grade employés aux travaux, sauf l'appel à la chambre des monnaies. Je ne vois aucune utilité de citer par leurs dates et d'analyser un assez grand nombre d'ordonnances sur cet objet. Je me borne à renvoyer à ce que j'ai dit plus haut sur l'appel de leurs décisions, qui était porté à la chambre des monnaies.

SECTION DEUXIÈME.

JURIDICTIONS DONT LES ATTRIBUTIONS ÉTAIENT PUREMENT JUDICIAIRES.

J'ai déjà dit plusieurs fois que les rois, indépendamment de leur cour féodale, qui a subi diverses transformations, reconnurent le besoin d'instituer des tribunaux chargés de juger les affaires, qui n'avaient pas de rapports avec la féodalité. Ces juridictions portèrent assez généralement le nom de *prévôtés*. L'existence en est prouvée dès les premiers règnes de la troisième race. Le plus ancien document, où il en soit fait mention, sont des lettres du 2 octobre 1057 (I, 2), ayant pour objet de supprimer des perceptions abusives, que les agents du roi faisaient dans la ville d'Orléans. Au nombre des conseillers, d'après l'avis desquels ces lettres ont été octroyées, se trouve Maubert, prévôt d'Orléans. Dans une ordonnance de 1115 (II, 381), le roi donne à ces prévôts la qualification générique de *justiciarii nostri*. Une charte de 1168 (I, 15), au profit de la même ville d'Orléans, contient dans les articles 3 et 4 des dispositions sur le lieu où se tenaient les audiences du prévôt. Je citerai quelques autres documents analogues, lorsque je parlerai plus bas du *châtelet* de Paris.

Il est probable que dans quelques lieux ces juges royaux portaient le nom de *baillis*; les articles 7 et 8 de l'ordonnance de 1254, rendue à une époque où cette qualification était donnée à des juges supérieurs, constatent l'existence de baillis inférieurs, qui leur étaient subordonnés. Dans d'autres lieux, surtout dans les provinces méridionales, on les appelait *viguiers*.

Les fonctions de ces agents n'étaient pas bornées à l'exercice de la juridiction ; le recouvrement des cens, rentes et autres redevances dues au roi, la perception des amendes et confiscations, des droits de sceau et autres produits de la justice, dans leurs arrondissements, leur étaient confiés, et même il paraît qu'ils s'en rendaient fermiers moyennant une redevance annuelle. La plus ancienne preuve qui en subsiste est un compte de 1202, publié par Brussel[1]; mais certainement ce compte constate un état de choses bien antérieur : on en trouve des preuves plus récentes dans les articles 24 de l'ordonnance de 1254, 19 de celle de 1256, 19, 52 et suivants de celle du 28 mars 1302, 5 de celle du 20 avril 1309 (I, 460), et dans un commandement du 1er juin 1311 (I, 483).

Les abus, qui résultaient de ce système, portèrent les rois à le changer. On peut croire que les pre-

---

[1] *Usage des fiefs*, Appendice.

miers essais commencèrent par la prévôté de Paris, et qu'ils sont dus à saint Louis. Voici ce que Joinville nous apprend à ce sujet : « La prévosté de « Paris estoit lors vendue aus bourjois de Paris, « ou à aucuns ; et quant il avenoit que aucuns « l'avoit achetée, si soustenoient leur enfants et « leur neveus en leur outrages.... Si ne voult plus « (le roi) que la prevosté de Paris feust vendue, « ains donna gages bons et grans à ceulz qui dès « or en avant la garderoient[1]. »

Saint Louis n'eut pas le temps d'opérer la même réforme dans tout le royaume ; et ses successeurs ne suivirent pas immédiatement son exemple, ainsi que le prouvent les ordonnances de 1302, 1309 et le mandement de 1311, que j'ai cité plus haut. Sous le règne de Philippe VI on mit plus de suite à cet essai. Une ordonnance du mois de mars 1331 (II, 77), relative à l'administration de la justice dans la ville de Laon, déclare, article 2, que le prévôt sera en titre d'office avec des gages. Cette règle fut généralisée par l'article 1er d'une ordonnance du 15 février 1345 (II, 238), par deux autres des 13 mai 1347 (II, 262) et 22 juin 1349 (II, 303). Mais les embarras des finances réduisirent les rois à la nécessité d'aliéner ou de donner encore à ferme les prévôtés, et la collection des Ordonnances en fournit beaucoup d'exemples. On en revint, au xve siècle, à la réformation tentée par saint

---

[1] *Rer. Gallic. et Franc. Scriptores*, t. XX, p. 296 et 297.

Louis ; une ordonnance du 26 août 1413 (X, 161) chargea la chambre des comptes de pourvoir aux offices de prévôts, et peu à peu le roi en reprit la nomination.

Sous les premiers règnes de la troisième race, la surveillance des justices royales inférieures paraît avoir été confiée au grand sénéchal. Cet office ayant été supprimé précisément vers l'époque de l'établissement des grands bailliis, ceux-ci en furent chargés. L'article 6 de l'ordonnance de 1190, dite *Testament de Philippe Auguste*, leur mande de rendre compte à la régence instituée par le roi pour administrer le royaume pendant son absence des délits commis par les prévôts, et même l'article 7 leur permet de les destituer dans certains cas très-graves. Ces principes furent consacrés de nouveau par l'article 46 de l'ordonnance du 25 mars 1302 ; et pour mieux assurer cette surveillance, l'article 18 défendit qu'un prévôt fût parent d'un juge supérieur.

Un assez grand nombre de dispositions disséminées dans diverses ordonnances contiennent des règles sur les obligations des prévôts, parmi lesquelles je me borne à indiquer l'injonction d'exercer leurs offices en personne et la résidence, que leur impose une ordonnance du 25 février 1328 (II, 26) ; la défense faite par l'article 21 de l'ordonnance de 1254 et par l'article 20 de celle de 1256 de poursuivre leurs dettes personnelles devant leur propre tribunal, même devant celui d'un autre prévôt, et l'obligation d'aller devant un juge supérieur. Les articles 1ᵉʳ et suivants de ces ordonnances, reproduits dans celle du 25 mars 1302 et souvent renouvelés, les astreignaient au même serment que les grands baillis et sénéchaux, et aux mêmes devoirs dans l'exercice de leurs fonctions.

Aucune loi appartenant aux premiers temps de l'institution des prévôts ne nous apprend comment la procédure était instruite devant eux, et notamment s'ils étaient assistés d'habitants du lieu, sous le nom de *prud'hommes* ou *assesseurs*, de la même manière que les grands baillis et sénéchaux l'étaient dans leurs assises. On doit le croire d'après ce que nous lisons dans les chartes de communes. Celles qui n'attribuent point aux habitants le droit de choisir leurs juges municipaux, et d'après lesquelles le pouvoir judiciaire continuait d'être exercé par un bailli ou par un prévôt du roi, constatent que les habitants s'obligeaient à fournir un certain nombre d'entre eux pour servir d'assesseurs à ce juge. Cette mesure, conforme à l'opinion profondément gravée dans l'esprit des peuples que chacun avait droit d'être jugé par ses pairs, et qui se rattachait aux usages de la première et de la seconde race, était la plus forte garantie d'une distribution de la justice impartiale et éclairée. Il y avait à cette époque peu, on pourrait dire point de lois positives; tout consistait dans des usages. Soit qu'il fallût constater ceux qui étaient en vigueur, soit qu'il fallût en introduire de nouveaux quand le besoin s'en manifestait, on était dans la nécessité de recourir à la notoriété et à l'expérience des prud'hommes; c'est ainsi que se sont peu à peu formées les coutumes, qui sont demeurées traditionnelles jusqu'à la fin du xv° siècle.

Cette assistance de prud'hommes ou jurés, que dans plusieurs lieux on appelait *hommes* ou *pairs de fief*, ou *hommes cotiers*, était certainement en vigueur au milieu du xiii° siècle, ainsi que le prouvent plusieurs ordonnances et passages des *Établissements de saint Louis*. Elle était même plus ancienne, comme on le voit dans les *Assises du royaume de Jérusalem*, composées d'après les coutumes françaises. Mais Beaumanoir, dont l'ouvrage est si utile pour faire connaître les usages judiciaires de son temps, assure qu'à la fin du xiii° siècle il y avait déjà un grand nombre de lieux, où les pairs ne venaient plus tenir l'assise du prévôt; il en signale la cause principale[1] : le service de l'assise était très-onéreux, non-seulement par la perte de temps qu'il occasionnait, mais surtout par le risque, auquel étaient exposés ceux qui avaient rendu un jugement, de payer l'amende lorsque ce jugement était infirmé, et souvent les pairs ne répondaient pas aux convocations. Sans doute ils pouvaient, d'après le témoignage du même auteur, être punis de leur absence, même par la perte de leur fief ou par l'emprisonnement; mais on répu-

---

[1] *Coutumes de Beauvoisis*, chap. i et ii.

JURIDICTIONS INFÉRIEURES.

gnait à l'emploi d'une mesure aussi sévère. La permission de se faire remplacer leur fut accordée ; et bientôt les mêmes remplaçants se présentant toujours, l'institution fut dénaturée, et l'assise convertie en tribunal permanent. Toutefois cette innovation ne fût pas générale, et l'usage des jugements par *hommes* se maintint dans plusieurs bailliages. On en trouve la preuve dans des ordonnances des mois de septembre 1368 ou mars 1370 (V, 140), juin 1373 (V, 622), août 1375 (VI, 142) et 2 octobre 1406 (IX, 144). Ces lois avaient pour objet de modifier la rigueur de l'usage, d'après lequel on condamnait à une amende les membres de l'assise, dont les jugements étaient infirmés ; au lieu d'une amende de soixante sous exigée de chacun des assesseurs, elles déclarent que les hommes, par qui a été fait le jugement infirmé, n'en payeront qu'une seule entre eux tous.

Les juges royaux, dont je viens de parler, étaient souvent placés dans des lieux, sur lesquels le roi n'avait pas une autorité entière, dont une partie était sous la juridiction d'un ou même quelquefois de plusieurs seigneurs, ou sous une juridiction municipale ; et cette situation faisait naître des disputes sur les limites du territoire juridictionnel ou sur le caractère et l'étendue de la compétence. Ces contestations, dont les frais et les lenteurs causaient d'immenses préjudices aux plaideurs, étaient décidées par les grands baillis, juges supérieurs de toutes les juridictions établies dans leur territoire, et portées par appel à la cour royale. Des ordonnances, dont plusieurs sont contenues dans la collection, intervenaient quelquefois pour donner une solution.

Souvent des juridictions seigneuriales devenaient royales, lorsque par une cause quelconque la seigneurie était réunie à la couronne ; et à l'inverse si le roi aliénait quelque portion de son domaine avec la juridiction sur la portion aliénée, cette juridiction devenait seigneuriale. C'est un point qui n'a jamais été contesté, et qu'atteste d'Aguesseau[1]. Quelquefois cette aliénation était temporaire, ce qui notamment avait lieu lorsqu'elle était faite à titre d'apanage en faveur de princes de la famille royale, ou pour les douaires de veuves de rois ; et dans ce cas encore la justice aliénée prenait le caractère de justice seigneuriale jusqu'à ce qu'elle eût fait retour. Mais ces aliénations perpétuelles ou temporaires ne devaient point préjudicier aux établissements ecclésiastiques ou civils, ni même aux personnes à qui des priviléges régulièrement concédés avaient garanti qu'ils ne seraient jamais soumis à d'autres juridictions qu'à celle du roi. Dans ces cas les rois, pour concilier avec le respect dû à ces engagements le droit d'aliénation dont ils usaient, commettaient des juges royaux d'un lieu voisin pour connaître des contestations qui intéressaient les privilégiés, et des affaires que les lois ou l'usage

---

[1] Œuvres complètes, édit. de 1819; t. X, p. 294, 296.

avaient mises au rang des cas royaux ; c'est ce qu'on appelait *juges des exempts*. La collection contient plusieurs ordonnances rendues pour cet objet, et fondées sur les principes que je viens d'exposer.

On y trouve encore quelques ordonnances relatives à des juridictions royales, à qui certaines attributions spéciales étaient données, telles que la conservation des priviléges des corporations, des universités, de l'ordre de Malte, etc. Les attributions de ces juges conservateurs ont beaucoup de rapports avec les *committimus*, sur lesquels il existe un nombre considérable d'ordonnances, mais je ne vois aucune utilité à en parler.

De même il n'entre point dans mon plan de traiter *singulatim* de chacune des juridictions royales inférieures, dont l'existence est constatée par la collection des Ordonnances ; les observations que je viens de présenter me paraissent suffisantes.

Cependant il ne m'est pas possible de passer sous silence ce qui concerne le châtelet de Paris. Ce tribunal était sans doute en soi une juridiction royale inférieure, de la même classe que les autres prévôtés : mais la considération qu'il siégeait dans la capitale, qu'outre le territoire proprement appelé *prévoté de Paris*, où il était juge immédiat, il recevait les appels de différentes châtellenies situées dans la *vicomté* et des petites justices seigneuriales existant dans la ville et ses environs, que les rois n'ayant point établi de grand bailli à Paris, le châtelet ressortissait nûment de la cour royale, lui donnait une grande importance et rendait nécessaire une organisation spéciale. Une charte de Henri Ier de 1060 est signée par le prévôt de Paris[1]; l'existence de sa juridiction est attestée par une charte de Louis VI de 1134 (I, 6). En autorisant les bourgeois de Paris, qui n'étaient pas payés de leurs créances par des débiteurs justiciables du roi, à opérer, de leur propre autorité et sans avoir obtenu de condamnation préalable, une mainmise sur les biens de ces débiteurs jusqu'à concurrence du montant de la dette, cette charte ordonne au prévôt et à ses officiers de prêter secours aux créanciers pour l'exécution du privilége qui leur est accordé. On pourrait même trouver une preuve de la juridiction du prévôt de Paris appartenant au xie siècle, s'il ne s'élevait pas quelques doutes sur l'authenticité d'une ordonnance, portant la date de 1061 et rendue en faveur des huiliers et chandeliers de Paris (XVI, 285), qui mande aux officiers du châtelet d'en assurer l'exécution. M. de Pastoret l'a publiée d'après un recueil imprimé en 1760; mais l'authenticité de ce document, connu par le seul ouvrage dont je viens de parler, et qui ne se trouve dans aucun dépôt public, me paraît très-contestable, surtout d'après le style, qui est en français du xvie siècle[2].

---

[1] *Rer. Gallic. et Francic. Scriptores*, t. XI, p. 605.
[2] On sait qu'en 1061 les actes royaux étaient rédigés en latin.

De même que tous les autres prévôts, celui de Paris avait été originairement chargé de la perception des droits et revenus royaux. On a vu que saint Louis avait changé cet état de choses. Il prit également, ainsi que l'atteste Joinville, des mesures pour améliorer l'administration de la justice dans la capitale : « Fist enquerre par « tout le royaume et par tout le pays, ou l'en « feist bone justice et roide, et qui nespargnast « plus le riche home que le poure. Si li fu endi- « tié Estienne Boiliaue, lequel maintint et garda « si la prevosté, que nul malfaiteur, ne liarre, ne « murtrier nosa demourer à Paris[1]. » La réputation de ce magistrat s'est conservée jusqu'à nos jours, et son *Livre des Métiers* est un des plus curieux monuments de la police et de l'état de l'industrie au xiii° siècle [2].

La multiplicité des affaires qui devaient être jugées par enquêtes, depuis que l'ordonnance de 1260 avait aboli le combat dans les justices du roi, ne permit pas longtemps au prévôt de Paris de faire ces enquêtes, comme cela avait lieu d'abord d'après le chapitre i^er du livre Ier des *Établissements*. Il se déchargea de ce soin sur des commissaires qu'on appela *enquêteurs, examinateurs de témoins*.

---

[1] *Rer. Gallic. et Francic. Scriptores*, t. XX, p. 297.
[2] Il en a été donné par M. Depping, en 1837, une édition qui fait partie de la *Collection des Documents inédits relatifs à l'Histoire de France*. De la Marre en avait déjà publié des fragments.

La loi la plus ancienne, où il en soit parlé, est une ordonnance du 26 avril 1301 (I, 338), laquelle laisse entendre qu'ils étaient choisis par le prévôt. Les rois s'en réservèrent bientôt la nomination, comme on le voit par une ordonnance du 21 janvier 1310 (I, 476). Ces officiers, s'étant rendus coupables de nombreuses malversations, furent supprimés par des lettres du 1er mai 1313 (I, 517); mais d'autres du mois de février 1320 (I, 738) les rétablirent, en fixèrent le nombre à huit, et en attribuèrent la nomination à la chambre des comptes. Le prévôt les chargeait aussi de procéder aux appositions de scellés, aux inventaires, aux comptes et partages faits en justice; la collection des Ordonnances contient un grand nombre de règlements sur les attributions, l'organisation et les priviléges de ces officiers, dont le plus récent est du mois d'octobre 1507 (XXI, 355); et tant à l'occasion de ces fonctions, que relativement aux rédactions d'enquêtes, ils eurent souvent avec les notaires du châtelet des conflits, sur lesquels intervinrent plusieurs lois.

Des causes semblables donnèrent lieu à la création d'*auditeurs*. Dans l'origine le prévôt les choisissait; il leur déléguait, à son gré, le jugement d'une partie des affaires portées à son tribunal; et même pour le jugement de celles qu'il réservait, il se faisait remplacer par un lieutenant. De graves abus en résultèrent. Philippe le Bel voulant y remédier, et réprimer les exactions dont ces officiers se rendaient coupables, rendit au mois de novembre 1302 (I, 352) une ordonnance, dont l'article 5 consacra la juridiction des auditeurs en la bornant aux affaires mobilières qui n'excédaient pas soixante sous, et à la simple instruction des autres. L'article 7 ne permit au prévôt de se faire remplacer que dans des cas de nécessité, par un prud'homme qu'il désignait pour l'occasion. Les autres articles ont pour objet de réduire le nombre excessif des sergents ou autres officiers ministériels et leurs émoluments; ce qui fut perfectionné par une ordonnance du 31 mai 1309 (I, 465). Une autre du mois de septembre 1377 (VI, 302) établit des règles sur leur juridiction.

Il est probable que le prévôt de Paris jugeait primitivement, ainsi que je l'ai dit des autres prévôts, avec l'assistance de prud'hommes. Nous ignorons par qui ils étaient élus. L'article 1er de l'ordonnance de 1190, dite *Testament de Philippe Auguste*, pourrait donner à croire que cette nomination appartenait au roi, mais il est bon de remarquer que les prud'hommes, dont il est question dans ce document, sont établis pour donner leur avis sur les affaires administratives de la ville; ce qui du reste paraît certain, c'est que vers la fin du xiiie siècle le prévôt appelait des avocats ou praticiens de son choix. Ce mode d'administrer la justice engendra de nombreux abus, détaillés dans une ordonnance du 25 mai 1325 (II, 3), par laquelle le roi nomma une commission pour lui proposer ses vues. Il en résulta un règlement du mois de février 1327 (II, 4), dont l'article premier porte que le tribunal du châtelet sera composé de huit conseillers présidés par le prévôt. L'ordonnance du mois de septembre 1377, citée plus haut, éleva deux auditeurs au rang de conseillers, tout en les maintenant dans leur juridiction propre, qu'ils exerçaient dans un local spécial et à des heures particulières.

Il ne nous est point parvenu de recueil des jugements de la prévôté de Paris, comme les *Olim* ont conservé les arrêts de la cour royale. Les registres du châtelet, qu'on trouve aux archives et à la bibliothèque nationale, soit sous la dénomination de *Livres de couleur*, soit sous celle de *Bannières*, ne contiennent que des ordonnances, lettres patentes et autres actes de l'autorité royale, et des règlements sur le commerce local, les statuts de corporations d'arts et métiers, etc., qu'on avait l'habitude d'y transcrire, ainsi que nous l'apprennent l'article 26 d'une ordonnance du mois de mars 1378 (VI, 386) et des lettres du 16 juin 1412 (X, 15)[1]. Mais nous avons la certitude que la procédure observée dans cette juridiction fut long-

---

[1] Voici, relativement à ces registres, le résultat de mes recherches, que je crois devoir présenter pour l'utilité des personnes qui voudraient faire des études approfondies sur l'ancienne administration de la France :

1° LIVRES DE COULEUR, ainsi nommés des couvertures qu'ils portaient anciennement :

temps compliquée et surchargée de formalités ruineuses pour les plaideurs. Des ordonnances des 17 janvier 1367 (VII, 705), 3 juin 1391 (VII, 438 et 785), mai 1425 (XIII, 88) et juillet 1499 (XXI, 233), essayèrent de réformer ces abus, dont un grand nombre subsista longtemps encore après le

Livre vert vieil premier : on ne trouve plus l'original, mais il en existe une copie à la préfecture de police. — *Livre vert vieil second*, dont l'original est aux archives, section judiciaire, Y, 2. — *Livre vert ancien*, dont il n'existe plus qu'une copie à la préfecture de police. — *Livre vert neuf*, dont l'original est à la bibliothèque nationale, fonds des Cartulaires, n° 10. — *Livre bleu*, dont l'original est aux archives, section judiciaire, Y, 3. — *Livre rouge vieil*, dont l'original est à la bibliothèque nationale, Cartulaires, n° 8. — *Livre rouge neuf*, dont l'original existe aux archives, section judicaire, Y, 1. — *Livre rouge troisième*, existant à la bibliothèque nationale, n° 9350, A, 58; il en existe aussi une copie à la préfecture de police. — *Livre jaune petit*, dont l'original existe aux archives, section judiciaire, Y, 4. — *Livre jaune grand*, dont l'original existe aux archives, section judiciaire, Y, 5. — *Livre blanc*, dont il n'existe qu'une copie à la préfecture de police. — *Livre gris*, dont l'original est à la bibliothèque nationale, Cartulaires, n° 9. — *Livre noir neuf*, dont l'original existe aux archives, section judicaire, Y, 6. — *Livre noir*, dont il n'existe plus qu'une copie à la préfecture de police. — Livre appelé *Doulx Sire*, du nom du greffier ou du copiste qui l'a écrit, existant à la bibliothèque nationale, anc. fonds, n° 9350, A, 139. — *Livre des métiers*, dont il n'existe qu'une copie à la préfecture de police. — 2° *Cahier neuf*, dont il n'existe qu'une copie à la préfecture de police. — *Repertoire general des livres estans en la chambre du procureur du roi nostre sire ou chastelet de Paris*, bibliothèque nationale, ancien fonds, n° 9843.

2° Bannières. Ces registres sont aux archives, section judiciaire Y, à la suite des livres de couleur. Mais les n°ˢ 4 et 8 manquent, et il n'y en a pas de copie à la préfecture de police.

règne de Louis XII. On connaît un ouvrage imprimé vers le commencement du xviᵉ siècle, dans lequel un praticien, dont le nom ne nous est pas parvenu, exposait les règles de cette procédure sous le titre de *Stile du châtelet*. La bibliothèque nationale en possède deux manuscrits, dont l'un est plus, et l'autre moins complet que l'imprimé[1]. Ce *stile* paraît avoir été rédigé après les ordonnances de 1367, 1391, 1425, peut-être même après celle de 1499, que je viens de citer.

Le droit civil et féodal a été l'objet de deux ouvrages plus étendus et plus instructifs, encore manuscrits, composés vers le xivᵉ siècle, portant aussi la dénomination de *Stile du châtelet*, qu'on trouve à la bibliothèque nationale[2]. Le travail auquel je me suis livré sur ces manuscrits m'a démontré qu'ils n'étaient point des copies d'un même ouvrage, dont il serait suffisant de publier l'un en y joignant les variantes fournies par l'autre. Ce sont évidemment deux compositions, ayant des auteurs différents, aités, il est vrai, d'après un fonds commun, soit

---

[1] Fonds Saint-Germain (Harlay), nᵒ 415 *ad finem*; fonds Saint-Victor, 269, fol. 180 à 185. — On en trouve aussi un manuscrit au fol. 162 recto du manuscrit 2794 de la bibliothèque ottobonienne à Rome.

[2] Le premier de ces *stiles*, dont la rédaction paraît la plus ancienne, existe en manuscrit à la bibliothèque nationale, ancien fonds, nᵒ 9389; fonds Saint-Germain (Harlay), nᵒ 415, et à la bibliothèque ottobonienne, nᵒ 2794. Le second *stile* est à la bibliothèque nationale. Suppl. franç., nᵒ 325.

purement traditionnel, soit peut-être déjà rédigé, ce qui expliquerait pourquoi on y trouve beaucoup de passages semblables et même identiques. Chopin[1] et Laurière[2] ont cité quelques fragments du premier de ces manuscrits.

Il ne faut pas croire toutefois qu'ils nous offrent les traces les plus anciennes de la jurisprudence suivie au châtelet. Un document, connu sous le nom de *Coutume d'Albigeois*, publié par plusieurs auteurs[3] sous la date du 1ᵉʳ décembre 1212, nous apprend que les domaines conquis dans ce pays par Simon de Monfort furent placés sous l'empire de la coutume de Paris, *ad consuetudinem et usum Franciæ circa Parisius*. Il est dit dans les *Établissements de saint Louis* qu'ils contiennent les *usages de Paris*, et certainement il s'en fallait de beaucoup qu'on y eût rassemblé la totalité du droit suivi au châtelet. Un manuscrit, que Chopin appelle *Cahier des ordonnances de la ville de Paris*, contient un nombre assez considérable d'actes de notoriété demandés, de 1268 à 1327, par le prévôt du châtelet au prévôt des marchands et à ses assesseurs sur divers objets, parmi lesquels cinquante environ concernent des questions de droit privé sur des cas

---

[1] *De moribus Parisiensium*, p. 41, 103 ; *De legibus Andium municipalibus*, p. 114, 158, 175, 336, 381, 396.

[2] *Institutes de Loisel*, liv. I, tit. I, § xiv ; *Coutumes de la prévôté et vicomté de Paris*, édit. de 1777, t. I, p. 9, 22.

[3] Entre autres par Martène, *Thesaurus anecdotorum*, t. I, col. 831.

non prévus par les *Établissements*[1]. Il y en a cent quatre-vingt-six, de 1300 à 1387, analysés dans les *Coutumes notoires du châtelet*, que Brodeau a publiées[2] d'après deux manuscrits, que je n'ai pu encore découvrir. Ce fut évidemment aussi d'après des éléments du même genre qu'on rédigea les *Constitutions du châtelet*, compilation sans date, mais qui se reporte à des temps assez anciens, puisque les articles 34, 40, 44 et 58 parlent du combat judiciaire. La copie, qu'on en trouve à la bibliothèque nationale[3], a été publiée par Laurière[4]. Ces documents, et d'autres que de nouvelles recherches pourront faire découvrir[5], ont été mis à contribution par les auteurs des *Stiles*, dont je viens de parler, lesquels à leur tour ont servi à composer le *Grand coutumier de Charles VI*, dont il existe en France plusieurs manuscrits[6] et des éditions très-nombreuses du xvie siècle, sans que l'auteur

---

[1] M. Leroux de Lincy, ancien élève de l'École des chartes, l'a publié totalement en 1846, dans le second appendice de son *Histoire de l'Hôtel de Ville de Paris*.

[2] *Commentaire sur la coutume de Paris*, t. II, p. 523 et suiv.

[3] Fonds Saint-Germain (Gesvres), 151.

[4] *Coutumes de la prévôté et vicomté de Paris*, édit. de 1777, t. III, p. 205 et suiv.

[5] M. Bordier, ancien élève de l'École des chartes, a déjà publié quelques fragments de ce genre dans la *Bibliothèque de l'École des chartes*, 2e série, t. I, p. 396 ; t. V, p. 45.

[6] Bibliothèque nationale, ancien fonds, 9827; fonds Notre-Dame, 119. — Bibliothèque de la ville de Troyes, 682. — Bibliothèque du Vatican, 4790.

en soit mieux connu [1]. On ne peut douter que tous ces matériaux n'aient été d'un grand secours pour rédiger la coutume de Paris, promulguée le 21 janvier 1510 (XXI, 442).

[1] Il est probable qu'un manuscrit, sans titre, formant le t. 247 de la Collection Dupuy à la bibliothèque nationale, est une copie d'un essai de la rédaction qui a produit le *Grand coutumier*.

DEUXIÈME PARTIE.

DES JURIDICTIONS SEIGNEURIALES.

L'origine des juridictions seigneuriales, telles qu'elles apparaissent au commencement de la troisième race, était semblable à celle des juridictions royales, dont j'ai parlé dans la première partie; mais le sort des unes et des autres fut bien différent. Les causes, qui ont préparé et produit le prodigieux accroissement de celles-ci, ont au contraire amoindri celles-là et en ont amené l'abolition.

Il ne faut pas confondre, comme on l'a fait souvent, les juridictions seigneuriales, dont il s'agit ici, avec les justices privées, que des traditions anciennes et des témoignages historiques, remontant à une époque antérieure à la fondation de la monarchie des Francs dans la Gaule, nous apprennent avoir été exercées par les propriétaires sur leurs familles, leurs esclaves, leurs affranchis, et même sur les personnes originairement libres, que le besoin de se procurer des moyens d'existence ou toute autre cause réduisait à la nécessité de se mettre au service d'autrui. Ces hommes ne jouissant pas d'une ingénuité parfaite, qui seule donnait entrée aux assemblées de justice publique appelées *Mâls,* étaient naturellement placés sous la juridiction privée de leurs maîtres; et si dans quelques circonstances l'intérêt des tiers, c'est-à-dire des personnes non soumises à la juridiction de ce maître, envers qui ces hommes auraient contracté une obligation, donnait lieu de les ajourner devant le *Mâl,* ils y étaient représentés par celui-ci.

Le nombre des hommes assujettis à des juridictions privées s'augmenta à mesure que la culture prenait des accroissements. Des propriétaires de grandes tenures y concédaient des jouissances à des serfs, à des affranchis, même à des hommes libres, moyennant des redevances, des corvées et d'autres charges; et il en résulta ce que les documents appellent des *mansi serviles, libertini, ingenuiles.* Ces manses contigus formaient des espèces de villages, et leur proximité exigeait des règlements sur les rapports respectifs des hommes qui les exploitaient; comme la propriété ne leur en appartenait pas, le maître qui leur concédait cette jouissance établissait des règles de police, et chargeait un préposé de les faire exécuter et de le représenter pour statuer sur les contestations susceptibles de s'élever entre ces différents tenanciers.

Mais la juridiction privée de ce propriétaire, soit que son domaine lui appartînt d'une manière absolue et complétement indépendante, ce qu'on appelait *aleu*, soit qu'il l'eût reçu à titre précaire, ce qu'on appelait *benéfice*, était renfermée dans les limites de ce domaine. Ce propriétaire, quelles que fussent ses richesses ou sa dignité, n'aurait pu étendre sa juridiction sur des domaines voisins, qui ne lui auraient pas appartenu.

Vers la fin de la seconde race, une cause, dont on trouve déjà des traces assez nombreuses sous les Mérovingiens, donna lieu à une autre espèce de juridiction privée, d'un ordre plus relevé sans doute, mais qui n'en avait pas moins ce caractère. C'était un usage dans la Germanie, que des hommes libres et parfaitement ingénus s'attachassent à un chef, dont ils devenaient les commensaux, les compagnons, les amis; celui-ci reconnaissait leur dévouement par des présents d'armes, de chevaux, etc. Sur le sol de la Gaule ces récompenses précaires furent remplacées par des concessions d'immeubles en bénéfice. Les hommes qui contractaient ces liens de dévouement, de fidélité, appelés par cette cause *leudes*, *fideles*, n'atténuaient point sans doute leur ingénuité; ils y ajoutaient au contraire l'éclat et souvent les prérogatives que la dignité et le crédit du protecteur faisaient rejaillir sur le protégé. Mais par suite de cette sorte d'exagération chevaleresque, qui fut longtemps un des attributs du caractère français, ces hommes ne se croyant plus le droit d'avoir une volonté autre que celle de leur chef, groupés autour de lui, confondant leur individualité dans la sienne, cessèrent de se rendre aux *mâls*, et le reconnurent comme leur juge, de la même manière qu'ils l'avaient constitué leur chef. Cependant cette espèce de juridiction privée avait encore ses limites; elle ne s'étendait qu'aux personnes qui l'avaient consentie. Tout homme ingénu, qu'aucune des causes que je viens d'indiquer n'assujettissait à une juridiction privée, restait justiciable du *mâl* public.

On voit par cet exposé sommaire, que dans l'état de choses, tel qu'il existait lorsque le système féodal devint forme de gouvernement, des propriétaires avaient un droit de juridiction privée sur deux classes de personnes : 1° sur leurs *fideles*, *leudes*, engagés envers eux par la foi, qu'on appela génériquement *vassaux*; 2° sur leurs *lites*, *colons* ou autres hommes attachés à la glèbe, qu'on désigna bientôt par les mots génériques, *serfs*, *mainmortables*.

Mais la révolution de 987 attribua aux seigneurs une troisième classe de justiciables, qui n'appartenaient pas aux deux premières que je viens d'indiquer.

Les ducs, les comtes et les autres délégués du roi, non contents de conserver sur leurs fidèles ou vassaux et sur les hommes attachés à leur service, tenanciers ou censitaires, la juridiction dont je viens de parler, y joignirent la juridiction publique sur les hommes libres, qui ne leur étaient assujettis à aucun de ces titres, en se faisant souverains du territoire qu'ils n'avaient que le droit d'administrer ; et cette fusion forma les justices seigneuriales, dont je m'occupe ici.

Les hommes indépendants, qui, ainsi qu'on l'a vu plus haut, n'étaient justiciables que des *mâls*, ne trouvant plus cette institution nationale, furent contraints de subir la juridiction des seigneurs. Ils n'y furent pas soumis, il est vrai, comme vassaux ou comme censitaires, puisqu'ils n'avaient contracté envers eux aucun lien féodal ou de dépendance ; mais ils s'y trouvèrent assujettis par la même cause qui les avait rendus justiciables des *mâls*, dont les seigneurs s'attribuaient les droits en vertu de leur souveraineté territoriale. Vainement, pour échapper à cette nécessité, auraient-ils invoqué l'allodialité de leurs héritages. Sans doute le propriétaire d'un alleu ne dépendait de personne, dans l'ordre de la féodalité ; mais comme membre du corps social, il fallait bien qu'il eût un supérieur politique, un juge lorsqu'il avait des procès à soutenir. Ce supérieur aurait dû être toujours le roi, ou le magistrat institué par lui ; ce juge aurait dû être le *mâl* présidé par un délégué du roi. La révolution de 987 ayant attribué aux seigneurs les pouvoirs publics dans leurs arrondissements, les anciens justiciables des *mâls* durent reconnaître la nouvelle autorité. C'est ce qu'attestaient dès le xie siècle les auteurs du *Liber feudorum*, en parlant du serment de fidélité à prêter par un simple justiciable : *Non quod habeat feudum, sed quia sub jurisdictione sit ejus cui jurat* [1]; ce que Dumoulin a très-bien expliqué [2]; ce qu'on lit dans les plus anciens livres de notre droit français [3].

Mais en succédant à la juridiction des *máls*, et en soumettant ainsi à leur justice les hommes qui n'étaient pas leurs vassaux ou leurs censitaires, les seigneurs n'obtinrent pas plus de droits que les *máls* n'en avaient eu. Partout où la violence n'y fit pas obstacle, les propriétaires d'alleux habités ou cultivés par des colons, sur qui ils avaient la juridiction privée dont j'ai parlé plus haut, purent la conserver, à la seule condition du ressort envers le seigneur justicier; et c'est de là que vinrent principalement ce qu'on appela les *basses justices*.

Ces explications peuvent aider à démêler ce qu'il y a d'injuste, et ce qui peut avoir quelque apparence de fondement dans le reproche que Loyseau [5] et les jurisconsultes de son école ont fait aux seigneurs, d'avoir usurpé leurs justices sur l'autorité des rois de la troisième race. Ce reproche est évidemment mal fondé relativement à ce qui, dans ces justices, avait pour origine la juridiction privée, que les lois des deux premières races avaient expressément reconnue, et qu'en général les rois avaient concédée avec les bénéfices, dont ils grati-

---

[1] Lib. II, tit. 5.
[2] *Ad consuet. Parisiens.* § LXVII, gl. 2, n. 1.
[3] *Grand coutumier*, éd. de Charondas, liv. II, tit. 33.
[5] *Discours de l'abus des justices de village.*

fiaient leurs fidèles, ou avec les biens-fonds, dont ils enrichissaient les établissements ecclésiastiques. L'usurpation n'aurait donc pu avoir lieu que pour ce qui, dans les justices seigneuriales, représentait la juridiction des *mâls* sur les hommes qui n'étaient ni vassaux ni censitaires. Mais si l'on fait attention aux événements, qui préparèrent et produisirent la révolution de 987, on est conduit à reconnaître que, dans le fait, les *mâls* avaient cessé à l'époque où Hugues Capet parvint à la couronne. Les ducs, les comtes, qui s'attribuèrent le pouvoir dans leurs arrondissements, n'avaient jamais été délégués de ce prince. Leurs seigneuries avaient la même origine que la sienne; et certes il n'y aurait eu ni logique ni prudence de sa part à les leur contester. Son accession au trône et les droits de ces seigneurs étaient des conséquences corrélatives de la même révolution.

Ce point historique, prouvé par trop de documents pour qu'il soit permis de le révoquer en doute, était le véritable et le seul d'où, selon les règles d'une critique éclairée et impartiale, il fallait partir pour examiner la question dont il s'agit. Loyseau et les jurisconsultes de son école l'ont au contraire envisagée du point de vue où ils se trouvaient placés. Les grands changements qui commencèrent à s'opérer dans l'état social dès le XII° siècle, les conquêtes de la couronne sur la féodalité, ayant fait prévaloir le principe que toute justice émanait du roi, et qu'elle ne pouvait être exercée qu'en son nom, ces auteurs supposèrent qu'il avait toujours dû en être ainsi, et que puisqu'il se trouvait des particuliers propriétaires du droit de rendre la justice en leur nom propre, un tel état de choses était nécessairement l'effet d'une usurpation, que le temps, quelque long qu'il fût, n'avait pu consolider, parce que les droits de la souveraineté sont imprescriptibles et inaliénables.

Mais cette doctrine d'une royauté, dans laquelle était personnifié l'ensemble des pouvoirs destinés à régir la société, à qui seule appartenait l'exercice de ces pouvoirs, et de qui découlait toute autorité, doctrine que l'intérêt public et son évidente utilité avaient introduite dès le xive siècle, et qui au temps de Loyseau était universellement reconnue, l'histoire démontre qu'elle n'était ni admise, ni même possible, lors de l'établissement de la troisième race : c'était précisément pour avoir essayé de la faire valoir d'après les traditions romaines que les deux premières dynasties avaient succombé sous les coups de l'aristocratie.

Ainsi on se trompait, lorsqu'on taxait les juridictions seigneuriales d'usurpation sur l'autorité du roi, comme d'autres se sont trompés en avançant que toutes ces juridictions avaient été concédées par les rois. L'une et l'autre hypothèse supposerait qu'au moment de son accession au trône, Hugues Capet se trouva légalement investi de la plénitude de la juridiction sur toutes les parties du royaume ; et l'histoire atteste le contraire.

Faut-il en conclure que l'état de choses consacré par la révolution de 987 ait dû être invariablement maintenu? Faut-il, avec Boulainvilliers et Montlosier, rétorquer contre la royauté le reproche d'une usurpation, dont elle se serait rendue coupable au préjudice des droits des seigneurs, lorsqu'elle faisait tous ses efforts pour atténuer les juridictions seigneuriales, et ramener à l'autorité centrale le plus important des pouvoirs publics? Non sans doute; toutes les institutions secondaires d'une société sont variables de leur nature, et prennent successivement la place les unes des autres, à mesure que de nouveaux besoins se manifestent. La féodalité, qui donna naissance aux justices seigneuriales, et qui commença de décliner quand ces justices perdirent leur force, avait été une véritable nécessité au temps où elle se produisit. Elle était sans doute sortie de l'anarchie, mais elle en fut le seul remède possible; elle y substitua la seule forme de gouvernement que la société fût en état de porter. Lorsque les besoins de cette même société appelèrent la consolidation du pouvoir central, attirant à lui les diverses fractions de la souveraineté que le régime féodal avait disséminées et incorporées dans une multitude de propriétés territoriales, consolidation dont on n'aurait pu ni sentir le besoin ni comprendre l'importance quelques siècles plus tôt, les justices seigneuriales durent, dans ce grand mouvement, sinon périr, du moins éprouver de graves transformations et des modifications essentielles.

On a vu de quels éléments ces juridictions étaient composées. Elles s'exerçaient : 1° sur les hommes, qui, liés envers le seigneur par des engagements de féodalité, étaient, dans la véritable acception du mot, ses *vassaux*, et lui devaient le service *in hoste et in curte* ; 2° sur les hommes originairement indépendants, roturiers, qui, n'ayant jusqu'alors reconnu d'autre autorité que celle des *mâls* locaux, devinrent justiciables du seigneur dont ils habitaient la seigneurie ; 3° sur les serfs ou mainmortables, dont la révolution de 987 ne changea pas pour le moment l'ancienne position.

Pour rendre la justice aux premiers, le seigneur tenait une cour formée de ses vassaux, qui sous sa présidence faisaient le jugement, dont il assurait l'exécution. J'en ai dit assez à cet égard, pag. 21 et suiv. Pour le jugement des contestations relatives aux roturiers, le seigneur se faisait représenter par un prévôt ou bailli, sous la présidence duquel des hommes notables, prud'hommes, hommes de fief ou *côtiers*, faisaient le jugement, dont ce bailli assurait l'exécution au nom de ce seigneur. C'était la même forme que dans les justices royales inférieures dont j'ai parlé plus haut. Quant aux serfs, on ne voit pas qu'ils aient joui de garanties analogues. Ils n'avaient pas la liberté politique, et même peu de liberté naturelle ; ils étaient considérés comme choses du seigneur, qui les traitait avec le plus déplorable arbitraire. Mais peu à peu cet état s'améliora : la classe des serfs diminua d'une manière sensible, et celle des roturiers s'accrut dans la même proportion. Des seigneurs, doués de sentiments d'humanité et de lumières supérieures à celles de leur siècle, reconnurent que des hommes libres feraient mieux prospérer leurs domaines que des serfs ou mainmortables, peu intéressés à amasser par le travail des richesses qu'ils ne devaient pas transmettre à leurs héritiers. Ils accordèrent volontairement ce que les révoltes et la nécessité contraignirent bientôt la plupart des autres à consentir. Ils donnèrent des affranchissements, quelquefois en imposant aux personnes, comme signe et reste de l'ancienne servitude, des obligations qui n'en rappelaient que trop l'origine; plus souvent en se bornant à des tributs au lieu de services avilissants et de taxes inégales et arbitraires. Ces affranchissements se multiplièrent à un point tel, qu'à la fin du xive siècle il n'y avait presque plus de serfs en France.

On fit mieux encore : dans quelques lieux des seigneurs accordèrent aux habitants de leurs seigneuries le droit de se constituer en communes, de s'administrer et d'exercer la juridiction par des magistrats populaires. C'est ce qui donna lieu aux justices municipales, dont il sera question dans la troisième partie. Mais il ne faut pas confondre ces sortes de concessions avec les simples affranchissements. L'objet des affranchissements était uniquement de faire entrer les serfs ou mainmortables dans la classe des hommes libres, d'en faire des bourgeois, des roturiers, mais en les laissant soumis à la juridiction seigneuriale. La concession du droit de commune produisait un résultat bien différent. L'agglomération d'habitants qui l'obtenait devenait une corporation, où, dans la mesure des droits accordés par les chartes, l'administration, la juridiction étaient exercées par des magistrats, que ces habitants choisissaient suivant certaines règles convenues.

Ces observations étaient nécessaires pour faire bien comprendre en quoi consistait le pouvoir judiciaire des seigneurs, et pour mettre à portée d'étudier les causes qui en préparèrent les modifications.

Les justices seigneuriales peuvent être divisées en deux classes : 1° celles qui existaient dans le territoire des grands vassaux de la couronne, connu sous le nom de pays *hors l'obéissance le roi;* 2° celles qui existaient dans les terres des vassaux directs ou des arrière-vassaux du roi, dans les pays dits *d'obéissance le roi.*

En ce qui concerne la première classe, chaque grand vassal avait, dans sa vaste seigneurie, les droits régaliens, sans autres restrictions que celles qui résultaient de la suzeraineté de la couronne. A cela près, son autorité était semblable à celle du roi dans les *pays d'obéissance;* et la manière dont il l'exerçait, sous les rapports judiciaires, sur ses vassaux directs ou sur ses arrière-vassaux, différait peu pour la forme de ce que j'ai dit plus haut au sujet des juridictions royales. Dans les portions de territoire, que ce grand vassal n'avait pas inféodées, sa cour rendait la justice aux nobles; ses baillis ou prévôts aux roturiers. Dans celles qu'il avait inféodées, les seigneurs locaux exerçaient la juridiction de la même manière, mais ils étaient soumis au ressort de la cour du suzerain, laquelle était subordonnée, sous certains rapports, à celle du roi, mais seulement après que tous les degrés de juridiction avaient été épuisés. Ainsi, pour donner un exemple, que fournit précisément la collection des Ordonnances, et qui fera très-bien comprendre ma pensée, si quelque justiciable du duc de Bretagne ou de l'un de ses vassaux avait voulu porter sa demande devant un bailli royal ou devant la cour du roi, les véritables principes s'opposaient à ce qu'elle y fût reçue : ce justiciable devait s'adresser à ses juges naturels, puis à la cour de son duc; et c'était seulement après qu'il avait succombé dans ces juridictions que son appel pouvait être porté à la cour royale. Les ordonnances de décembre 1275 (XI, 352), février 1296 (I, 329), 19 mars 1302 (I, 369), mars 1315 (I, 620), 2 mars 1316 (I, 633 ; II, 500), mars 1316 (I, 637), qui l'ont expressément décidé, n'étaient que l'application d'un principe général reconnu en faveur de tous les grands vassaux, quoiqu'il fût souvent éludé par l'esprit d'envahissement qui animait les juges royaux.

Voilà tout ce qu'il me paraît utile de faire remarquer sur les juridictions seigneuriales des pays *hors l'obéissance le roi*. Des détails plus circonstanciés, quelque intéressants qu'ils puissent être, ne sauraient entrer dans mon plan, puisque les documents, où il y aurait lieu de les puiser, ne font point et n'ont point dû faire partie du recueil des Ordonnances.

Je m'étendrai davantage sur les juridictions seigneuriales des pays *de l'obéissance le roi*, et sur les causes principales qui les ont modifiées. Pendant longtemps la règle, d'après laquelle chacun avait droit d'être jugé par ses pairs, avait été la base fondamentale de l'ordre judiciaire chez les Francs; elle était encore observée dans les *mâls* des deux premières races; et lorsque des parties assez considérables du territoire étaient distraites de ces juridictions par l'effet de concessions de droits de justice faites à des bénéficiers ou à des immunistes, ceux-ci avaient la sage précaution de ne pas s'écarter des formes ordinaires. Ils tenaient ou faisaient tenir par leurs avoués des espèces de *mâls*, formés d'habitants de l'immunité, par qui les procès étaient jugés. De même les seigneurs, qui s'emparèrent de l'autorité des *mâls* publics à l'époque de la révolution de 987, en conservèrent les formes pour mieux faire accepter ce grand changement; et ce que j'ai dit dans la partie précédente sur les tribunaux du roi est absolument applicable à ceux des seigneurs, au moins pour les premiers temps de leur établissement.

Il est assez probable que dans l'origine les justices seigneuriales jouirent d'une grande indépendance. Mais peu à peu les rois, à mesure que leur autorité acquérait plus de force, et surtout qu'elle devenait plus populaire, entreprirent de les assujettir, et marchèrent vers ce but avec autant de prudence que d'habileté.

Ils commencèrent par remettre en vigueur le droit de surveillance, que sous la seconde race les *missi dominici* exerçaient sur les comtes, présidents des *mâls*, et même sur les hommes libres, dont ces *mâls* étaient composés, ainsi que sur les concessionnaires du droit de justice dans leurs domaines ou dans leurs bénéfices; le soin en fut confié aux baillis. Ces fonctionnaires, animés de la foi la plus vive dans l'omnipotence royale, et décidés à la faire triompher de l'autorité des seigneurs, ne négligèrent aucun moyen de succès.

J'ai parlé du droit que les justiciables d'un seigneur avaient de s'adresser au suzerain lorsqu'il leur refusait justice, ce qu'on appelait *defaulte de droit*. J'ai cité des documents de la seconde moitié du xii⁰ siècle, constatant que les rois étaient en possession de statuer sur ces réclamations, même contre les grands vassaux de la couronne. Il en était ainsi, à plus forte raison, à l'égard des seigneurs dans les *pays d'obéissance*. Mais tant qu'il fut nécessaire de s'adresser à la cour du roi, ces plaintes durent être rares, à cause des distances, des difficultés pour obtenir des lettres d'ajournement contre les seigneurs et pour les leur notifier. Il n'en fut plus ainsi lorsque l'établissement des baillis eut rapproché la juridiction royale des arrière-vassaux, lorsqu'il devint facile à ces derniers d'aborder un juge, d'autant plus disposé à les accueillir, qu'indépendamment de ce qu'il remplissait un devoir, il concourait à l'extension du nombre des justiciables directs du roi; car c'était un principe incontesté, que le seigneur, contre qui la défaulte de droit avait été jugée, ne perdait pas simplement la connaissance de la cause dont il s'agissait, mais qu'il cessait d'avoir juridiction sur son justiciable, lequel devenait celui du suzerain. Le moindre retard, la moindre irrégularité dans la convocation ou dans la tenue de la cour du seigneur servaient de prétexte au bailli pour prononcer la défaulte de droit. Lorsque des circonstances, alors assez fréquentes dans les petites justices, ne permettaient pas à un seigneur de réunir un nombre suffisant d'hommes pour former le jugement, et que, d'après les règles du droit féodal, il recourait au roi son suzerain pour en emprunter [1], le bailli s'y refusait; et ce refus, autorisé en soi par des considérations que Beaumanoir a très-bien expliquées [2], réduisait le seigneur à abdiquer sa justice, ce qu'on appelait *mettre sa cour dans celle du roi* [3], ou à la partager avec lui, ce qu'on appelait *entrer en pariage*.

---

[1] Pierre de Fontaines, *Conseil à un ami*, chap. XXII, art. 3.
[2] *Coutumes de Beauvoisis*, ch. LXVII et LXVIII.
[3] Pierre de Fontaines, chap. XXII, art. 14.

Une mesure plus générale porta un coup mortel à la puissance judiciaire des seigneurs : ce fut l'introduction des appels, dont j'ai parlé dans la première partie. Ceux des justices seigneuriales furent d'abord portés à la cour du roi, ainsi que nous l'apprend l'article 8 de l'ordonnance de 1260. Bientôt la multitude des affaires, dont cette cour était surchargée, en fit attribuer la connaissance aux baillis, et quelques-uns abusèrent étrangement de leurs droits. L'appel, on le sait, suppose l'existence d'un jugement, dont la réformation est demandée au tribunal supérieur ; il était donc conforme à ce principe que les causes de la compétence des juridictions seigneuriales y reçussent une décision, avant qu'on pût se pourvoir par appel. Un usage s'introduisit dans le Laonnais et le Vermandois, d'après lequel, du moment où un procès était porté devant le juge inférieur, le défendeur, au lieu de déduire ses moyens, se déclarait appelant devant le bailli du roi, ce qu'on nomma *appeaux* (appels) *frivoles* ou *volages*. Ces sortes d'appels furent, à la fin du xiii° siècle, jusque bien avant dans le xiv°, l'objet d'ordonnances, qui les supprimèrent, puis les rétablirent, puis les supprimèrent encore d'une manière spéciale dans diverses localités.

Les rois, de leur côté, constataient par des actes de législation leur autorité sur les justices des seigneurs. Ces derniers confiaient souvent les fonctions de baillis, prévôts, à des clercs, qui à cette époque étaient presque seuls instruits; ils suivaient en cela l'exemple des rois. Mais sous prétexte que ces juges pouvaient commettre des méfaits dans l'exercice de leurs fonctions, et que, par leur qualité de clercs, ils n'étaient justiciables que des tribunaux ecclésiastiques, une ordonnance du mois de novembre 1287 (I, 316) prescrivit aux seigneurs, même ecclésiastiques, de ne confier la qualité de juges qu'à des laïques. Le motif était raisonnable sans doute, mais le roi ne donnait pas l'exemple de ce qu'il exigeait des seigneurs : il admettait des clercs dans sa cour, et par conséquent l'ordonnance put être considérée comme hostile aux seigneurs.

Tous les moyens, que je viens de passer en revue, ne répondaient pas encore à l'impatience des baillis de ruiner les juridictions seigneuriales; ils en trouvèrent un plus large, plus fécond en résultats : ce fut la théorie des *cas royaux*. Prétendant qu'il n'était pas convenable que de simples vassaux du roi jugeassent dans leurs cours des crimes, qui portaient atteinte à la haute dignité de la couronne, à la religion, à la sûreté de l'État, dont le roi était naturellement le conservateur et le gardien, les baillis revendiquèrent le droit exclusif d'en poursuivre les auteurs. Ces premières prétentions n'éprouvèrent pas d'abord de résistances sérieuses; mais ils les étendirent de la personne du roi à ses officiers, à ses délégués, l'offense qu'on leur faisait devant être considérée comme faite au roi qu'ils représentaient; aux attentats contre les personnes et les propriétés, parce que c'était un droit et un devoir de la royauté de maintenir la paix publique et d'en punir les infracteurs. Bientôt il y eut peu de crimes et même de délits commis dans le ressort des justices seigneuriales, dont les baillis ne s'attribuassent la connaissance. Quant à ceux qu'ils ne pouvaient espérer de faire comprendre dans l'immense nomenclature des cas royaux, ils parvinrent à les juger par un moyen qu'on appelait *prévention*. En alléguant qu'on ne pouvait mettre trop de célérité à réprimer les atteintes, même les plus légères, faites à l'ordre public, aux personnes, aux propriétés; que le moindre retard à en constater les traces, à en recueillir les preuves, pouvait les faire disparaître, le bailli, dès que la connaissance d'un délit lui était parvenue, en commençait la poursuite. Il était servi merveilleusement par l'incurie des juges seigneuriaux en général, quelquefois même par leur partialité en faveur de certains coupables; et dès que le bailli avait fait les premiers actes d'information, il les continuait jusqu'au jugement définitif, aux frais du seigneur prévenu.

Des effets presque semblables se produisirent à l'égard des affaires civiles. Lorsqu'elles intéressaient le domaine, les églises, les établissements religieux ou laïques, les bourgeois du roi, le bailli prétendait qu'à lui seul appartenait le droit d'en connaître, parce que le roi était, d'après les lois divines et humaines, protecteur de ces intérêts. Lorsque des conventions avaient été faites sous le sceau royal, et le nombre en devint presque infini depuis qu'une ordonnance du 15 novembre 1291 (XI, 371) avait attribué au roi le droit d'instituer des notaires, dont les actes étaient scellés du sceau royal, le bailli prétendait le droit de statuer sur ces conventions, parce que le sceau en avait fait des actes, dont l'autorité du roi devait garantir l'exécution et juger la validité. C'est ce qu'on lit expressément dans l'article 65 de l'ancienne coutume de Champagne.

Un assez grand nombre d'actions ne pouvaient être intentées, des droits ne pouvaient être exercés, si l'on n'avait obtenu des lettres de chancellerie : telles étaient les demandes en restitution, en rescision; les bénéfices d'âge, d'inventaire, etc., etc.; les baillis soutenaient qu'il leur appartenait exclusivement d'en assurer l'exécution, parce qu'il était contre les convenances que le roi adressât ses lettres et le soin de les vérifier à des juges qu'il n'avait pas institués.

Les seigneurs ne contestaient pas le principe des cas royaux et son application légitime dans un assez grand nombre de circonstances; mais ils s'élevaient contre les extensions, les analogies, à l'aide desquelles les baillis dépouillaient leurs juridictions. Ils obtenaient des promesses, ils parvenaient même à faire rendre des ordonnances, qui semblaient satisfaisantes; mais en prescrivant aux baillis de respecter l'indépendance des juridictions seigneuriales, ces lois contenaient toujours une réserve, que les baillis ne manquaient jamais d'invoquer et d'étendre. Ainsi, dans une ordonnance de 1286, relative aux réclamations du roi d'Angleterre comme duc d'Aquitaine, on lit ces mots : *Mandabitur senescallo domini regis Franciæ quod gentibus regis Angliæ reddat curiam de subditis suis, in casibus non pertinentibus ad dominum regem*[1]. Ainsi l'article 25 de l'ordonnance du 25 mars 1302 portait : *Hoc perpetuo prohibemus edicto, ne subditi seu justiciabiles prelatorum aut baronum... trahantur in causam coram nostris officialibus... nisi in casu ressorti... vel in casu alio ad nos pertinente*. La première de ces restrictions se comprend très-bien : c'est l'appel, dont le droit n'était plus contesté. Personne ne niait aussi que certaines affaires ne dussent, par leur importance et surtout par leur nature, appartenir aux juridictions royales à l'exclusion de celles des seigneurs ; mais quelles étaient ces affaires ? Voilà ce que les articles cités n'expliquaient pas.

Les plaintes se renouvelèrent bientôt, et même dans des formes qui semblaient faire craindre une sédition de la part des seigneurs ; ils demandaient que l'autorité des baillis à l'égard des justices seigneuriales fût réduite aux *défaultes de droit*, aux

---

[1] Ce document n'est pas dans la collection des Ordonnances, mais on le trouve aux *Olim*, t. II, 42, n. XXII.

appels pour *faux jugements*, aux causes des bourgeois du roi et des églises anciennement placées sous sa protection. Les ordonnances des 19 mars 1314 (I, 351), 15 mai 1315, et du même mois sans date de jour (I, 561, 573, 577), prirent acte de cette reconnaissance ; mais au lieu de s'en tenir aux cas, que les seigneurs désignaient dans leur requête, ces ordonnances ajoutèrent : *et autres cas, qui à nous et non à autres appartiennent par droit royal*. C'était toujours là ce qui était un objet de controverse, et dont les réclamants prétendaient que les baillis faisaient une extension abusive. Les seigneurs renouvelèrent leurs instances pour obtenir une explication. L'ordonnance du 1er septembre 1315 (I, 606) la donna avec l'ambiguïté des anciens oracles : « Comme nous ayions octroyé aux
« nobles de Champagne aucunes requêtes que ils
« nous faisoient en retenant les cas qui touchent
« notre royale majesté, nous les avons esclairés
« en cette manière, c'est à savoir que la royale
« majesté est entendue ès cas qui de droit ou de
« ancienne coutume püent et doient appartenir au
« souverain prince. » Un temps considérable s'écoula sans que la législation s'expliquât d'une manière plus précise. Les seigneurs n'avaient d'autre ressource que de s'adresser au parlement pour se plaindre des baillis, *petere curiam suam;* presque toujours ils étaient repoussés ; et même, je ne saurais manquer de le faire observer, ils ne pouvaient espérer de voir les grands vassaux faire

JURIDICTIONS SEIGNEURIALES.

cause commune avec eux. Ces derniers avaient dans leurs états le même intérêt que le roi dans les *pays d'obéissance* à diminuer le pouvoir de leurs vassaux pour augmenter le leur; ainsi se consommait avec le temps et dans une proportion toujours croissante l'amoindrissement des juridictions seigneuriales au profit de celle du roi. Leur assujettissement n'était plus un point douteux à la fin du xive siècle; deux ordonnances du 28 avril 1363 (III, 627; IV, 232) déclarèrent que les juges des seigneurs étaient, pour ce qui concernait leurs fonctions, sous la dépendance des juges royaux. D'un autre côté, des causes locales concoururent à diminuer le nombre de ces juridictions, et à les remplacer par des juridictions municipales, dont je me propose de parler dans la troisième partie.

Il ne faut pas conclure de ce que j'ai dit sur l'origine des justices seigneuriales qu'elles aient été constamment et même essentiellement un accessoire des fiefs; que tout propriétaire d'un fief y exerçât non-seulement les droits honorifiques et utiles, qu'on appelle génériquement *droits féodaux*, mais encore la juridiction sur les personnes habitant et sur les biens situés dans sa mouvance. Sans le moindre doute, il n'en était point ainsi au xiiie siècle, époque à laquelle on peut croire qu'a été rédigé l'ouvrage connu sous le nom d'*Établissements de saint Louis*. Le chapitre cxi du livre Ier constate que la justice et le fief étaient souvent distincts, et qu'on pouvait être tenu de l'hommage pour la première envers un seigneur, tandis que l'hommage pour le second était dû à un autre. Une décision de la cour royale, rendue au parlement de la toussaint 1272, déclara, par suite du même principe, que la donation d'un domaine faite par le roi n'emportait pas comme conséquence et accessoire le droit de justice[1]. Ce sont là les plus anciens témoignages écrits qui nous aient été conservés de la maxime *Fief et justice n'ont rien de commun*, ou pour parler peut-être plus exactement, *Autre chose est le fief, autre chose est la justice* [2].

Mais en a-t-il été ainsi dès les premiers événements, où, par l'effet de la révolution de 987, les juridictions seigneuriales se sont établies? Ne pourrait-on pas croire que dans l'origine le fief et la justice ont dû être unis, parce qu'il semblait naturel qu'un chef fût le juge des hommes, à qui il avait le droit de commander, et qu'une révolution arrivée dans les coutumes féodales, dans des circonstances et par des causes que nous n'avons aucun moyen de déterminer avec certitude, a introduit la règle attestée par les *Établissements de saint Louis*, les *Olim*, et qu'un mandement royal de 1311 (I, 485) a reconnue d'une manière formelle?

Cette hypothèse a pour elle l'autorité de Mon-

---

[1] *Olim*, t. III, p. 919.
[2] Voyez Loisel, *Institutes coutumières*, liv. II, règle 44, et les auteurs cités par Laurière dans ses notes sur cette règle.

tesquieu, qui pense que « la justice fut dans les
« fiefs anciens et dans les fiefs nouveaux un droit
« inhérent au fief même, de la nature du fief, et
« l'une de ses principales prérogatives[1]. » Néanmoins on peut y opposer de graves considérations.
En principe, le fief et la justice ne sont point essentiellement inséparables ; l'un n'est point la conséquence nécessaire de l'autre, ils sont même d'une
nature absolument différente ; il ne répugne donc
point à l'essence des choses qu'ils puissent appartenir à deux maîtres distincts : c'est la doctrine
unanime des jurisconsultes[2] ; et si l'on ne trouve
pas de témoignages antérieurs aux *Établissements
de saint Louis*, c'est que nous ne connaissons aucun livre de droit français plus ancien. D'ailleurs
ce qu'on lit dans cet ouvrage, dans l'arrêt de 1272
et dans le mandement royal de 1311, suppose
l'existence de la règle, et n'annonce point l'intention de modifier une législation antérieure
différente. L'arrêt de 1272 se sert même de cette
expression remarquable, *secundum usum hujus
curiæ*.

Montesquieu allègue que les rois de la première
race, lorsqu'ils concédaient des bénéfices, y joignaient toujours l'immunité, c'est-à-dire l'exemption de la juridiction commune ; ce qui, par cela

---

[1] *Esprit des lois*, liv. XXX, chap. xx et xxii.
[2] Dumoulin *ad consuet. Paris.*, § 1, gl. 5, n. 44. — D'Argentré, *Coutume de Bretagne*, art. 265, cap. 10, n. 25.— Ferrière, *Comment. de la coutume de Paris*, t. I, p. 54, n. 35.

même, les rendait juges des personnes habitant sur le domaine concédé. Sous ce rapport je crois qu'il a raison, quoique le président Henrion l'ait vivement combattu[1] : on voit en effet par un diplôme de 717, dont ces deux auteurs ne paraissent pas avoir eu connaissance[2], que Chilpéric II, en donnant à l'église de Saint-Arnoult de Metz un domaine, auquel il joignait l'immunité, emploie ces expressions : *Cum omnis fiscus concessus hoc habeat concessum atque indultum.*

Mais ce n'est point aux usages de la première race qu'il faut recourir pour expliquer l'état de choses qui s'établit à la fin de la seconde et au commencement de la troisième. Tout à cette époque fut le résultat du désordre et de la violence. Les ducs et les comtes, qui jusqu'alors n'avaient été que les délégués du monarque dans leurs arrondissements, s'y attribuèrent tous les pouvoirs publics ; ils forcèrent les possesseurs des bénéfices à se rendre leurs vassaux ; et selon que l'intérêt leur en faisait sentir le besoin ou que la force leur en donnait la possibilité, ils ne laissèrent aux uns que les droits féodaux proprement dits, ils confirmèrent aux autres, avec ces droits, ceux de justice. Ils agirent de même à l'égard des propriétaires de domaines allodiaux, qui d'abord devinrent simple-

---

[1] *Dissertations féodales*, t. II, p. 532 et suiv.

[2] Ce document, qui avait été publié en 1634 par Meurisse, *Histoire des évêques de Metz*, p. 144, se trouve dans la collection des *Diplomata*, t. II, p. 593.

ment leurs justiciables, comme on l'a vu plus haut, et dont peu à peu ils se firent des vassaux, en les contraignant à convertir leurs alleux en fiefs; mais c'étaient des fiefs, auxquels une justice seigneuriale n'était pas annexée. En voilà plus qu'il ne faut pour démontrer que l'état de choses, constaté par l'axiome *Fief et justice sont différents*, peut être considéré comme très-ancien.

Cette distinction se développa de plus en plus. Lorsque les fiefs purent être vendus, démembrés, par l'effet des conventions et de tous les autres moyens de transmission, le propriétaire d'un fief avec justice a pu renoncer spécialement à ce droit, et les documents nous en fournissent de nombreux exemples; il a pu vendre une partie de son fief, en réservant, au profit de ce qu'il conservait, la juridiction sur la partie aliénée; il a pu abdiquer sa justice, et alors elle remontait au suzerain : mais comme il ne perdait pas ses autres droits sur ses vassaux, son fief devenait un fief sans justice.

On peut, ce me semble, expliquer à l'aide de la même théorie pourquoi, à l'inverse, il existait des justices sans fiefs. Personne n'ignore que sous les deux premières races les comtés étaient divisés en centaines, dans lesquelles des officiers subalternes présidaient les *mâls* locaux et percevaient les droits de justice. Certainement ces officiers, la plupart du moins, n'avaient pas reçu des bénéfices, qui au moment de l'établissement de la troisième race aient pu être convertis en fiefs et dont le droit de justice aurait été l'annexe. Ils eurent cependant intérêt à devenir propriétaires de leurs offices, qui étaient assez lucratifs. Le haut seigneur, qui s'était emparé de l'autorité sur tout le comté, le leur permit, à condition qu'ils lui en feraient l'hommage et deviendraient ses vassaux. Voilà donc des justices sans fiefs. D'autres causes en produisirent bientôt de plus nombreuses : les ducs, les comtes, eurent besoin d'officiers, de soldats, pour remplir, soit envers la couronne, lorsqu'ils en étaient vassaux directs, soit envers leurs suzerains, les obligations du service militaire, auquel ils étaient tenus. Ils sous-inféodèrent non-seulement des portions corporelles de leurs fiefs, mais encore les choses incorporelles susceptibles d'un produit quelconque, bientôt même ce qui ne pouvait que flatter la vanité : le goût des inféodations devint une sorte de mode, une véritable manie; et lorsque d'innombrables documents, lorsque tous les auteurs nous apprennent qu'on inféodait des droits de péage et d'autres perceptions de ce genre, le soin d'escorter les voyageurs et les marchands qui donnait lieu de percevoir des rétributions lucratives, des offices de maître d'hôtel, de chambellan, etc., peut-on douter qu'on n'ait de même donné en fief le droit de rendre la justice dans un canton déterminé, sans que ce droit fût uni à un fief corporel? Ainsi l'on voit qu'en tout temps, dès que des fiefs et des juridictions seigneuriales ont existé, la maxime *Autre chose est le fief, autre chose la justice*, a été vraie et a reçu son application.

C'est encore l'état de choses existant avant l'avénement de la troisième race, qui peut servir à expliquer le classement des juridictions en haute, moyenne et basse. Sous les deux premières races, et notamment sous la seconde, l'exercice des pouvoirs publics, de la justice surtout, n'avait pas lieu d'une manière uniforme. Les ducs avaient sous leur surveillance plutôt que sous leurs ordres, les comtes; ceux-ci avaient des viguiers ou autres préposés inférieurs, qui sous la première race s'appelaient *centenarii, tungini, vicarii*, lesquels ne connaissaient que des affaires d'un faible intérêt; les causes criminelles, qui emportaient la peine de mort, la perte de la liberté, et en matière civile les questions de propriété, étant réservées aux comtes. Lorsque par l'établissement du régime féodal chaque officier de justice vit sa délégation convertie en propriété, chacun n'ayant acquis que le pouvoir qu'il exerçait déjà, ne le conserva que dans la même mesure, et par conséquent les justices seigneuriales se trouvèrent divisées en hautes et basses. Cette distinction était encore, à ce qu'il paraît, la seule connue au temps de Beaumanoir, c'est-à-dire à la fin du XIIIe siècle[1]. Un degré intermédiaire s'introduisit vers le XIVe siècle. Brussel a

---

[1] *Coutumes de Beauvoisis*, chap. x, § 2.

publié une charte de Philippe de Valois, du mois de février 1334, relative à l'apanage de Jean son fils, dans laquelle on en trouve la première mention[1]. La liberté des conventions les multiplia. Le seigneur qui possédait la justice dans toute son étendue, ce qu'on appelait *haute justice*, en sépara certaines attributions peu importantes, et qui cependant ne tenaient pas à la *basse justice*, ce qui constitua celle qu'on appela *moyenne*. Tout, à cet égard, ayant dépendu des conventions, il n'est pas possible de donner une règle fixe sur les attributions et les limites de ces trois degrés de justice. Les coutumes locales, les titres, la possession pouvaient seuls servir à décider; et c'est ce qui explique la très-grande variété des définitions données par les auteurs, ainsi que des dispositions des lois particulières qui concédaient des justices seigneuriales.

Cette liberté illimitée de vendre en tout ou en partie les droits de justice donna lieu à des abus, auxquels le législateur sentit le besoin de remédier. Un seigneur aliénait une partie de son droit de justice, et stipulait que cette portion ressortirait par appel à celle qu'il conservait. Par ce moyen, les degrés hiérarchiques de juridiction se multipliaient à l'infini au détriment des justiciables. Un mandement royal du 1ᵉʳ juillet 1328 (II, 19) constate cet abus; il nous apprend que déjà des arrêts du par-

---

[1] *Usage des fiefs*, p. 299 et suiv.

lement l'avaient réprimé, et charge le sénéchal de Beaucaire et de Nîmes de tenir la main à leur exécution. Deux ordonnances du mois de février 1346 et du 6 septembre 1367 (VI, 70) constatent le même principe, en nous apprenant qu'une autorisation du roi était nécessaire. Mais ce n'étaient que des lois locales, et dans une grande partie du royaume les seigneurs continuèrent de créer à leur profit divers degrés d'appels; des coutumes rédigées officiellement au xvie siècle leur reconnaissaient encore ce droit[1]. Enfin cette faculté fut irrévocablement interdite aux seigneurs par l'article 24 de l'ordonnance de 1560, dite *de Roussillon*.

[1] *Coutume d'Anjou* (1508), art. 62 ; *de Loudunois* (1518), chap. vi, art. 3; *du Maine* (1508), art. 71 ; *de Touraine* (1507), art. 72.

TROISIÈME PARTIE.

DES JURIDICTIONS MUNICIPALES.

La collection des Ordonnances contient un nombre considérable de chartes de communes émanées des rois, et les investigations auxquelles on se livre pour former le supplément en feront probablement découvrir d'autres. Il en existe beaucoup aussi, émanées seulement des seigneurs, que l'objet et le plan de cette collection ne permettaient pas d'y faire entrer, mais dont l'importance et l'utilité historique font désirer la publication. Or la plupart de ces chartes constatent, en faveur des communes qui les ont obtenues, le droit de faire rendre la justice à leurs habitants par des magistrats de leur choix; je ne peux donc me dispenser de me livrer à quelques recherches sur l'origine, le caractère primitif et les modifications successives de ces juridictions municipales.

De Bréquigny a publié en 1769 et 1777 des *Recherches sur les communes*[1] et *sur les bourgeoi-*

---

[1] *Ordonnances*, t. XI, Discours préliminaire.

sies[1]; lesquelles ont servi de modèle et de guide aux écrivains, qui de nos jours ont traité ces matières. Mais ces savants, ayant principalement envisagé leur sujet sous les rapports politiques et administratifs, m'ont offert peu de secours pour ce qui concerne les juridictions municipales. Dans ce qu'ils en ont dit, ils ont presque toujours confondu l'exercice du pouvoir administratif avec l'exercice du pouvoir judiciaire, sans tenir assez compte, notamment sous ce dernier rapport, des graves modifications à l'ancien état de choses, qu'avait produites l'établissement du régime féodal.

J'exposerai, à mesure que m'y conduira l'ordre de ma discussion, les motifs qui m'ont porté à m'écarter des opinions de ces savants; mais, du reste, je me ferai un devoir d'indiquer ce que je leur ai emprunté.

Nous ne connaissons point d'ordonnance antérieure au XIIe siècle, où il soit question de juridictions municipales. Je suis loin d'en conclure qu'avant cette époque elles fussent inconnues. Très-certainement on comptait sur le territoire de la Gaule, avant la fondation de la monarchie des Francs, un grand nombre de villes, à qui la législation romaine assurait le droit de s'administrer par leurs sénats, et même où, d'après l'opinion de quelques auteurs, car on verra bientôt que la question

---

[1] *Ordonnances*, t. XII, Discours préliminaire.

est controversée, des magistrats municipaux rendaient la justice dans certaines limites de compétence. Mais ces juridictions s'étaient-elles maintenues sous la première et la deuxième race ? Peut-on reporter jusqu'au temps de la domination romaine la juridiction, dont il est probable que plusieurs villes se trouvaient en possession au commencement de la troisième race, et dont les chartes du xii siècle attestent l'existence antérieure à ces concessions ?

Pour bien comprendre le sort qu'éprouvèrent dans l'empire des Francs les juridictions, dont il paraît que quelques villes étaient en possession du temps de la domination romaine, il est bon de faire une distinction entre les pays en deçà de la Loire, qu'on peut appeler génériquement la première conquête, et les pays au delà de la Loire, dont Clovis s'empara après la défaite d'Alaric II, en 508, ou que ses successeurs y ajoutèrent.

Les Francs laissèrent subsister, dans la plupart des villes du pays en deçà de la Loire, l'administration municipale, que l'imperfection de leurs institutions publiques ne donnait aucun moyen de remplacer. Un grand nombre de documents constatent l'existence de curies, qui non-seulement exerçaient le pouvoir administratif dans les villes, mais encore y faisaient les actes que, dans le langage du droit, nous appelons actes de *juridiction volontaire,* tels que les dépôts et les ouvertures de testaments, les insinuations de donations, les affranchissements, adoptions, divorces et autres contrats. Quant à la juridiction contentieuse, la question de savoir si, même pendant la domination romaine, et par conséquent avant la conquête des Francs, ces cités jouissaient de l'exercice de cette partie du pouvoir judiciaire, est, comme je viens de le dire, l'objet d'une sérieuse controverse. M. de Savigny[1] croit qu'en supposant, ce qui toutefois lui semble douteux, que les villes de la Gaule eussent des magistrats électifs, ces magistrats étaient dépourvus de toute juridiction ; qu'à l'égard des textes du droit romain, où il est parlé de *duumviri* ou autres magistrats chargés de rendre la justice, on ne doit les entendre que de quelques cités peu nombreuses qui avaient obtenu le *jus Italicum*. Une opinion diamétralement opposée est soutenue par M. Giraud[2] ; je l'avais déjà énoncée dans ma VIe dissertation sur la loi Salique, et les arguments produits par mon savant confrère n'ont pu que m'y confirmer.

Néanmoins il ne faudrait pas en conclure qu'après la conquête des Francs il ait continué de subsister dans les villes de la partie des Gaules, dont il s'agit en ce moment, des magistrats municipaux rendant la justice à leurs concitoyens ; les mots *duumviri juridicundo* ou toute autre dénomination équivalente ne se trouvent dans aucun do-

---

[1] *Histoire du droit romain au moyen âge*, chap. II, § 19 à 22.
[2] *Essai sur l'histoire du droit français au moyen âge*, t. I, p. 126 et suiv.

cument, dans aucune formule des deux premières races. Mais de même que dans les campagnes, habitées presque exclusivement par les Francs, des *máls* composés de *rachimburgii*, et depuis, dans une forme un peu différente, de *scabini*, jugeaient tous les procès civils et criminels sous la présidence du *grafio*, *comes*, ou de ses délégués, de même dans les villes le comte préposé par le roi à leur gouvernement tenait un plaid composé de notables, *boni viri*, pour rendre la justice. En cela les habitants de ces villes, dont la presque totalité était de race romaine, obtinrent des avantages que ne leur offrait pas la juridiction municipale, telle qu'elle existait avant la conquête. Sous le régime romain ils ne participaient point directement à la distribution de la justice; tout leur privilége était d'être, en certains cas, justiciables de leurs magistrats, au lieu de l'être des délégués de l'empereur : en second lieu, la juridiction de ces magistrats municipaux ne jouissait du dernier ressort que pour des affaires civiles de peu d'importance; et lorsque l'intérêt du procès excédait une certaine somme, dont le montant ne nous est pas bien connu, les jugements étaient soumis à l'appel devant le magistrat impérial. En matière criminelle, quoique la rareté et l'insuffisance des textes présentent beaucoup d'obscurité, on peut assurer que la juridiction des juges municipaux était très-restreinte. Au contraire, d'après l'organisation et le droit public des Francs, tous les hommes libres, *ingenui*, qui composaient les *mâls*, les *plaids*, où le pouvoir judiciaire était exercé, jugeaient toutes les affaires tant civiles que criminelles d'une manière définitive, sans délibérer avec l'officier royal, dont les attributions se bornaient à la présidence et au devoir d'assurer l'exécution des jugements. De plus, il est important de faire remarquer que dans cette même partie de l'empire des Francs, formant la première conquête, les villes, dont l'existence peut être reportée au temps de l'administration romaine, ne sont pas les seules que les documents de la troisième race nous montrent en possession d'une juridiction municipale. La conquête avait donné lieu d'en établir de nouvelles, dont aucun auteur ancien, aucune notice de la Gaule romaine, ne révèlent l'existence. Souvent des hommes libres et propriétaires d'alleux se trouvèrent avoir des domaines, *curtes*, *mansi*, contigus ou groupés à peu de distance les uns des autres, de manière à former des agglomérations quelquefois très-étendues, qu'on appelait *villæ*. Outre les rapports, que la juxtaposition ou le voisinage de leurs domaines créaient entre ces propriétaires, ils laissaient en état d'indivision des bois, des pâturages, des terrains vagues destinés à un usage commun, et surtout à la nourriture et à l'éducation de leurs troupeaux. Quoique leurs habitations fussent en général très-isolées, il existait entre eux une association de garantie mutuelle du même genre que celles que les lois avaient établies sur une plus grande échelle dans des arrondissements territoriaux appelés *centenæ*. Aucun étranger ne pouvait s'y établir, même sur le terrain d'un membre de la *villa* et avec sa permission, si tous les autres n'y consentaient pas, ou du moins si une habitation d'an et jour, sans interruption ni réclamation, ne confirmait pas cet établissement. Le titre XLVII de la loi Salique donne à ce sujet des notions très-curieuses.

Il pouvait s'élever entre ces voisins quelques contestations relatives à leurs limites, à leurs droits de jouissance indivise, à leurs rapports respectifs ; on y éprouva aussi le besoin d'y maintenir la police. Probablement les habitants de ces hameaux choisissaient quelques-uns d'entre eux pour veiller au maintien du bon ordre, et formaient une sorte de *mál* pour juger, sous la présidence d'un de ses chefs, les contestations de peu d'importance : quant aux autres, le jugement en appartenait au *mál* de l'arrondissement. C'est ce que prouve le titre de la loi Salique, qui vient d'être cité : on y lit que les poursuites contre l'étranger, qui venait s'établir sans l'autorisation de la communauté, et même contre le propriétaire qui l'avait admis, étaient portées devant le grafion de l'arrondissement ; c'est ce qui résulte encore du chapitre IX des *Capita extravagantia*, relatif au cas où le corps d'un homme assassiné était trouvé sur les limites de deux *villæ*.

Plusieurs causes accrurent l'importance d'un assez grand nombre de ces hameaux. Des hommes, livrés à l'exercice des diverses industries dont le besoin se faisait sentir, obtinrent la faculté de s'y fixer, sans pour cela y devenir propriétaires fonciers, à condition de se soumettre aux règlements de police et à la juridiction des chefs. La nécessité où les habitants se trouvèrent de se mettre en défense contre les attaques des vagabonds, des brigands, contre les invasions des ennemis et surtout des Normands, les obligea d'entourer ces hameaux de palissades et de clôtures, de les fortifier : quelquefois même, lorsque le voisinage d'une route, d'un fleuve, en procurait les moyens, ils devinrent des lieux de marchés, des centres de commerce, autant que le commerce était possible à cette époque de semi-barbarie; ils acquirent assez d'importance pour que les rois en fissent des chefs-lieux de centainies, même de comtés, où ils établissaient des officiers publics; et telle a été l'origine des bourgs, dont plusieurs finirent par être élevés au rang de villes[1]. Ainsi, dans la partie du royaume des Francs qui forma la première conquête, *pays en deçà de la Loire*, les villes, qui avaient eu une juridiction municipale du temps de la domination romaine, virent cette juridiction convertie en *plaids*, où la

[1] Je ne parle point des villes, bourgs ou villages, dont la formation fut autorisée et encouragée par des seigneurs ou par des établissements ecclésiastiques dans leur territoire propre. La juridiction, qui y fut établie, dut nécessairement dans l'origine être une juridiction seigneuriale.

justice était rendue par une réunion d'hommes notables, *boni viri, scabini,* sous la présidence du comte ou de ses délégués, et suivant les formes usitées chez les Francs. Grégoire de Tours nous en offre une preuve fort ancienne, à l'évidence de laquelle il est difficile de ne pas se rendre. Il parle des excès que commettait Leudaste, comte de Tours : au nombre des faits qu'il lui reproche, sont des violences contre les personnes qui venaient demander justice : *Jam* [al. *nam*] *si in judicio cum senioribus vel laicis vel clericis resedisset, et vidisset hominem justiciam prosequentem, protinus agebatur in furias, ructabat convicia in cives*[1]. Ces faits se passaient à Tours, ville qui certainement était très-importante avant l'établissement des Francs dans la Gaule. Si elle avait, au temps de Grégoire de Tours, conservé une juridiction municipale, telle qu'elle existait ou pouvait exister sous la domination romaine, les procès qui intéressaient les citoyens auraient dû être portés devant cette juridiction; et le comte, substitué par les rois francs au magistrat impérial, n'aurait point siégé avec les juges municipaux, puisque précisément il aurait été juge d'appel à leur égard.

Il suffit, pour confirmer cette conclusion, de lire les documents des deux premières races. Un grand nombre de formules, notamment celles qu'on appelle

---

[1] *Historiæ ecclesiasticæ Francorum,* lib. V, cap. XLIX.

Sirmondicæ, relatives à la cité de Tours, et les formules dites *Andegavenses*, relatives à la cité d'Angers, constatent des jugements rendus dans ces villes; et loin qu'on y trouve des traces de l'ancienne juridiction contentieuse des magistrats municipaux de l'époque romaine, ces formules nous apprennent que la comparution et les débats des parties ont eu lieu devant un *comes, judex* royal, assisté de *boni viri, scabini*[1]. Si le mode d'administrer la justice municipale dans ces villes, tel qu'il était usité sous la domination romaine, avait subsisté, comment se ferait-il qu'aucun exemple n'en fût donné par les rédacteurs de ces recueils de formules, qui en qualité d'ecclésiastiques étaient naturellement portés à conserver des témoignages de l'autorité du droit romain, loi du clergé? Comment n'en serait-il pas dit un mot dans les Capitulaires, où l'on trouve un grand nombre de dispositions relatives aux plaids, aux mâls, tenus par les comtes, les centeniers, les *vicarii*, avec l'assistance de scabins, et aux jugements qu'on y rendait, toujours dans les formes du droit franc, sans aucune allusion aux anciennes juridictions municipales? Comment surtout les jugements, dont les formules nous sont parvenues, statueraient-ils sur des questions de propriété, sur

---

[1] Dans plusieurs de ces formules on lit: *Judicatum a comite vel scabinis*. Mais on aurait tort de considérer le mot *vel* comme une disjonctive. Presque toujours dans les documents du moyen âge il signifie *et;* on le trouve même quelquefois avec ce sens dans les écrivains de la belle latinité.

des crimes dont les juridictions municipales du temps de la domination romaine ne connaissaient pas ? Comment le sort des causes, même en matière civile, aurait-il dépendu du serment par conjurateurs, inconnu dans la législation romaine, et propre à celle des Francs ?

Quant aux provinces de la seconde conquête, pays *au delà de la Loire*, l'organisation judiciaire des Romains a pu y subsister, en vertu du pacte passé entre Clovis et les habitants[1], et par suite aussi les juridictions municipales des villes qui en possédaient. Mais s'il en a été ainsi, cet état de choses n'a pu tarder à être modifié. Par l'effet d'une multitude de circonstances et de révolutions, des Francs, des hommes qui n'appartenaient point à la loi romaine, s'établirent dans ces provinces : ils y devinrent propriétaires ; et le droit qu'ils avaient d'être régis par leur législation, donna lieu à la formation de *mâls* semblables à ceux des provinces septentrionales. Les bourgs ou les villages, qu'ils y fondèrent, reçurent naturellement la même organisation. Il est très-possible, il est même très-probable que celles des villes municipales qui existaient déjà, et qui jouissaient du droit de justice conformément aux lois romaines, séduites par l'exemple, aient sollicité et obtenu la faculté de

---

[1] *Chronicon Moissiacense*, ad ann. 759 (ap. *Rer. Gallic. et Francic. Scriptores*, t. V, p. 69). Gervasius Tilberiensis (*ibid.*). — Altaserra (Hauteserre), *De ducibus Francorum*, p. 12.

substituer à la juridiction restreinte, que leurs magistrats exerçaient, des plaids semblables à ceux des villes du nord. Les actes de plusieurs plaids tenus sous la seconde race, dont on trouve les textes dans l'*Histoire du Languedoc* par D. Vaissette [1], portent à le croire. La composition de ces plaids, présidés par le comte, est absolument conforme à ceux qui avaient lieu dans les pays en deçà de la Loire.

Loyseau, qui a consacré spécialement un chapitre aux justices des villes, reconnaît que sous la domination des Francs les anciennes justices municipales de la Gaule avaient été abolies. « Les rois, « dit-il, les ducs, les gouverneurs des provinces, « mirent dans presque toutes les villes des comtes, « qui en avoient la justice entière et ordinaire ; et « même ès villes, dont les eschevins avoient accou- « tumé d'avoir la justice, les comtes y présidoient « et jugeoient avec eux [2]. » Il s'appuie de l'autorité de B. Rhenanus ; mais ces deux savants s'étant bornés à énoncer leur opinion, j'ai cru qu'il était convenable de la développer et de la justifier par des preuves. Au surplus, en supposant que je n'aie pas réussi à convaincre mes lecteurs, quelque parti qu'on prenne sur l'existence continuée sous les deux premières races des anciennes juridictions, qui existaient dans les villes pendant la domina-

---

[1] T. I, Pr. col. 99, 113, 124, 135.
[2] *Traité des seigneuries*, chap. XVI, p. 54.

tion romaine, je ne doute point qu'elle n'ait été notablement modifiée par les événements qui produisirent la révolution de 987.

A cette époque, ainsi que je l'ai expliqué plus haut, les juridictions des *mâls* furent remplacées par celles des seigneurs, non-seulement dans les campagnes, où il ne se trouvait presque plus que des serfs ou des vassaux, et où le petit nombre de propriétaires d'alleux, qui étaient parvenus à conserver la liberté de leurs personnes et de leurs héritages, était nécessairement soumis à la juridiction locale des seigneurs, mais encore dans les villes. Quelques-unes, telles que Paris, Orléans, etc., soumises directement au roi, avaient pour juges ses prévôts ou ses baillis; d'autres reconnaissaient la juridiction de l'évêque, qui après avoir été magistrat municipal sous le titre de *defensor civitatis*, s'en était fait le seigneur justicier; le reste était tombé sous la domination des comtes, vicomtes, qui primitivement n'avaient reçu des rois que le pouvoir de les gouverner.

Néanmoins quelques-unes réussirent à s'assurer une sorte d'indépendance, et voici probablement ce qui a pu y donner lieu. Dans les temps d'anarchie qui suivirent le règne de Charles le Chauve, tous les ressorts du pouvoir étant relâchés, et même, on peut le dire avec vérité, étant dissous, les délégués royaux, occupés de leurs querelles propres ou de celles des princes dont ils suivaient le parti, avaient cessé de remplir leurs fonctions dans plusieurs villes, surtout dans celles qui étaient les plus éloignées de la résidence royale. Les habitants se trouvèrent dans la nécessité de pourvoir eux-mêmes tant à leur gouvernement qu'à l'administration de la justice. Tous les éléments propres à remplir cet objet se trouvaient prêts. Les *prud'hommes*, *scabins*, *notables*, qui jusqu'alors avaient formé les *mâls* ou *plaids*, sous la présidence des délégués royaux, continuèrent l'exercice de ces fonctions sous la présidence de celui d'entre eux qu'ils désignaient, ou d'un chef élu par les habitants; et lorsque le régime féodal se constitua, ils s'y maintinrent en se bornant à accepter le protectorat, ou à reconnaître le ressort des seigneurs du territoire. Ainsi, dans mon opinion, les villes où les monuments historiques et les chartes constatent l'existence d'une juridiction municipale dès les premiers règnes de la troisième race, s'en trouvèrent investies par le même fait (car ce n'est pas le cas de prononcer le mot de *droit*), qui dans d'autres lieux attribuait le pouvoir judiciaire à des seigneurs. A une époque, où quiconque en avait la force s'emparait de l'autorité publique, et la déchirait en lambeaux pour s'en faire une propriété particulière, il n'est pas plus surprenant, quoique cela ait été plus rare, de voir une agglomération d'habitants attribuer aux magistrats qu'elle élisait le pouvoir d'exercer la juridiction sur elle-même, que de voir les délégués du roi s'approprier une autorité, dont jusque-là ils n'avaient été que les dépositaires. Lorsqu'une ville n'était pas assez forte pour se maintenir dans la plénitude de sa juridiction, des transactions intervinrent entre les habitants et le seigneur. Tantôt celui-ci ne laissa aux juges municipaux qu'une compétence restreinte à certaines matières peu importantes, et renfermée dans un territoire très-étroit; son juge, *prévôt* ou *bailli*, exerçait la juridiction sur le reste. Le plus souvent les habitants se contentèrent de stipuler que le juge seigneurial ne rendrait la justice qu'avec le concours d'assesseurs, dont ils feraient choix ; les seigneurs adhérèrent sans peine à cette condition, conforme aux usages observés sous les deux premières races, et qui du moins donnait aux justiciables une sorte de garantie contre l'arbitraire. Mais ces situations étaient précaires à une époque où il n'existait point encore de pouvoir public assez fort pour contenir chaque autorité dans ses justes limites. En ce qui concerne les villes qui étaient parvenues à se conserver la plénitude de la juridiction municipale, les seigneurs tentèrent souvent de revendiquer un pouvoir qu'ils semblaient avoir laissé sommeiller, plutôt qu'ils n'avouaient en avoir reconnu le droit aux habitants. Dans celles où la compétence et le territoire juridictionnel étaient partagés, ils cherchaient à agrandir leur lot aux dépens de la juridiction municipale. Dans celles même, où le juge du seigneur avait seul l'exercice du pouvoir judiciaire, mais avec l'assistance d'assesseurs, des collisions s'élevaient fréquemment. Ce juge faisait trop souvent sentir sa supériorité aux assesseurs, et refusait de prononcer conformément à leur avis. Ceux-ci, d'une autre part, las d'un rôle subalterne, cherchaient à acquérir une plus grande somme d'indépendance, et trouvaient sans peine leurs concitoyens décidés à les appuyer. Ces causes produisirent quelquefois des luttes sanglantes ; et les rois, se fondant sur leur suzeraineté, intervinrent pour les pacifier par des chartes qu'ils accordaient ou dont ils se rendaient garants.

La lecture de la plupart de ces chartes, l'appréciation des événements qui en provoquèrent la demande, des circonstances qui en accompagnèrent la concession, permettent difficilement de croire qu'elles aient eu un but politique, l'établissement de l'égalité de tous les citoyens devant la loi, ou une restauration d'anciennes libertés municipales ; je doute que la question doive être envisagée sous ce point de vue, qui paraît avoir séduit plusieurs écrivains très-distingués. Cette question me paraît avoir été mieux posée et mieux résolue par mon savant confrère M. Guérard[1] : « Dans les villes, dans « les campagnes, dit-il, les hommes livrés au com- « merce, à l'industrie, à l'agriculture, se réunirent « et se liguèrent, soit pour résister à l'oppression « des seigneurs, soit pour se soustraire aux obliga- « tions de leur propre condition..... Dans la plu- « part des plus anciennes chartes de communes,

---

[1] *Polyptyque d'Irminon*, Prolégom. § 99.

« les intérêts matériels sont seuls sentis et réclamés
« par les révoltés ; pourvu qu'on obtienne de vivre
« à l'abri des extorsions et des mauvais traitements,
« on fera bon marché du reste. Les traités et pactes
« des serfs avec les seigneurs sont des espèces d'a-
« bonnements, d'après lesquels les uns abandonnent
« aux autres une part de leur avoir et de leurs droits
« pour mettre l'autre en sûreté : quant au côté po-
« litique et moral de leur cause, il n'est pas même
« aperçu. »

Sans doute, dans un certain nombre de communes, les habitants obtinrent le droit de choisir des magistrats, qui veillaient à l'administration intérieure, à l'exécution des statuts, à la défense générale, et qui rendaient la justice ; mais c'étaient simplement des garanties pour le maintien des concessions obtenues. Il n'en résultait pas une constitution politique, destinée à prendre la place de l'autorité du seigneur : bien loin de là, il n'est pas une charte, où, soit dans son préambule, soit dans sa clause finale, la fidélité au seigneur ne soit réservée et jurée. A l'instant où les parties se trouvaient en présence, soit pour prévenir, soit pour pacifier une insurrection, le seigneur était en possession de droits, dont on ne contestait pas l'existence, et dont seulement on voulait faire réformer l'abus ou l'extension injuste[1] ; et même, quoique presque toujours les com-

---

[1] De Bréquigny, *Préface du tome XI des Ordonnances*, p. XLIII. — M. Guérard, *Polyptyque d'Irminon*, Prolég. § 99.

munes obtinssent un droit de juridiction, il y en eut où le seigneur la conservait dans toute son ancienne étendue, comme le prouvent, pour la commune de Beauvais, des lettres de 1151 (XI, 198).

On lit dans quelques chartes les mots : *a retroactis temporibus, ante institutionem communiæ*[1] ; d'où quelques savants ont conclu que l'administration et la juridiction municipales énoncées dans ces chartes existaient depuis longtemps lorsqu'elles ont été rédigées. Mais je crois que ces expressions n'ont pas été bien comprises. Elles ne sont relatives qu'aux coutumes, par lesquelles étaient réglés les rapports et les intérêts des habitants les uns à l'égard des autres ; coutumes, qui, longtemps conservées par la tradition, avaient besoin d'être fixées par écrit, et quelquefois même modifiées ou réformées[2].

En supposant toutefois que ces expressions pussent être considérées comme fournissant la preuve que la corporation d'habitants, à qui la charte était concédée, avait été anciennement en possession d'une juridiction municipale, faudrait-il en conclure qu'on doive faire une différence entre les juridictions municipales, dont la plupart des chartes constatent la concession nouvelle, et celles dont les autres rappelleraient et supposeraient la jouissance antérieure ? Faudrait-il surtout reporter

---

[1] Charte de Tournay de 1187 (XI, 248) ; Charte d'Athies de 1212 (XI, 298).
[2] De Bréquigny, *ubi supra* p. 31.

l'existence de celles-ci jusqu'aux temps de la domination romaine? Je ne le crois pas. Il est bien vrai qu'au xvi⁰ siècle, des villes qui désiraient se soustraire à l'application de l'article 71 de l'ordonnance de 1566, par lequel les juridictions municipales avaient été considérablement modifiées, ont prétendu que leur possession de rendre la justice à leurs habitants remontait à une époque antérieure à la fondation de la monarchie; qu'en conséquence la loi nouvelle n'avait pu les atteindre. Des arrêts du parlement, rendus en faveur de l'échevinage de Reims et de quelques autres villes, paraissent fondés sur cette opinion. Mais toute respectable que soit l'autorité des magistrats qui ont rendu ces arrêts, ou la science des jurisconsultes et des publicistes qui ont fait adopter cette jurisprudence, elle ne repose sur aucune base vraiment historique. Les juridictions municipales existant au temps de la domination romaine étaient restreintes à un petit nombre d'affaires civiles et de police; or les villes, dont les arrêts des xvi⁰ et xvii⁰ siècles accueillirent les prétentions, ne les renfermaient pas dans ces étroites limites; elles se disaient, et par ces arrêts elles furent maintenues, en possession de la plénitude de la justice, tant en matière civile qu'en matière criminelle.

La collection des Ordonnances en offre une preuve très-remarquable, relativement à Toulouse, qui certainement peut à bon droit être considérée comme une des villes, où le régime municipal romain existait avant la conquête des Francs, et où il aurait pu se conserver sous les deux premières races. Or la juridiction, dont les plus anciens documents de la troisième race constatent que les consuls (depuis appelés *capitouls*) de cette ville étaient investis, différait infiniment de celle dont les magistrats municipaux jouissaient sous la domination romaine. A l'exception de quelques délits de peu d'importance, cette juridiction ne s'exerçait point en matière criminelle; au contraire, nous lisons dans une ordonnance du 19 octobre 1283 (II, 109) que les consuls de Toulouse sont juges de tous les crimes commis dans la ville. Voici les termes de l'article 4 : *Ordinamus ut de cætero præfati consules de omnibus et singulis criminibus Tholosæ..... perpetratis sive commissis, et de omnibus quæ ad cognitionem et judicium eorum pertinere videbuntur, præsente vicario nostro Tholosæ..... non tamen partem judicis obtinente, cognoscant et judicent.* On a vu qu'il en était ainsi en 1335, et cet état de choses a subsisté jusqu'en 1789. Entre autres preuves, je me borne à indiquer le déplorable procès de Calas, dont la condamnation fut prononcée en première instance par les capitouls. C'était, du reste, un droit reconnu dès le règne de Philippe Auguste, en faveur de toutes les juridictions municipales, ainsi que le prouve le mandement du mois de mai 1210 (XI, 294), adressé par ce prince aux maires, sur la manière dont ils doivent procéder à l'égard des ecclésiastiques arrêtés par eux en flagrant délit d'homicide, de rapt, d'incendie ou d'autres crimes considérables ; et la plupart des chartes de communes contiennent des principes semblables.

On a vu qu'à l'époque où les juridictions seigneuriales s'établirent, et où quelques villes furent assez heureuses pour en acquérir une municipale, il ne pouvait y avoir rien d'uniforme. Les chartes attestent la même variété, soit qu'elles supposent l'existence antérieure d'une juridiction municipale, soit qu'elles l'accordent à des communes qui n'en possédaient pas. L'étendue territoriale de ces juridictions n'est pas moins variée que leur caractère, réduit souvent à ce qu'on appelait alors *basse justice*. Dans les unes elle était bornée à l'ancienne ville, qu'on nommait la *cité ;* dans d'autres elle comprenait les faubourgs, et même certaines portions rurales qu'on appelait *banlieue, septéne*. Dans chacune l'organisation du tribunal, le mode d'élection des juges et la durée de leurs fonctions, les formes de la procédure, les règles du droit civil et criminel sont différentes de celles que constate la charte de la commune voisine, même dépendante de la même seigneurie. Cette infinie variété, que de Bréquigny a très-bien exposée dans la préface du tome XI de la collection des Ordonnances, mais dont il n'a pas cru devoir rechercher les causes, démontre sans réplique que l'établissement des juridictions municipales n'a pas été le résultat d'une mesure préconçue, d'un plan uniforme. Elles sont nées et se sont modifiées dans chaque localité suivant les circonstances, et selon que les habitants se trouvèrent plus ou moins en état de résister aux entreprises ou aux prétentions des seigneurs ; en un mot, il en fut de cette institution comme de toutes les autres de la France et même de l'Europe au moyen âge : on ne les créait pas, elles se formaient.

Il me reste à examiner et à essayer de résoudre, avec le secours de la même théorie, une question non moins importante. Les sentences des juges municipaux étaient-elles susceptibles d'appel, et, en cas d'affirmative, où ces appels étaient-ils portés ? Dans le système qui ferait remonter l'origine des juridictions municipales au temps de la domination romaine, la première de ces deux questions devrait être décidée affirmativement. On a vu, et cela est écrit dans toutes les lois romaines, que l'appel des sentences rendues par les juges municipaux était porté devant le magistrat impérial, *judex*, *præses*, *rector*. Mais je ne peux invoquer cet argument, puisque je n'ai pas adopté le principe dont il serait la conséquence; je persiste à croire que sous la première et la seconde race des rois francs, les juridictions, dont les villes jouissaient du temps de la domination romaine, s'étaient fondues dans les *mâls*, et qu'elles eurent le même sort; que l'origine même des plus anciennes juridictions municipales, dont les documents de la troi-

JURIDICTIONS MUNICIPALES. 353

sième race attestent l'existence, se rattache aux événements qui ont donné lieu à la formation des juridictions seigneuriales.

Toutefois on ne peut jamais dire, comme de celles-ci, qu'elles dérivassent de la féodalité; et les prétentions, que les seigneurs paraissent avoir élevées originairement, dans le but de soustraire à l'appel pour mal-jugé les jugements rendus par leurs cours, n'ont pu, avec la moindre apparence de raison, être élevées par les juges municipaux. Le possesseur d'un fief accompagné de la justice soutenait que son suzerain, en lui concédant ou en lui reconnaissant ces droits, ne s'était rien réservé; qu'à moins d'une convention expresse contraire, il avait acquis une véritable souveraineté; que tant qu'il s'acquittait à l'égard de ses vassaux du devoir de les entendre et de les faire juger dans sa cour, c'est-à-dire tant qu'il ne commettait pas à leur préjudice l'espèce de délit féodal appelé *défaulte de droit*, aucun recours au suzerain ne leur était permis : il ajoutait que, de la part d'un vassal, la tentative de faire réformer la décision prononcée par son seigneur était une infraction à ses devoirs de subordination, et en quelque sorte une félonie[1]. Il faut même le reconnaître, ces prétentions semblaient les conséquences exactes des principes primitifs de la féodalité. Mais ces arguments ne pouvaient militer en

---
[1] *Établissements de saint Louis,* liv. II, chap. xv.

faveur des juges municipaux contre leurs justiciables. La juridiction de ces juges, pour s'être établie dans les mêmes circonstances qui produisirent les fiefs, n'était pas une juridiction féodale; elle n'était ni partie ni accessoire d'un fief[1] : une ville n'appartenait point à ce titre à ses magistrats; les habitants de cette ville n'étaient point vassaux de ces mêmes magistrats[2]; et à moins de prétendre que cette ville était une république souveraine, ce qui n'est plus la question, elle avait pour souverain, ou le roi, ou le seigneur investi des droits régaliens, dans le territoire duquel elle était située. On peut donc, sans craindre de commettre une erreur, dire que les justices municipales ont toujours, dès le premier moment de leur constitution, été soumises à un ressort d'appel.

Ce qui me paraît vrai en droit a-t-il eu lieu en fait et d'une manière uniforme, pendant le temps qui s'est écoulé depuis la révolution de 987 jusqu'à l'époque où les chartes du xiie siècle nous permettent de connaître avec quelque certitude l'état des juridictions municipales? Il n'y a que des conjectures à proposer à cet égard. On a vu qu'un très-petit nombre de villes étaient parvenues à s'assurer une juridiction; et même la plupart n'y avaient réussi qu'en consentant des restrictions au profit du

---

[1] Il n'est pas impossible que des villes aient été propriétaires de fiefs, auxquels un droit de justice était attaché; mais c'est un cas tout différent.

[2] Dumoulin, *ad consuet. Paris.*, § LXVII, gl. 2, n. 3.

pouvoir seigneurial; restrictions dont la plus ordinaire était, sans contredit, l'assujettissement au ressort. Il y aurait tout au plus lieu d'en excepter quelques villes du midi, Marseille, Arles, Toulouse, Montpellier, etc., qui, tout en dépendant des seigneurs, ne leur reconnaissaient qu'une suprématie presque nominale, manifestée par la perception de quelques taxes, et qui, sous tous les autres rapports, jouissaient d'une indépendance absolue, étaient gouvernées par leurs magistrats électifs, se donnaient des lois, contractaient, de leur autorité propre, des alliances offensives et défensives entre elles, avec des pays étrangers et même avec leurs seigneurs.

Cela bien entendu, il faut, pour connaître où les appels étaient portés, se rappeler la distinction que j'ai indiquée plus haut entre le territoire, dont le domaine du roi se composait, et celui dans lequel l'autorité publique appartenait à des grands vassaux de la couronne. En ce qui concerne les villes situées dans les pays dits *de l'obéissance le roi*, les appels des jugements rendus par les juges municipaux durent être portés devant la cour royale, et devant les grands baillis, lorsqu'ils eurent été établis. D'abord il ne peut y avoir aucune difficulté relativement aux communes restées dans la seigneurie directe du roi. Les juridictions, qu'il leur avait accordées, ou dont il les avait laissées se mettre en possession, ne pouvaient avoir un autre supérieur. La question ne pourrait s'élever qu'à l'égard

de celles qui existaient dans les seigneuries des vassaux du roi. Or, les principes de la féodalité en rendent la solution facile. Suivant ces principes, tout ce qui existait dans l'étendue d'un fief était sous la dépendance du seigneur : mais il était obligé de le conserver entier dans l'intérêt de son suzerain, et ne pouvait, sans le consentement de ce dernier, renoncer à aucun de ses droits; ce qu'on appelait, dans le langage de la jurisprudence féodale, faire un *abrégement* de son fief. De là était venue la règle constatée par une multitude de chartes, dont plusieurs appartiennent aux premiers règnes de la troisième race, que si un seigneur affranchissait un ou plusieurs de ses serfs, ou la totalité, sans l'autorisation de son suzerain, ces serfs retombaient dans la servitude de celui-ci, et ainsi de suite en remontant jusqu'au roi, dernier suzerain, dont le consentement pouvait seul rendre l'affranchissement définitif. Mais si un vassal abrégeait son fief en affranchissant ses hommes de corps, il l'abrégeait pareillement lorsqu'il renonçait en faveur d'une commune à la juridiction qu'il avait sur elle; son fief avait d'autant moins de valeur; le seigneur dominant était lésé; son consentement était donc nécessaire : c'est ce que Beaumanoir a très-bien démontré [1] : « Tout ainsi comme
« noz avons dit ci-dessus que aucuns ne pot francir
« son serf sans l'auctorité de son sovrain, et aussi

---

[1] *Coutumes de Beauvoisis*, chap. XLV, § 26.

« ne pot nus doner abregement de servitutes de
« fief, ne francises d'eritage, sans l'auctorité de ses
« pardessus. Et s'aucuns abrege le fief qui est tenu
« de li, ou francist aucun heritage, li sires de qui
« ce muet, gaaigne l'hommage et est à plain ser-
« vice. » Et plus bas[1] : « S'il souffroit les fiés
« à abregier ou à amortir ou aucunne autre coze
« par quoi li fiés seroient empiriés, li tiers sires ne
« l'est pas por ce tenus à soufrir, ançois y pot geter
« la main par la forfeture de son souget qui le sou-
« fri. » Par ce moyen s'expliquent les interventions
des rois dans les concessions faites par des seigneurs aux communes. Ce n'était donc point de la
part de Louis VII une prétention exorbitante, ainsi
qu'on l'a dit quelquefois, d'avoir considéré les
communes comme placées sous sa dépendance
directe : *Reputabat civitates omnes esse suas, in
quibus communiæ essent*[2]. Ce point, ainsi que le
droit des rois de percevoir des communes les
sommes qui, suivant les chroniqueurs, leur étaient
payées pour prix de la concession ou de la confirmation des chartes, a été traité avec autant de
clarté que de logique par M. Guérard, en ces
termes : «.Nous venons de dire qu'en principe ce
« ne fut (les concessions de chartes de commune)
« ni une question de liberté pour le peuple, ni une

---

[1] *Coutumes de Beauvoisis*, chap. xlvii, § 15.
[2] *Historia episcoporum Autissiodorensium* (ap. Labb. Biblio-
theca manuscr. t. I, cap. lvii ; inter *Rer. Gallic. et Franc.
Scriptores*, t. XII, p. 504).

« question de restauration municipale pour les
« villes; nous devons ajouter que ce ne fut pas da-
« vantage une affaire d'argent pour les rois. En
« effet, par cela seul qu'il accordait ou confirmait
« une charte de commune, le souverain recon-
« naissait l'existence et les statuts d'une association,
« composée de la réunion des habitants d'une ville
« ou d'une paroisse, et couvrait celle-ci de la pro-
« tection royale. La nouvelle société passait du fief
« dans l'État, et jouissait des avantages réservés,
« je ne dirai pas encore aux sujets, mais aux hommes
« du roi. Elle devait, par conséquent, avoir sa
« part des charges publiques. Aurait-il été naturel
« et juste, je le demande, que la couronne em-
« ployât gratuitement la fortune et les bras de ses
« vassaux, et le service de ses officiers, à la dé-
« fense et au profit des communes? Sans doute
« que des communes ont payé de fortes sommes
« au roi; mais sans vouloir justifier tous ces mar-
« chés, je ferai observer qu'en ce temps-là le trésor
« royal était le trésor public, et que, dans les cas
« dont je parle, l'argent qu'on pouvait y verser était
« d'ordinaire pour le souverain le prix légitime, la
« juste indemnité de sa protection, plutôt que le pro-
« duit de ses extorsions et le tarif de sa vénalité[1]. »

La question, que je viens d'examiner, conduit à
une seconde qui n'a pas moins d'importance. Le
roi aurait-il pu, dans les pays dits *d'obeissance*,

[1] *Polyptyque d'Irminon*, Proleg. § 99.

accorder directement et de son chef une charte de commune avec la juridiction municipale à une réunion d'habitants, qui faisait partie du fief d'un de ses vassaux, et cela sans le consentement de ce seigneur? De Bréquigny a exprimé une opinion négative [1], qui a été combattue par Moreau [2]. Mais ce dernier écrivain, qui n'a pas toujours apporté dans ses travaux une critique assez éclairée, et dont l'ouvrage avait pour but systématique de défendre, souvent même d'exagérer les droits de la royauté, me paraît être tombé dans l'erreur. Beaumanoir, à la fin du XIIIe siècle, à une époque où l'autorité royale avait fait d'immenses progrès, s'exprime ainsi : « Nus ne poet au royaume de France fere « vile de commune sans l'assentiment du roy [3]. » Ces premières lignes confirment ce que j'ai dit plus haut; car, selon moi, l'expression *roiaume de France* a la même signification que *pays d'obéissance le roi* : les Établissements de saint Louis et tous les livres de jurisprudence du XIIIe siècle ne permettent pas de lui donner un autre sens. Mais Beaumanoir ajoute, ce qui me semble détruire de fond en comble la prétention de Moreau : « Et si lis rois en veut fere au- « cunes, ou en a fetes, si doit il etre contenu es « chartes des francises qu'il leur done, car (que)

---

[1] *Préface du tome XI des Ordonnances*, p. xxiij et suiv.
[2] *Discours sur l'Histoire de France*, t. XVI, p. 387.
[3] *Coutumes de Beauvoisis*, chap. IV, § 2.

« c'est sauf le droit des eglises et des chevaliers,
« car en grevant les eglises, ne en apetichant le
« droit des chevaliers, ne le pot-il, ne doit fere. »

Quant aux pays *hors l'obéissance le roi*, c'est-à-dire aux grands fiefs de la couronne, je crois que le droit de ressort sur les juridictions municipales suivait les mêmes règles, et qu'il appartenait au grand vassal, lequel pouvait donner des chartes de commune ou confirmer celles que donnaient ses vassaux, sans que l'intervention du roi fût nécessaire. De Bréquigny le dit expressément[1]. Après avoir cité deux documents qui sembleraient contraires, et qu'il considère comme des cas particuliers, il ajoute : « Nous ne voudrions pas cependant con-
« clure de ces exemples que les grands vassaux,
« qui dans leurs domaines exerçaient tous les droits
« de la souveraineté, ne fussent pas en droit d'y
« établir des communes de leur seule autorité.
« Nous pensons, au contraire, qu'ils regardaient
« les lettres du roi plutôt comme une garantie
« que comme une confirmation essentielle. »

Mais peu à peu l'impulsion que Philippe le Bel avait donnée aux conquêtes de la royauté sur le régime féodal permit d'examiner à la lueur des vrais principes la théorie des juridictions. On commença à reconnaître que le droit de rendre ou de faire rendre la justice devait être considéré comme un attribut essentiel de la souveraineté royale ; que si,

[1] *Préface du tome XI des Ordonnances*, p. xxviij.

par le consentement ou la concession des rois, des propriétaires de fiefs exerçaient ce pouvoir, la juridiction n'était pas, dans son essence, un droit vraiment féodal. C'étaient les premiers éclairs d'une révolution, qui ne devait s'accomplir qu'au bout de plusieurs siècles ; mais dès le commencement du xve les rois mirent ce principe en avant ; et des lettres du mois de décembre 1410 (IX, 555) déclarèrent expressément (art. 4) que les consuls de Lautrec, à qui le roi concédait le droit de justice, seraient tenus de reconnaître qu'ils le tenaient de lui comme roi, et non comme seigneur féodal, *ut rege, non ut domino*.

Je me borne à ces notions générales sur l'origine et le caractère des juridictions municipales, sans m'attacher à exposer en détail les ordonnances, qui dans différentes villes les établissaient, les supprimaient, les réorganisaient, les modifiaient, en opéraient l'affaiblissement général et en préparaient l'abolition.

QUATRIÈME PARTIE.

DES JURIDICTIONS ECCLÉSIASTIQUES.

Les établissements ecclésiastiques, dont l'existence se rattache aux premiers temps de l'introduction du christianisme dans la Gaule, étaient nombreux à l'époque où les Francs fondèrent leur empire, et possédaient de grandes propriétés foncières. Ces propriétés étaient des alleux, car on ne connaissait point encore les concessions en bénéfice, qui sont devenues l'origine des fiefs. Comme tous les propriétaires d'alleux, les chefs d'établissements ecclésiastiques jouissaient dans leurs domaines du droit de juridiction privée sur leurs serfs, leurs affranchis, leurs lites, leurs colons, et même sur les hommes libres qui s'étaient mis dans leur dépendance.

Depuis la conquête, des donations entre-vifs et testamentaires, des acquisitions par d'autres actes, dont quelques textes et des formules nous sont parvenus, accrurent la masse des propriétés ecclésiastiques. D'un autre côté, les rois usèrent envers les évêques, les églises, les monastères, de la même libéralité qu'envers leurs fidèles, en leur concédant des domaines avec le droit d'y exercer la puissance judiciaire à l'exclusion des officiers publics. Ainsi, par l'effet de la révolution de 987, les établissements ecclésiastiques devinrent propriétaires de justices, qui ne différaient point par leur origine et leur nature des juridictions seigneuriales, dont j'ai parlé dans la seconde partie, et qui furent successivement soumises aux mêmes règles. On peut croire cependant que ces justices furent moins que celles des seigneurs en butte aux attaques des baillis, soit parce que les rois se considéraient comme protecteurs et conservateurs des propriétés de l'Église, soit parce que la manière dont la justice était administrée dans les tribunaux qui appartenaient aux établissements ecclésiastiques, donnait un grand appui moral aux efforts des juges royaux pour substituer des règles avouées par la saine raison à l'arbitraire et aux abus trop fréquents dans les justices des seigneurs laïques. Ce peu de mots suffit pour montrer qu'il ne peut être question ici des justices seigneuriales appartenant à des établissements ecclésiastiques. La juridiction, dont je me propose de parler, était exercée par le clergé, *comme clergé*, d'abord en vertu des lois de l'Église, des canons des conciles confirmés par les rois, et successivement en vertu des lois civiles et de la coutume.

Une religion constitue nécessairement entre les personnes qui l'ont embrassée un lien de foi, de croyances, de pratiques communes, dont le maintien est confié à ses ministres, dans la mesure de pouvoirs et dans l'ordre de hiérarchie que déterminent les lois de sa discipline. Il n'appartient et il ne peut appartenir qu'à l'Église de définir la croyance à laquelle ses disciples doivent se conformer, les caractères auxquels elle reconnaît ceux qui lui appartiennent, les devoirs qu'ils sont obligés de remplir ; de déterminer comment ses ministres doivent être institués, exercer leurs fonctions, distribuer aux fidèles les secours de ses sacrements et de ses prières ; d'imposer des expiations, des réparations, des restitutions aux personnes soumises à son autorité. Mais ce pouvoir de condamner et de punir est purement spirituel; il ne va pas jusqu'à prononcer des contraintes susceptibles d'être exercées sur la personne ou sur les biens. Lors même qu'un jugement canonique aurait déclaré qu'un homme doit restituer un objet injustement acquis, cette déclaration ne charge que la conscience de cet homme ; il peut refuser d'exécuter la condamnation, et son refus ne peut, comme le serait celui d'exécuter les arrêts des juges séculiers, être vaincu par des contraintes, des saisies, des expropriations forcées. La seule sanction des condamnations prononcées par l'Église consiste dans le droit qu'elle a de retrancher de sa communion, soit temporairement, soit d'une manière absolue, celui qui s'obstine à ne pas lui obéir, puisque, dans le fait, cette désobéissance annonce une désertion, que l'excommunication ne fait que constater.

Avant la conversion de Constantin, l'Église jouissait du plein exercice de ces droits, non-seulement dans le secret dont elle était souvent obligée d'envelopper la célébration de ses cérémonies et les actes de sa discipline, mais publiquement : les épîtres des apôtres, les écrits des premiers Pères attestent des condamnations prononcées par les chefs des églises contre des hérétiques, des schismatiques et d'autres coupables.

Cette juridiction de l'Église ne fut pas, même pendant la durée des persécutions, bornée à des matières spirituelles : la confiance des fidèles n'avait pas tardé à investir les évêques du droit de prononcer sur des affaires temporelles. Les chrétiens, quel que fût ou dût être leur désintéressement, pouvaient avoir entre eux des contestations, soit pour l'exécution d'engagements personnels, soit pour des questions de propriété ; la nécessité de recourir aux tribunaux publics les exposait ou à dévoiler leur qualité de chrétiens, qui seule était une cause de persécution, ou à éprouver des dénis de justice de la part de magistrats qui les considéraient comme des hommes vils et hors la loi. N'eussent-ils pas couru ces risques, les ministres qui les dirigeaient, et qui ne négligeaient aucun moyen d'entretenir la concorde entre eux, employaient l'autorité évangélique pour les porter à pacifier leurs différends. Saint Paul donna aux chrétiens le conseil, qui devint une véritable loi pour eux, de prendre les évêques ou des personnes éclairées parmi leurs frères pour arbitres dans leurs contestations[1] : l'histoire ecclésiastique des premiers siècles en fournit un grand nombre de preuves. Mais à cette époque, où l'Église ne formait encore qu'une sorte de société secrète, et où la seule preuve de la profession de christianisme devenait un arrêt de mort, les jugements arbitraux dont je viens de parler n'avaient aucune sanction civile; l'unique peine contre celui qui refusait de s'y soumettre, et ces cas durent être très-rares dans un temps de foi fervente, était qu'il cessât de faire partie d'une communion, aux préceptes de laquelle il refusait d'obtempérer.

Cet état de choses changea notablement après la conversion de Constantin. Des lois impériales accordèrent à l'Église le secours de l'autorité civile pour l'exécution des jugements arbitraux rendus par les évêques. La plus ancienne qui nous soit parvenue sur cet objet est une constitution de Constantin de l'année 318, qui interdit aux juges séculiers la connaissance des procès, que le consentement des parties aurait soumis à la décision des ministres de la religion, et leur ordonne d'assurer l'exécution de ces sentences arbitrales par l'emploi de la force publique. Cette loi ne don-

---

[1] I. *Cor.*, cap. vii, vers. 5 et seqq.

nait point aux évêques une juridiction forcée *inter nolentes ;* mais il nous est parvenu une autre constitution, attribuée au même empereur, sans date, et que Selden croit être de l'année 331, dans laquelle on lit qu'il suffit de la volonté d'une des deux parties pour attribuer le jugement d'un procès à l'évêque. L'intention d'amplier la constitution de 318 y est formellement exprimée par ces mots : *Olim prærogatæ legis ordinem salubri rursus imperio propagamus.* Cujas est le premier qui ait mis au jour ce document dans son édition du code Théodosien, avec deux autres, dont je n'ai point à parler, parce qu'ils n'ont aucun rapport à l'objet dont je m'occupe. Après Cujas, il fut de nouveau publié par Sirmond, dans un recueil de vingt et une constitutions, que ce savant fit imprimer en 1631[1], et dont la constitution de 318 fait aussi partie. Comme ces vingt et une constitutions ne se trouvent point dans l'extrait du code Théodosien, qui nous est parvenu sous le nom de *Lex Romana Wisigothorum* ou vulgairement de *Breviarium Alarici*, Godefroy a prétendu qu'elles étaient l'ouvrage d'un faussaire du ixe siècle[2]. Quoique cette opinion frappe la totalité des vingt et une constitutions publiées par Sirmond, elle porte d'une manière plus directe sur les deux de 318 et 331 (1re et 17e de la collection). En effet, Gode-

---

[1] *Appendix codicis Theodosiani.*
[2] *Cod. Theod.* t. VI, Præf. p. 339 (éd. de Ritter).

froy prétend que le but du faussaire fut de justifier les usurpations de la puissance ecclésiastique sur la puissance temporelle et les prétentions des papes contre les rois, en fabriquant des titres qu'on faisait remonter au temps de Constantin. Cependant il est difficile de croire à la fausseté de la constitution de 318. D'abord elle ne parle que d'une juridiction arbitrale, que Godefroy ne conteste pas, et qu'autorisent en termes identiques des novelles postérieures, insérées dans le *Breviarium*, dont ce savant reconnaît l'authenticité; en second lieu, l'existence de cette constitution est attestée par des auteurs contemporains, Eusèbe[1], Sozomène[2], Nicéphore[3]. Quant à celle de 331, Godefroy en a fait l'objet d'une critique non moins vive que savante; et depuis deux siècles les opinions sont partagées. Les auteurs qui se sont joints à Godefroy n'ont rien ajouté à ses arguments. Les partisans de l'opinion contraire ont à leur tête Legendre, qui a répondu pied à pied à ce dernier dans une dissertation spéciale[4]. Les travaux récents de M. Haenel ont introduit dans cette controverse un élément nouveau, en constatant que la constitution de 331 se trouve dans plusieurs manuscrits antérieurs au ixe siècle; et le savant M. Pertz a découvert, depuis la publication de la dissertation

---

[1] *De vita Constantini*, lib. IV, cap. xxviii.
[2] *Hist. eccles.* lib. I, cap. ix.
[3] *Hist. eccles.* lib. VII, cap. xlvi.
[4] Meerman, *Thesaurus*, t. III, p. 335.

de M. Haenel, un autre manuscrit encore plus ancien, qui contient cette constitution.

Je ne crois pas devoir reproduire les arguments respectifs qu'on trouvera dans la dissertation de M. Haenel, et que M. Giraud a résumés récemment [1]. Mon intention étant de faire connaître simplement l'état de la législation relative à la juridiction des évêques en matière civile, au moment de la fondation de l'empire des Francs, pour constater ce qui en subsistait au commencement de la troisième race, je me borne à dire : 1° que si la constitution de 318 ne se trouve point dans les manuscrits du *Breviarium*, on n'en peut rien conclure contre son authenticité, parce que les novelles de 398, 408 et 456, insérées dans ce même *Breviarium* et reproduites par le Code de Justinien [2], contiennent des règles identiques ; 2° que la constitution de 331 pourrait être vraie, sans que sa non-insertion dans le *Breviarium* fût un argument contraire, parce que se trouvant implicitement abrogée par les novelles que je viens de citer, qui n'admettaient qu'une juridiction arbitrale volontaire, les rédacteurs du *Breviarium*, dont la mission était de se borner à constater le droit en vigueur au temps où ils faisaient leur travail, n'avaient pas dû l'y comprendre.

---

[1] *Essai sur l'histoire du droit français au moyen âge*, t. I, p. 224 et suiv.

[2] Lib. I, tit. IV, const. 7, 8, 9.

Mais les événements, qui firent passer la Gaule sous la domination des Francs, préparèrent pour le clergé une position sociale, dont l'effet politique a subsisté longtemps. Les vainqueurs ayant déclaré que chacun avait le droit d'être jugé d'après sa loi d'origine, ce qui réduisit le droit romain à n'être plus que la loi personnelle des anciens habitants appelés *Romains,* il semblait naturel d'en conclure que ceux des ecclésiastiques qui étaient romains d'origine restaient soumis à la loi romaine, mais que les barbares qui entraient dans le clergé devaient continuer d'être régis par la loi de leur tribu. Il n'en fut point ainsi ; le clergé fut, dès les premiers moments du nouvel empire, considéré, je ne dis pas sans doute comme un État dans l'État, mais certainement comme un grand corps, dont tous les membres, à quelque race qu'ils appartinssent, étaient, pour ce qui concernait les intérêts temporels, régis par la loi romaine, *qua ecclesia vivit,* pour me servir des termes du paragraphe 1ᵉʳ du titre LVIII de la loi des Ripuaires, reproduits dans une multitude de documents. L'entrée dans le clergé opérait, à l'égard de l'homme qui y était admis, une sorte de transformation ; et ce fut probablement un des principaux motifs des lois, qui ne permettaient pas d'admettre aux ordres sacrés un homme libre sans l'autorisation du roi. Il était tellement dans l'esprit de la législation de considérer le clergé comme formant une classe spéciale dans la société, que lors des révisions de la loi Salique, on y inséra plusieurs chapitres ayant pour objet de prononcer contre les attentats commis à l'égard des ecclésiastiques des compositions différentes de celles que cette loi prononçait pour les attentats commis contre les autres citoyens.

Il y eut donc une véritable législation pour le clergé, composée du droit romain, de quelques lois des rois Francs et des canons des conciles. Comme nous trouvons cette législation subsistant encore au commencement de la troisième race et bien au delà, c'est ici naturellement le lieu d'en faire un exposé qui m'épargnera des redites.

Je laisse de côté ce qui concernait la discipline intérieure du clergé ; discipline, qui par la nature des choses appartient à lui seul, et dont aucun gouvernement n'a droit de le priver ; discipline, en vertu de laquelle l'Église était évidemment dans son droit, lorsque par le huitième canon du concile d'Agde, tenu en l'année 506, elle frappait d'excommunication le clerc, qui, pour se soustraire aux peines canoniques, se mettait sous la protection d'un juge séculier, et le juge, qui s'immisçait dans la connaissance d'une question purement spirituelle. Je ne parlerai que de ce qui se rattache à l'ordre séculier et à des intérêts temporels.

Les clercs pouvaient avoir entre eux des contestations pécuniaires. Les règles de la discipline ecclésiastique leur imposaient l'obligation de soumettre leurs différends au jugement de l'évêque, à qui il appartenait de statuer ou de renvoyer les parties devant le juge séculier. C'est ce que portent textuellement le canon 31 du second concile d'Arles, que Sirmond croit être de 452; le canon 9 du concile de Vannes de 461 ; le canon 35 du concile d'Auxerre de 578; le canon 8 du concile de Mâcon de 581. Sans doute le clerc, qui, au mépris de ces prescriptions, en aurait traduit un autre devant le juge séculier, n'aurait pas dû, pour cela, éprouver un refus de justice de la part de ce juge ; mais l'évêque avait le droit de retrancher de sa communion et de réduire à l'état laïque ce clerc, qui avait ainsi refusé de se soumettre aux obligations dont je viens de parler. Ces règles, conformes du reste à la saine raison, furent converties en loi par le chapitre XXVII du capitulaire de 789.

Un clerc pouvait être en procès avec un laïque. S'il était demandeur, il n'avait pas le droit, sans doute, de traduire son adversaire devant l'évêque, et d'exiger de cet adversaire qu'il acceptât la juridiction ecclésiastique ; mais le canon 32 du concile d'Agde de 506 lui ordonnait de soumettre préalablement sa demande à l'examen de l'évêque, sans l'autorisation duquel il lui était interdit, sous peine d'encourir l'excommunication, de saisir de sa demande le juge séculier. Si le laïque était demandeur, le clerc devait encore, d'après une lettre synodale des évêques de la province de Tours de 453, soumettre l'affaire à l'examen préalable de son évêque, et ne comparaître devant le juge séculier qu'après y avoir été autorisé. L'Église, intéressée à ce que les membres du clergé conservassent le respect et la confiance des peuples, en ne formant point ou en ne soutenant point des contestations injustes, était évidemment dans son droit lorsqu'elle imposait ces obligations aux clercs. Aussi trouvons-nous encore ces règles reproduites dans les canons 11 du concile d'Epaone de 517, et 32 du troisième concile d'Orléans de 538.

Mais il paraît que le clergé porta plus loin ses prétentions : ce dernier concile ajouta à la disposition que je viens de citer, qu'il était défendu à un laïque d'assigner un clerc devant le juge séculier, sans y avoir été préalablement autorisé par l'évêque. Sans doute cette règle n'avait aucune sanction civile, mais elle pouvait inquiéter les consciences par la crainte de désobéir à l'Église. On ne tarda pas à en reconnaître les inconvénients. On prit une sorte de moyen terme. Sur la proposition du concile de Paris, tenu en 614, Clotaire II, par l'article 5 de la constitution de 615, ordonna que les procès entre des clercs et des laïques seraient jugés par un tribunal mixte, composé de juges ecclésiastiques et de juges séculiers ; disposition que renouvela le chapitre xxviii d'un capitulaire de 794.

Ce que je viens de dire n'est relatif qu'aux procès dans lesquels des clercs étaient parties ; mais la juridiction ecclésiastique reçut une bien plus grande extension par le nombre infini de matières sur lesquelles elle s'exerçait, sans distinguer si les parties litigantes étaient clercs ou si elles étaient laïques ; il convient d'en rechercher la cause.

On a vu que d'après le droit romain, tel que le constate la rédaction du *Breviarium*, les évêques avaient le pouvoir de juger toutes les contestations que le consentement des parties leur soumettait. Les novelles, qui leur assurent ce droit, ne font aucune distinction des matières; elles se bornent à exiger le consentement des intéressés ; ce consentement une fois donné, l'évêque devenait juge avec le même pouvoir et la même indépendance que les tribunaux séculiers, lesquels devaient assurer l'exécution de la sentence épiscopale. Ces cas de consentement commun se multiplièrent, et ce qu'on avait pu prendre d'abord pour une exception devint l'usage général. Dans la partie qui formait ce qu'on appelait le royaume de Neustrie, et dans les provinces méridionales, la population était en presque totalité composée d'anciens habitants appelés *Romains ;* les Francs n'y étaient qu'en petit nombre, comme une sorte de colonie de vainqueurs en état de campement. La confiance des Romains dans leurs évêques était immense et justement méritée ; ils avaient trouvé en eux de puissants médiateurs au moment de l'invasion, et ne cessaient d'éprouver les effets de leur admirable charité. Si dès le temps de la domination romaine les plaideurs avaient déjà l'habitude de les prendre pour arbitres volontaires, quels ne durent pas être leurs motifs de conserver cette confiance sous l'administration des Francs? Ils avaient bien, il est vrai, le droit d'être jugés d'après la loi romaine dans les *máls* publics ; mais cette disposition, souvent proclamée dans les lois des deux premières races, notamment par la constitution de 560, n'était relative qu'au fond du droit, et pour la procédure on suivait les formes que les vainqueurs avaient instituées, formes qui devinrent de plus en plus arbitraires, dépourvues de garanties, et qui finirent par ne consister que dans des épreuves superstitieuses ou barbares, tandis que les tribunaux ecclésiastiques avaient adopté une procédure dont les formes protectrices ont mérité l'éloge des hommes les plus hostiles au clergé, et dont nos codes modernes se sont approprié presque toutes les règles.

Les Francs eux-mêmes furent entraînés par l'exemple : ils étaient devenus chrétiens ; et si cette conversion ne put adoucir entièrement la barbarie et la violence de leur caractère, elle avait eu pour incontestable résultat de leur inspirer une haute admiration pour les vertus des évêques, et une confiance presque aveugle dans l'impartialité de leurs décisions. Ainsi, romains ou barbares, les peuples, frappés de tous les avantages que leur offraient l'examen scrupuleux des prétentions respectives et l'application du droit romain ou canonique à une multitude de questions, sur lesquelles on aurait vainement cherché des motifs de décisions dans les lois des vainqueurs, laissèrent facilement se transformer en coutume ce qui légalement ne devait être que le résultat d'un libre choix. L'autorité publique était loin de s'en plaindre; elle voyait dans la juridiction ecclésiastique un moyen de civilisation, car c'est la justice qui adoucit les mœurs et dispose les hommes à l'obéissance envers le pouvoir; et la constitution de 560 avait, sinon prévenu, du moins sanctionné le vœu des peuples, en plaçant les évêques au sommet de l'ordre judiciaire, et en les instituant comme une sorte de tribunal de révision et de cassation, lorsque des plaintes étaient portées au roi contre les sentences des juges locaux. D'un autre côté, il est assez probable que vers le VIIe ou le VIIIe siècle on retrouva le texte de la constitution de Constantin de 331, qui avait amplifié la juridiction ecclésiastique en ne la laissant pas dans les termes d'un arbitrage consenti par toutes les parties, mais en décidant que sur la demande de l'une, et malgré le refus de l'autre, le procès devait être porté au tribunal de l'évêque. J'ai expliqué par quels motifs cette constitution n'avait pas dû être insérée dans le *Breviarium*; mais comme, en la supposant véritable, ce que je suis très-porté à croire, elle avait dû faire partie du *Codex Theodosianus genuinus*, dont il est certain que plusieurs copies avaient été conservées, quoiqu'on n'en ait pas encore retrouvé une complète, rien n'empêche de supposer que Charlemagne se soit référé à cette constitution dans un capitulaire, dont Benoît Lévite a conservé ou extrait le texte[1]. Suivant cette hypothèse, la juridiction forcée des tribunaux ecclésiastiques aurait été fondée sur une loi positive. Mais quand on devrait reconnaître que la constitution de 331 et le capitulaire publié par Benoît Lévite sont faux, il reste toujours démontré que des lois positives accordaient la juridiction arbitrale et volontaire aux évêques. Les peuples eurent un immense intérêt à la préférer aux juridictions séculières; et l'exercice habituel de ce droit constitua une coutume, aussi puissante que pouvait l'être un texte de loi écrite, parce qu'au moyen âge, où les législateurs éprouvaient tant de difficultés dans l'exercice du droit de s'informer des vrais besoins de la société et d'y pourvoir, les usages introduits par l'expérience et le consentement commun acquéraient une autorité de conviction, que les actes de la puissance publique n'obtiennent pas toujours aussi facilement.

Cette juridiction, que le clergé n'eut pas besoin de chercher à s'attribuer par la violence ou la ruse, comme on l'a dit souvent, mais qui dans la réalité lui était offerte par les vœux et les besoins des peuples, éprouva quelques restrictions, que des changements dans l'état social avaient naturellement amenées. La rareté et l'imperfection des documents sur l'état de l'ordre judiciaire dans les xie et xiie siècles ne permettent pas de connaître à quelles

---

[1] Baluze, *Capitularia regum Francorum*, t. I, col. 885. — Pertz. *Monumenta Germaniæ historica*, Leges, t. II.

époques, dans quelles circonstances et par quelles causes les premières de ces restrictions furent apportées, ni en quoi elles consistèrent. Elle était néanmoins encore très-étendue à la fin du xiii° siècle; et Beaumanoir, dont l'ouvrage est le plus remarquable d'une époque qui a produit plusieurs jurisconsultes éminents, nous apprend en quoi elle consistait de son temps.

Si l'on fait abstraction des questions concernant la foi et la discipline ecclésiastique, sur lesquelles le droit de l'Église ne saurait être un objet de doute, on peut considérer cette compétence sous deux rapports : les personnes, ce que nous appelons, dans le langage du droit, *ratione personæ;* les choses, ce que nous appelons *ratione materiæ.* Sous le premier de ces rapports, Beaumanoir [1] atteste qu'à la juridiction ecclésiastique appartenait exclusivement le droit de statuer sur les contestations entre les clercs, relatives à des actions personnelles et mobilières et même à des actions immobilières, lorsqu'elles concernaient leurs bénéfices, sauf le cas où ces bénéfices relevaient à cens ou à fief d'un laïque; on trouve des dispositions semblables dans l'article 10 d'une ordonnance du mois de février 1303 (I, 402).

A l'égard des contestations entre des clercs et des laïques, on distinguait si le clerc était défendeur ou demandeur. Au premier cas, les juges

---

[1] *Coutumes de Beauvoisis*, ch. xi, § 7.

ecclésiastiques avaient la compétence exclusive, lorsqu'il s'agissait d'actions personnelles et mobilières, quand même l'engagement aurait été contracté sous le scel royal; c'est ce que décidaient les articles 15 de l'ordonnance de 1290 (I, 318), 4 de celle du 10 mars 1299 (I, 334) et 11 de celle du 9 mai 1302 (I, 340). Au second cas, l'article 7 de l'ordonnance du 29 novembre 1274 (I, 301) nous apprend que le laïque assigné par un clerc devant la juridiction ecclésiastique, même en matière personnelle et mobilière, avait le droit de demander le renvoi de l'affaire au juge séculier.

Lorsqu'un clerc se rendait coupable d'un délit prévu par la loi commune, le juge séculier qui l'avait fait arrêter devait le remettre à la justice ecclésiastique pour être dégradé, s'il était reconnu coupable; après quoi il le poursuivait comme il aurait poursuivi un laïque. C'est ce qui avait été décidé par l'article 2 d'une loi de la fin du règne de Philippe Auguste, connue sous le nom de *Concordat entre le roi, les barons et les prélats* (I, 39), par le chapitre LXXXIV du livre Ier des Établissements de saint Louis, et par l'article 1er de l'ordonnance du 9 mai 1302 [1].

Sous le second rapport, que j'ai appelé compétence *ratione materiæ*, il paraît, quoique Beaumanoir n'en parle pas, que dans l'origine la justice

---

[1] C'est aussi ce que laisse entendre Beaumanoir, ch. XI, §§ 7 et 40.

JURIDICTIONS ECCLÉSIASTIQUES. 381

ecclésiastique avait droit de statuer entre toutes personnes, même laïques, sur les conventions dans lesquelles les contractants s'étaient obligés par serment. Cette compétence était certainement reconnue au temps de Philippe Auguste, et donna même lieu à l'article 1ᵉʳ du concordat, dont je viens de parler. Les évêques prétendaient que le lien féodal emportait de sa nature engagement par serment, et qu'en conséquence il appartenait au juge ecclésiastique de connaître des questions relatives aux fiefs; ils se désistèrent de cette prétention. Mais pour les obligations ordinaires et sans rapports avec la féodalité, la compétence des cours ecclésiastiques n'était pas encore contestée, ainsi que le prouve une réponse du roi aux évêques du concile de Melun tenu en 1225 [1]. Néanmoins cet usage paraît avoir été abandonné sous le règne de saint Louis; on peut le conjecturer d'après un mandement du 7 février 1274 (XI, 376), par lequel le roi ordonna à ses juges d'empêcher que les bourgeois de Lille ne fussent traduits devant les juges d'église pour des affaires temporelles; ce qui expliquerait le silence de Beaumanoir.

Le même auteur nous apprend que les juges d'église connaissaient des questions d'usure, mais concurremment avec les juges laïques [2]. On voit par l'article 10 d'une ordonnance du mois de décembre 1315 (I, 643) que ces derniers réclamaient la

---

[1] *Concilia* (edd. Labb. et Cossart.), t. VII, p. 134.
[2] Chap. LXVIII, § 5.

connaissance exclusive de ce délit, mais que leur prétention fut rejetée.

La juridiction ecclésiastique connaissait aussi de la validité des mariages et de la légitimité des enfants, qui en était une conséquence indivisible[1]. C'était par le ministère de l'Église que le mariage était célébré ; il ne pouvait l'être valablement sans l'observation de règles prescrites par les saints canons, auxquels la loi civile avait donné la sanction de son autorité ; et sans qu'il soit possible d'assurer à quelle époque le clergé commença à tenir des registres, sur lesquels étaient mentionnées les célébrations des mariages, on peut croire que cet usage était fort ancien ; il est prouvé d'ailleurs qu'aux premiers moments où les législateurs ont reconnu la nécessité de poser quelques règles sur l'état des hommes, le clergé était depuis longtemps en possession de tenir ces registres, qu'il y fut maintenu, et même qu'il l'a conservé jusqu'à nos jours. Mais Beaumanoir ajoute[2] que les juridictions ecclésiastiques jugeaient aussi les questions d'adultère, et les séparations de corps entre époux, que les progrès de la religion catholique avaient substituées aux divorces. Cette attribution, dont jouissent encore les cours ecclésiastiques de plusieurs pays protestants, fut en effet une des dernières que la législation française ait retirées au clergé.

Par une sorte d'analogie, les juges ecclésiasti-

---

[1] *Coutumes de Beauvoisis*, chap. XI, § 3 ; XVIII, § 9.
[2] *Ibidem*, chap. LVII, § 1.

ques, ainsi que l'atteste Beaumanoir, prononçaient sur les demandes relatives aux apports des femmes et aux douaires constitués par les maris[1]. C'était la conséquence d'un principe longtemps en vigueur, qu'au juge, sous l'autorité duquel une convention avait été faite, appartenait le droit de statuer sur l'exécution et les effets de cette convention; or, nous savons par le chapitre CLXXIX du livre VII des Capitulaires, et par une multitude de documents très-anciens, que l'apport de la femme et son douaire étaient constitués, à la porte de l'église, en présence du curé, des familles et des amis des époux. Cet usage est attesté par le chapitre XI du livre Ier des Établissements de saint Louis. La compétence des tribunaux ecclésiastiques sur ces matières est prouvée par l'article 2 du concordat de Philippe Auguste, qui se borne à en exclure les cas où les biens qui constituaient l'apport et le douaire étaient des fiefs ; par les chapitres XVIII et CXXXIII du livre Ier des Établissements de saint Louis, et par l'article 8 de l'ordonnance de 1290.

Je ne crois pas que les mêmes motifs, ou des raisons d'analogie, puissent expliquer la compétence des juges ecclésiastiques relativement aux testaments et à leurs effets; mais elle est attestée par Beaumanoir[2], et elle était formellement reconnue par l'article 8 de l'ordonnance de 1290 déjà cité. Voici probablement quelle en fut l'origine.

---

[1] *Coutumes de Beauvoisis*, chap. XI, § 3.
[2] *Ibidem*, chap. XI, § 10 ; chap. XII, § 60.

Dès les premiers temps de la première race et pendant toute la seconde, la rédaction des testaments avait été confiée aux clercs, seuls instruits du droit romain, auquel les Francs avaient emprunté l'usage de ces actes, inconnus dans leur législation. Par une conséquence naturelle, on dut porter toutes les contestations relatives à la validité et à l'exécution des dispositions testamentaires devant les juges ecclésiastiques, seuls en état de les décider. Les comtes n'avaient trouvé aucun intérêt à revendiquer la connaissance de ces affaires pour les *mâls*, dont la présidence leur appartenait ; et lorsqu'à l'établissement de la troisième race les seigneurs se furent emparés de la juridiction de ces *mâls*, ils laissèrent facilement subsister un usage qu'on suivait depuis si longtemps.

Les juridictions ecclésiastiques connaissaient encore de toutes les contestations relatives aux dîmes dues au clergé, mais non de celles qui appartenaient à des seigneurs laïques, soit comme redevances féodales, soit comme les ayant acquises de l'Église, et qu'on appelait *dîmes inféodées*[1]. C'est ce que décidaient l'article 14 de l'ordonnance de 1290, l'article 7 de celle du 9 mai 1302, l'article 9 de celle du mois de février 1303, et des lettres du 1er octobre 1313 (I, 533).

Les avantages incontestables, qui pendant plusieurs siècles avaient rendu l'extension de la juri-

---

[1] Beaumanoir, chap. xi, § 38.

diction ecclésiastique sur les affaires purement temporelles utile et véritablement nécessaire, furent mêlés d'abus, dont on a beaucoup exagéré l'importance, mais que l'impartialité ne permet pas de dissimuler. Toute autorité tend naturellement à s'agrandir, et les tribunaux ecclésiastiques ne surent pas résister à cet entraînement. Quelque nombreux que fussent les cas de leur compétence au temps de Beaumanoir, ils ne s'en contentèrent pas; ils commettaient de nombreuses usurpations sur la juridiction laïque, et en cela ils enfreignaient non-seulement les lois civiles, mais même les lois ecclésiastiques; car nous lisons dans le 42ᵉ canon du concile de Latran, tenu en 1215 sous le célèbre pape Innocent III, cette disposition remarquable : *Sicut volumus ut jura clericorum non usurpent laici, ita velle debemus ne clerici jura sibi vindicent laicorum; quocirca universis clericis interdicimus ne quis prætextu ecclesiasticæ libertatis suam de cætero jurisdictionem extendat in præjudicium justitiæ secularis, sed contentus existat constitutionibus scriptis et consuetudinibus hactenus approbatis.* Longtemps ils avaient rendu la justice gratuitement, ce qui n'avait pas peu contribué à leur concilier la faveur publique. Vers la fin du XIIIᵉ siècle, les officiaux, par qui les évêques avaient pris l'habitude de se faire remplacer, et qui devinrent de véritables juges indépendants, exigèrent les mêmes droits pécuniaires de sceaux, de chancelleries, de greffes, que les juges laïques; et leurs efforts pour étendre ou pour conserver leur juridiction ne parurent plus inspirés par les seules vues d'utilité sociale et d'une meilleure distribution de la justice.

Le premier signal d'une attaque violente contre la compétence des juridictions ecclésiastiques, en matière temporelle, fut donné par des seigneurs qui voyaient avec déplaisir les peuples déserter leurs tribunaux pour s'adresser à ceux de l'Église. Plusieurs d'entre eux se liguèrent en 1246 pour s'y opposer. Si l'on remarque que, dans leur acte d'union, ces seigneurs donnent pour motif que le royaume n'a pas été fondé par le droit romain et le droit canonique, mais par la force des armes, qu'il est injuste de ne pas maintenir la noblesse dans le droit de rendre la justice d'après les anciens usages [1], on ne peut se dissimuler que le but des confédérés ne fût de s'opposer aux progrès du droit romain dans la jurisprudence, et de faire prévaloir l'ancien mode de juger par les épreuves et le combat. La royauté, qui ne se trouvait pas moins menacée que le clergé par cette levée de boucliers, parvint à empêcher qu'il ne fût donné suite à la confédération.

Cependant, il faut le reconnaître, les lois et les usages relatifs à la juridiction du clergé en matière temporelle avaient besoin d'être modifiés.

[1] *Preuves des libertés de l'Église gallicane*, part. Ire, p. 99. *Archives de la ville de Reims*, publiées par M. Varin, t. I, p. 690.

Beaumanoir, qui, comme on le sait, écrivait vers 1290, tout en constatant avec fidélité les nombreuses matières sur lesquelles s'exerçait cette juridiction, se rendit en même temps l'interprète des réclamations des juges séculiers. Voici comment il s'exprime : « Bonne coze est et profi-
« tavle et selonc Dieu et selonc le siecle que cil
« qui gardent le justice espirituel se mellassent
« de ce qui apartient à l'espiritualité tant sole-
« ment, et laissassent justicier et esploitier à le
« laie justice les cas qui appartiennent à le tempo-
« ralité, si que par le justice espirituel et par le
« justice temporel drois fust fais à çascun[1]. »

Vers la même époque, un écrit, dont la connaissance nous a été donnée par notre savant confrère M. Wailly[2], reproduisait ce vœu de Beaumanoir avec une âpreté de style dont celui-ci ne lui avait pas donné l'exemple. Cet écrit est adressé à Philippe le Bel, vers l'an 1300. Des conjectures très-vraisemblables portent à l'attribuer à Pierre Dubois, avocat royal à Coutances. Les griefs contre les abus des juridictions ecclésiastiques y sont dénoncés avec une chaleur, qui, suivant l'observation de M. Wailly, ne permet pas de méconnaître dans l'auteur du mémoire « un écrivain qui plaide sa propre cause, et
« qui, en prenant la défense du pouvoir royal, sou-
« tenait aussi ses intérêts et ses priviléges d'avocat. »

---

[1] Chap. xi, § 1ᵉʳ.
[2] Mémoire lu à l'Académie des inscriptions inséré dans la *Bibliothèque de l'École des chartes*, 2ᵉ série, t. III, p. 273.

Les prétentions de cet écrivain étaient trop
exclusives, les moyens proposés pour arriver au
résultat trop violents, pour que le roi pût les adopter. D'ailleurs, peu de temps après qu'il eut reçu
ce mémoire, Philippe le Bel se trouva dans une
situation qui lui conseillait de ménager le clergé
de France, pour se l'attacher dans sa querelle avec
Boniface VIII. On peut croire cependant que des
réclamations contre la juridiction ecclésiastique
furent élevées dans l'assemblée des états de 1302,
où vraisemblablement l'auteur du mémoire fut dé-
puté par le bailliage de Coutances. Quelques articles de l'ordonnance du 25 mars annoncent l'intention d'y faire droit, et ce projet ne fut plus
abandonné. On n'était plus au temps où, de l'aveu
de Montesquieu [1], la juridiction ecclésiastique pouvait seule aider les rois à faire cesser, par l'influence des lumières et de l'équité, le règne de
l'ignorance et de la force. Les progrès sans cesse
croissants de l'autorité royale, ceux de la civilisation, avaient permis d'organiser les tribunaux séculiers suivant les formes protectrices que le droit
canonique avait établies, et d'y placer des magistrats, sortis en partie du clergé, qui devaient aux
juridictions ecclésiastiques tout ce qu'il y avait de
bon dans leur procédure, d'équitable dans leur
jurisprudence, ne les considéraient plus que
comme des rivales incommodes, et en appelaient

---

[1] *Esprit des Lois*, liv. XXVIII, chap. xli.

l'abolition comme d'institutions inutiles et abusives. L'édifice d'un nouvel ordre judiciaire était construit; on se croyait en droit de rejeter et de briser la charpente qui avait servi à l'élever. Il faut même le reconnaître, un grand changement dans la législation était en quelque sorte commandé par la force des choses. L'Église n'avait pas de puissance coercitive pour assurer l'exécution des sentences rendues par ses tribunaux. Vainement les lois, que j'ai citées plus haut, avaient prescrit aux juges laïques de prêter main-forte pour cette exécution. A mesure que la rivalité des deux juridictions croissait, les juges laïques usaient sans cesse de prétextes pour éluder ou pour ne pas appliquer les lois, et trouvaient un appui dans le parlement, lorsqu'on lui portait des plaintes contre ces refus; les tribunaux ecclésiastiques furent réduits à la seule ressource des peines canoniques contre les parties qui refusaient d'obtempérer à leurs jugements. Mais l'excommunication, la plus grave de ces peines, et malheureusement aussi celle dont ils usèrent trop souvent, dont ils abusèrent quelquefois, avait perdu beaucoup de la force morale, qui à d'autres époques avait rendu d'immenses services à la société. Elle cessa d'être un frein pour les hommes de mauvaise foi. Il y avait pour eux une sorte de profit à perdre des procès injustes devant les tribunaux ecclésiastiques, dont ils refusaient d'exécuter les jugements et bravaient les censures; tandis que s'ils étaient condamnés par les tribunaux séculiers, la force publique faisait exécuter les condamnations au moyen de contraintes et d'expropriations.

Cette grave considération, si elle n'était pas une raison décisive, fut certainement un prétexte plausible aux lois, qui peu à peu, pendant les xiv° et xv° siècles, enlevèrent à la juridiction ecclésiastique la majeure partie des attributions, que j'ai fait connaître plus haut, et la réduisirent presqu'aux seules affaires spirituelles et de discipline religieuse, en permettant même d'en appeler aux parlements, comme nous l'apprend une ordonnance du 4 décembre 1477 (XVIII, 308). Alors, comme à des époques plus rapprochées de nous, où certainement il ne saurait plus être question de rétablir des juridictions ecclésiastiques avec leurs anciennes attributions en matière temporelle, on ne cessait de dénoncer les droits qu'elles avaient exercés, comme des usurpations sur la puissance civile et sur l'autorité du gouvernement.

Sans doute, à s'en tenir aux principes du droit qui nous régit actuellement, la juridiction de l'Église aurait pu être limitée aux matières de foi et de discipline religieuse ; mais s'ensuit-il qu'à l'époque ancienne, où nous la trouvons en possession de juger des procès dont la décision appartient aujourd'hui aux tribunaux séculiers, l'Église eût usurpé la puissance temporelle et les droits du gouvernement ? Dans ce long espace de temps, qui s'est écoulé depuis la fondation de l'empire des Francs jusqu'au XIIe siècle, quel est véritablement le règne, si l'on en excepte celui de Charlemagne, d'ailleurs toujours favorable à la juridiction du clergé, où il existât un gouvernement, une autorité centrale, auprès de laquelle les citoyens pussent espérer de trouver la garantie de leurs intérêts et les décisions d'une justice éclairée et impartiale ? Fallait-il que le clergé, prévoyant ce qui serait plus tard réclamé par l'autorité séculière, déclinât la noble mission que lui donnait la confiance des peuples, refusât de remplacer la violence par l'équité, et laissât les intérêts des citoyens livrés aux caprices d'usages barbares et d'un arbitraire sans limites possibles ?

Lorsqu'il s'agit de juger une institution, c'est d'après le bien ou le mal qu'elle a fait à l'époque et dans la situation où elle s'est produite, qu'il faut l'apprécier : les règles de la saine critique ne permettent pas de prendre pour base du jugement qu'on en porte, l'état social qui existe au moment où l'on écrit. M. Guizot a fait, précisément au sujet des déclamations de quelques écrivains modernes contre la juridiction du clergé au moyen âge, des réflexions que je crois utile de transcrire, parce qu'elles peuvent aussi s'appliquer à d'autres institutions judiciaires, dont j'ai recherché l'origine et exposé les révolutions diverses dans cet Essai. « C'est « une grave erreur, dit-il[1], que de juger une institu- « tion, une influence, d'après les résultats qu'elle a

---

[1] *Essais sur l'histoire de France.*

« amenés au bout de plusieurs siècles ; d'approuver
« ou de condammer ce qu'elle a fait dans le temps
« où elle est née, d'après ce qu'elle est devenue
« et ce qu'elle a produit mille ans plus tard. L'his-
« toire du monde n'offre aucun système social qui
« soit en état de supporter une telle épreuve et
« puisse accepter la responsabilité d'un tel avenir....
« Transportée ainsi dans le passé, l'expérience nous
« trompe au lieu de nous éclairer ; elle nous pré-
« occupe de besoins, d'intérêts, de maux, que le
« passé ne soupçonnait pas, et nous empêche
« de reconnaître quels étaient véritablement les
« siens. »

FIN.

ERRATA.

page	43, ligne 24, au lieu de *moyen d'obvier*, lisez,	*moyen d'y obvier*.
—	74, — 3,	—	1108,	— 1008.
—	80, note 1,	—	*Germania*,	— *Germaniæ*.
—	163, ligne 12,	—	371,	— 471.
—	172, — 13,	—	233,	— 223.
—	188, — 20,	—	312,	— 212.
—	197, — 16,	—	16 *février*,	— 26 *février*
—	240, note,	—	382,	— 282.
—	268, ligne 1,	—	654,	— 684.
—	280, — 25,	—	*commandement*,	— *mandement*.
—	291, — 12,	—	31 *mai*,	— 12 *juin*.
—	350, — 12,	—	19 *octobre*,	— *mois d'octobre*.

OUVRAGES DE M. J. M. PARDESSUS.

TRAITÉ DES SERVITUDES, ou Services fonciers, 8ᵉ édition, 1838. 2 vol. in-8.. 18 fr.

COURS DE DROIT COMMERCIAL, 5ᵉ édition, 1841, 6 volumes in-8.. 50 fr.

COLLECTION DES LOIS MARITIMES antérieures au xviiiᵉ siècle, 1828-1845, 6 vol. in-4.. 200 fr.
(On peut se procurer séparément les volumes 4, 5 et 6 ensemble.)

LOI SALIQUE, ou Recueil contenant les anciennes rédactions de cette loi et le texte connu sous le nom de *Lex emendata*, avec des notes et des dissertations. 1843, 1 vol. in-4............................. 32 fr.

OUVRAGES PUBLIÉS PAR M. J. M. PARDESSUS

AU NOM DE L'ACADÉMIE DES INSCRIPTIONS.

DIPLOMATA, CHARTÆ, EPISTOLÆ, LEGES, aliaque instrumenta ad res Gallo-Francicas spectantia, prius collecta à VV. CC. de Bréquigny et Laporte du Theil, nunc nova ratione ordinata, plurimumque aucta, 1843-1849, 2 vol. in-folio........................... 72 fr.

TABLE CHRONOLOGIQUE des diplômes, chartes, titres et actes imprimés concernant l'histoire de France, par M. de Bréquigny, continuée par M. Pardessus, t. IV, V, VI, in-folio. Chaque vol............ 36 fr.

ORDONNANCES DES ROIS DE FRANCE de la troisième race, t. XXI, in-folio... 36 fr.

TABLE CHRONOLOGIQUE DES ORDONNANCES DES ROIS DE FRANCE de la troisième race, 1847, in-folio................. 36 fr.

OUVRAGES DE M. EUGÈNE DE ROZIÈRE.

FORMULÆ ANDEGAVENSES, publiées d'après le manuscrit de Weingarten, actuellement à Fulde, 1846, in-8. (*Épuisé.*)

FORMULES INÉDITES, publiées d'après un manuscrit de la Bibliothèque de Strasbourg, 1851, in-8...... .... 1 fr. 50 c.

NUMISMATIQUE DES ROIS LATINS DE CHYPRE, 1847, in-4. (*Épuisé.*)

CARTULAIRE DE L'ÉGLISE DU SAINT-SÉPULCRE DE JÉRUSALEM, publié d'après les manuscrits du Vatican. (Ouvrage auquel l'Académie des Inscriptions a décerné une mention honorable.) 1849, in-4 .... 15 fr.

Sous Presse.

— **LIBER DIURNUS ROMANORUM PONTIFICUM**, publié d'après le manuscrit des archives secrètes du Vatican. 1 vol. in-8.

— **RECUEIL GÉNÉRAL ET MÉTHODIQUE DES FORMULES USITÉES DANS L'EMPIRE DES FRANCS DU Ve AU Xe SIÈCLE.**

« Ce recueil comprendra toutes les formules publiées jusqu'à ce jour dans les
« collections de Bignon, Baluze, Dom Bouquet, Canciani et Walter; il comprendra
« en outre un grand nombre de formules inédites. L'auteur a collationné les textes
« déjà publiés et copié les textes inédits sur un grand nombre de manuscrits des biblio-
« thèques de France, de Suisse, d'Allemagne et d'Italie. Chaque formule sera accom-
« pagnée d'un commentaire. L'ouvrage sera précédé d'une introduction, où l'auteur
« expose l'histoire des travaux de ses devanciers, donne la description de tous les
« manuscrits qu'il a consultés et rend compte du plan nouveau qu'il a cru devoir
« adopter. » 1 vol. in-4.

— **TABLE GÉNÉRALE ET MÉTHODIQUE DES MÉMOIRES DE L'ACADÉMIE DES INSCRIPTIONS ET BELLES-LETTRES**, publiée en 1791 par Laverdy, revue et corrigée par MM. E. de Rozière et E. Chatel, archivistes paléographes. 1 vol. in-4.

Les personnes qui voudront se faire inscrire avant la mise en vente ne payeront que 15 francs; les autres 25 francs. Voir le *Journal de la Librairie* du 23 novembre 1850.

On trouve à la même Librairie :

BRITZ, docteur en droit. *Code de l'ancien droit belgique*, ou Histoire de la Jurisprudence et de la Législation, suivi de l'Exposé du Droit civil des provinces belgiques. 1847. 2 vol. in-4............................ 24 fr.

CHABAILLE, membre de la société nationale des antiquaires de France. *Glossaire du livre de Justice et de Plet*. 1850. 1 vol. in-4............. 5 fr.
« On trouve dans cet ouvrage l'explication des mots hors d'usage qui se ren-
« contrent en si grand nombre dans le texte du *Livre de Jostice et de Plet*; l'auteur
« indique les ouvrages, soit imprimés, soit manuscrits, d'où il a tiré les exemples
« cités dans ce Glossaire. »

CHAMBELLAN, docteur en droit. *Études sur l'histoire du droit français*. 1848. 1 fort vol. in-8 de 840 pages..................... 9 fr.

CHÉRUEL, maître de conférences à l'École normale. *De l'Administration de Louis XIV*, d'après les mémoires inédits d'Olivier Lefebvre d'Ormesson. 1849. 1 vol. in-8.. 5 fr.

DUPIN, docteur en droit, ancien bâtonnier de l'ordre des avocats, procureur général à la Cour de cassation, président de l'assemblée législative. *Opuscules de jurisprudence*, contenant : I. Profession d'avocat.—II. Bibliothèque choisie à l'usage des étudiants en droit et des jeunes avocats.— III. Réflexions sur l'enseignement et l'étude du droit. — IV. Précis historique du droit romain. — V. Précis historique du droit français, avec la continuation depuis 1674 jusqu'en 1843. — VI. Aphorismes de Bacon. — VII. Prolegomena Juris ad usum scholæ et fori. — VIII. Notions élémentaires sur la justice, le droit et les lois. — IX. Des magistrats. — X. De la Jurisprudence des arrêts. — XI. Libre défense des accusés. — XII. De l'improvisation. — XIII. Biographie des magistrats et jurisconsultes. — XIV. Vocabulaire des termes de droit. — XV. Catalogue des ouvrages de M. Dupin. 1851. 1 gros vol. in-18........................... 5 fr.

GIBELIN, procureur général à Pondichéry. *Études sur le droit civil des Hindous*, Recherches de législation comparée sur les lois de l'Inde, les lois d'Athènes et de Rome, et les coutumes des Germains. 1846-47. 2 vol. in 8... 14 fr.

GRELLET-DUMAZEAU, conseiller. *Le Barreau romain*, recherches et études sur le Barreau de Rome, depuis son origine jusqu'à Justinien, et particulièrement au temps de Cicéron. 1851. 1 vol. in-8..... 7 fr. 50 c.

HIVER, ancien magistrat. *Histoire critique des Institutions judiciaires en France*, depuis 1789 à 1848. 1851. 1 vol. in-8................. 6 fr.

KŒNIGSWARTER, docteur en droit, membre correspondant de l'Institut.

— *Histoire de l'Organisation de la famille en France* depuis les temps les plus reculés jusqu'à nos jours. 1851. 1 vol. in-8 .... 6 fr.

— *Essai sur la législation des peuples anciens et modernes*, relative aux enfants nés hors mariage. 1842. 1 vol. in-8 .... 3 fr.

LEZARDIÈRE (Mlle de). — *Théorie des Lois politiques de la Monarchie française*; nouvelle édition, considérablement augmentée, et publiée sous les auspices de MM. les Ministres de l'instruction publique et des affaires étrangères 1843. 4 vol. in-8 .... 30 fr.

LABOULAYE (E.), membre de l'Institut (Inscriptions et Belles-Lettres).

— *Histoire du droit de propriété foncière en Europe*, depuis Constantin jusqu'à nos jours. 1 fort vol. in-8. Nouvelle édition sous presse.

— *Recherches sur la Condition civile et politique des Femmes*, depuis les Romains jusqu'à nos jours. 1 fort vol. in-8.

— *Histoire de la Procédure civile chez les Romains*, traduite de Walter. 1 vol. in-8 .... 4 fr.

— *Essai sur les Lois criminelles des Romains*, concernant la responsabilité des magistrats. 1845. 1 vol. in-8 .... 8 fr.
Mémoire couronné par l'Académie des Inscriptions et Belles-Lettres dans sa séance du 11 août 1843.

— *Essai sur la Vie et les Doctrines de F. Ch. de Savigny*. Br. in-8. 1 fr. 50 c.

— *De l'Église catholique et de l'État*, à l'occasion des attaques dirigées contre les articles organiques du concordat de 1801. 1845. Brochure in-8.. 1 fr.

— *Glossaire de l'ancien Droit français*, contenant l'explication des mots vieillis ou hors d'usage qu'on trouve ordinairement dans les coutumes et les ordonnances de notre ancienne jurisprudence. 1846. 1 vol. in-12.. 4 fr.

— *Le grand Coustumier de Charles VI.* 2 vol. in-8. (*Sous Presse.*)

— *Institutes coutumières d'Antoine Loysel*, ou Manuel de plusieurs et diverses règles, sentences et proverbes tant anciens que modernes, du droit coutumier et plus ordinaire de la France, avec notes d'Eusèbe de Laurière; nouvelle édition, revue, corrigée et augmentée, suivie d'un glossaire du droit français, par M. Dupin, procureur général, et E. Laboulaye, membre de l'Institut. 1846. 2 gros vol. in-12 .... 12 fr.

MARNIER. *Conseil de Pierre de Fontaine*, ou Traité de l'ancienne jurisprudence française; nouvelle édition, publiée d'après un manuscrit du XIIIe siècle, appartenant à la bibliothèque de Troyes, avec notes explicatives du texte et des variantes tirées des manuscrits de la Bibliothèque nationale. 1846. 1 gros vol. in-8.................................. 9 fr.

Ouvrage indispensable aux personnes qui s'occupent de l'histoire du droit français au moyen âge. M. Marnier a mis en tête de son excellent travail la Vie de Pierre de Fontaine et quelques notices sur la féodalité et les lois romaines, sur les coutumiers au moyen âge, et en particulier sur les manuscrits du *Conseil*, avec une table des principales abréviations qui s'y rencontrent. Ce travail permet d'apprécier en connaissance de cause la critique dont M. Marnier a fait preuve dans l'établissement de son texte.

MAKELDEY. *Manuel du Droit romain*, contenant la théorie des Institutes, précédé d'une introduction à l'étude du droit romain ; traduit de l'allemand par Beving. 1846 ; 1 vol. gr. in-8......................... 8 fr.

PASQUIER (Étienne). *L'Interprétation des Institutes de Justinian*, avec la Conférance de chaque paragraphe aux ordonnances royaux, arrestz de Parlement et coustumes générales de la France. Ouvrage inédit d'Étienne Pasquier, avocat général du roi, en la chambre des Comptes, publié par M. le duc Pasquier, chancelier de France, avec une introduction et des notes de M. Ch. Giraud, membre de l'Académie des sciences morales et politiques. 1847 ; 1 gros vol. in-4................................... 20 fr.

PETIGNY, membre de l'Institut (Inscriptions et Belles-Lettres)*, ouvrage couronné par l'Académie des Inscriptions. *Études sur l'histoire, les lois et les institutions de l'époque mérovyngienne*, 1851. 3 vol. in-8....... 18 fr.
Le troisième volume se vend séparément................... 6 fr.

SISMONDI. *Histoire des Français*, 31 vol. in-8................ 150 fr.

WARNKŒNIG. *Histoire du droit belgique*, contenant les institutions politiques et la législation de la Belgique sous les Francs. 1 vol. in-8... 6

DE L'IMPRIMERIE DE CRAPELET, RUE DE VAUGIRARD, 9.

www.ingramcontent.com/pod-product-compliance
Lightning Source LLC
Chambersburg PA
CBHW071900230426
43671CB00010B/1410